读经典 悟人生

易经

张瑞 ◎ 主编

人生智慧 64个

中国·广州

图书在版编目（CIP）数据

《易经》64个人生智慧 / 张瑞主编. — 广州：广东旅游出版社，2017.8（2024.8重印）

ISBN 978-7-5570-1008-9

Ⅰ.①易… Ⅱ.①张… Ⅲ.①《周易》-人生哲学-通俗读物 Ⅳ.①B221-49

中国版本图书馆CIP数据核字（2017）第130889号

《易经》64个人生智慧
《YI JING》64 GE REN SHENG ZHI HUI

出版人	刘志松
责任编辑	李　丽
责任技编	冼志良
责任校对	李瑞苑

广东旅游出版社出版发行

地　址	广东省广州市荔湾区沙面北街71号首、二层
邮　编	510130
电　话	020-87347732（总编室） 020-87348887（销售热线）
投稿邮箱	2026542779@qq.com
印　刷	三河市腾飞印务有限公司
	（地址：三河市黄土庄镇小石庄村）
开　本	710毫米×1000毫米 1/16
印　张	17
字　数	182千
版　次	2017年8月第1版
印　次	2024年8月第2次印刷
定　价	72.00元

本书若有倒装、缺页影响阅读，请与承印厂联系调换，联系电话0316-3153358

序 言
XUYAN

《易经》蕴含着中华民族的大智慧,是一部包罗万象的文化巨著。国际《易经》学会主席成中英先生说:"《周易》是生命的学问,宇宙的真理,文化的智慧,价值的源泉。《周易》不仅是中国的,也是东方的,更是世界的。"弘扬《易经》智慧,关键在于学以致用,达成高层次的人生境界,相信本书对读者会大有裨益。

《易经》是中国古代的一部神秘著作,因流行于周朝,所以又叫《周易》,被儒家尊为"群经之首"。

《易经》作为中华古代先民的智慧结晶,对后来的儒、道等家的思想都有较大的影响。数千年来,无数名家通学起伏明灭,《易经》仍然历久弥新。《易经》博大精深,研读者偶有小得,在现实生活中冀可大成。所以,作为中华民族的文明经典,《易经》不可不读。

《易经》的精华就是64卦,也就是宇宙间64个大哲理。而我们的人生,无论性格、命运、求职、事业、竞争、朋友、夫妻、孩子、父母、敌友、成功、失败、顺境、逆境、高处怎样不胜寒、跌倒怎样东山再起等等"致命"哲理,都在这64卦之中,都受这64个哲理的指导。

本书的主旨,叫"《易经》给人的64个生活智慧",这表明,《易经》没有那么神秘,它是科学的,它就在我们的身边,我们每天的生活起居、工作事业、健康幸福,都受这64个哲理的左右。我们以科学的态度对待这64

《易经》
64个人生智慧

个哲理，就形成了64个感悟，64个感悟回答了人生的64个怎么办。

  本书所写的指引人生的64个感悟既环环相扣又相互渗透，涉及每个年龄阶段的人生疑难问题，旁征博引地把《易经》的精髓真实而又生动地与现实生活密切联系起来。

《易经》
64个人生智慧

　　《易经》是阐述关于变化之书，长期被用作"卜筮"。"卜筮"就是对未来事态的发展进行预测，而《易经》便是总结这些预测的规律理论的书。《易经》涵盖万有，纲纪群伦，是中国传统文化的杰出代表；广大精微，包罗万象，亦是中华文明的源头活水。

目 录
MULU

智慧 01	乾卦：人生在于努力，奋斗自强不息	001
智慧 02	坤卦：以品格立人，以气度处世	005
智慧 03	屯卦：信念创造奇迹，坚定铸就辉煌	010
智慧 04	蒙卦：用知识武装自己，用学习改变命运	015
智慧 05	需卦：隐忍以待时机，厚积才能薄发	020
智慧 06	讼卦：谨慎做人，避免争执	024
智慧 07	师卦：做正直人，做正义事	028
智慧 08	比卦：诚心纳才，诚心交友	032
智慧 09	小畜卦：为人诚，则事必顺；为人信，则事必成	035
智慧 10	履卦：做事有目标，行动靠计划	039
智慧 11	泰卦：内心方而外表圆，内君子而外小人	043
智慧 12	否卦：坦然接受，处变不惊	047
智慧 13	同人卦：和睦相处，融入团队	052
智慧 14	大有卦：居上不骄，平易近人	056
智慧 15	谦卦：谦虚谨慎，虚怀若谷	060
智慧 16	豫卦：得意不能忘形，乐极切勿生悲	064

《易经》
64个人生智慧

智慧 17　随卦：随机应变，顺势而为　　　　　　　　068

智慧 18　蛊卦：惩前毖后，有错必纠　　　　　　　　073

智慧 19　临卦：秉宽容之心，做感化之事　　　　　　076

智慧 20　观卦：勤于观察，由此知彼　　　　　　　　079

智慧 21　噬嗑卦：坚持原则，恩怨分明　　　　　　　083

智慧 22　贲卦：树立个人形象，学会包装自我　　　　087

智慧 23　剥卦：崇尚中庸，适可而止　　　　　　　　092

智慧 24　复卦：善于总结，善于反省　　　　　　　　095

智慧 25　无妄卦：不固执，多求证　　　　　　　　　099

智慧 26　大畜卦：敢于选择，敢于放弃　　　　　　　103

智慧 27　颐卦：节俭是幸福的开始，节欲是快乐的源头　108

智慧 28　大过卦：盲目导致灾祸，冒进陷入泥潭　　　112

智慧 29　坎卦：用勇气征服挫折，以信念走出困境　　117

智慧 30　离卦：从容镇定，稳中求胜　　　　　　　　122

智慧 31　咸卦：成就别人也就成就自己　　　　　　　126

智慧 32　恒卦：人贵有恒，锲而不舍　　　　　　　　130

智慧 33　遁卦：当隐则隐，当退则退　　　　　　　　134

智慧 34　大壮卦：过强则易折，过刚则易断　　　　　138

智慧 35　晋卦：先予后取，积极做事　　　　　　　　142

智慧 36　明夷卦：韬光养晦，锋芒不露　　　　　　　146

智慧 37　家人卦：以爱心获得和睦，用理解获得幸福　150

智慧 38　睽卦：求同存异，互相尊重　　　　　　　　156

智慧 39　蹇卦：知难而退，能屈能伸　　　　　　　　159

智慧 40　解卦：用宽恕之心对待，以理解之心通融　　162

智慧 41　损卦：控制情绪，避免冲动　　　　　　　　166

智慧 42　益卦：吃亏是福气，有失必有得　　　　　　170

智慧 43　夬卦：当断则断，果断坚定　　　　　　　　174

目 录

智慧 44	姤卦：刚柔相济，进退自如	178
智慧 45	萃卦：交友有分寸，处世有准则	183
智慧 46	升卦：君子以顺德，积小以高大	188
智慧 47	困卦：善于应对困境，善于摆脱潦倒	192
智慧 48	井卦：求贤若渴，善待英才	195
智慧 49	革卦：破旧立新，与时俱进	200
智慧 50	鼎卦：知人善用，合理搭配	204
智慧 51	震卦：无惧则无畏，有勇则有成	209
智慧 52	艮卦：在其位，谋其政	213
智慧 53	渐卦：循序渐进，欲速不达	216
智慧 54	归妹卦：专心如一，白头偕老	219
智慧 55	丰卦：富要学会施舍，达应兼济天下	222
智慧 56	旅卦：胸怀世界，放眼四海	227
智慧 57	巽卦：掌握自己的命运，成就自己的未来	231
智慧 58	兑卦：和颜悦色待人，亲和亲切处事	234
智慧 59	涣卦：同心同德，凝心聚力	238
智慧 60	节卦：洁身自爱，无欲则刚	241
智慧 61	中孚卦：言必行，行必果	244
智慧 62	小过卦：坦然面对挫折与逆境	248
智慧 63	既济卦：踏实努力，勤奋进取	252
智慧 64	未济卦：人贵自知，辨物居方	256

智慧01
乾卦：人生在于努力，奋斗自强不息

> 【原文】
>
> 乾：元，亨，利，贞。
>
> 象曰：天行健，君子以自强不息。
>
> 【解析】
>
> 乾卦：大吉大利，吉利的贞卜。
>
> 《象辞》说：天道刚健，运行不已。君子观此卦象，从而以天为法，自强不息。
>
> 乾卦象征天。得此卦大吉大利，和谐坚实。初九，像一条巨龙潜伏在深渊，不能随便活动，暂时不宜施展才能。九二，像一条巨龙出现在田野，有利于大才大德的人出世。九三，君子终日不停地努力奋斗，时刻戒惕忧惧，这样，即使遇到了危险，也可以免遭灾祸。九四，巨龙伺机而动，有时腾跃上跳，有时潜退深渊。九五，巨龙飞上天空翱翔，宜于发现大德大才的人。上九，巨龙飞得太高，必然遭到困厄。用九，天空出现一群巨龙，变化没有穷尽，这样则大吉大利。

天行健，君子以自强不息

天道运行周而复始，永不止息，谁也不能阻挡；君子效法天道，自立自强，不停地奋斗下去，才能显示出处世的刚与健。这就是《乾卦》九三中说到的："君子终日乾乾，夕惕若；厉，无咎。"

《乾卦》分述了从"潜龙""见龙"到"飞龙"的转变过程，意欲以龙为喻阐述人生成长的过程，强调只有自强不息才能变成"飞龙"。自强不息的精神是古往今来无数英杰的座右铭。

人生如海，潮起潮落，既有春风得意、马鸣萧萧、高潮迭起的快乐，又有万念俱灰、惆怅莫名的凄苦。

如果把人生的旅途描绘成图，那一定是高低起伏的曲线，它可比呆板的

《易经》
64个人生智慧

直线丰富多了。

常见许多人处于生命低谷时一味地抱怨、苦恼，大声地哭诉着生活对自己是如何的不公，长期沉溺其中不能自拔，终日被泪水和无奈的情绪包围着。其实，仔细想来，抱怨、折磨自己又有何用？只能徒增自己的痛苦，让自己坠落得更深、更惨罢了！

生活中，问题肯定是层出不穷，有很多事情不能如己所愿，别人得到了幸运你却与机会擦肩而过，别人获得了成功你却陷入困境，别人一帆风顺你却遭遇不幸……于是，你感叹生活是如此的刻薄，命运是如此的不公。其实，当你这样感叹的时候，你已经把自己生活的掌控权交了出去。

黄天明先生是一位成功的民营企业家，他从一个普普通通的公司小职员做起，经过多年的奋斗，终于拥有了自己的公司、办公楼，并且受到了人们的尊敬。

有一天，黄天明先生从他的办公楼走出来，刚走到街上，就听见身后传来"嗒嗒嗒"的声音，那是盲人用竹竿敲打地面发出的声响。黄天明先生愣了一下，缓缓地转过身。

那盲人感觉到前面有人，连忙打起精神，上前说道："尊敬的先生，您一定发现我是一个可怜的盲人，能不能占用您一点点时间呢？"

黄天明先生说："我要去会见一个重要的客户，你要什么就快说吧。"

盲人在一个包里摸索了半天，掏出一个打火机，放到黄天明先生的手里，说："先生，这个打火机只卖十元，这可是最好的打火机啊。"

黄天明先生听了，叹口气，把手伸进西服口袋，掏出一张钞票递给盲人："我不抽烟，但我愿意帮助你。这个打火机，也许我可以送给开电梯的小伙子。"

盲人用手摸了一下那张钞票，竟然是一百元？他用颤抖的手反复抚摸这钱，嘴里连连感激着："您是我遇见过的最慷慨的先生！仁慈的富人啊，我为您祈祷，上天保佑您！"

黄天明先生笑了笑，正准备走，盲人拉住他，又喋喋不休地说："您不知道，我并不是一生下来就瞎的，都是23年前的那次事故，太可怕了！"

黄天明先生一震，问道："你是在那次化工厂爆炸中失明的吗？"

盲人仿佛遇见了知音，兴奋得连连点头："是啊是啊，您也知道？这也难怪，那次光炸死的人就有93个，伤的人有好几百，可是头条新闻呐！"

智慧 01
乾卦：人生在于努力，奋斗自强不息

盲人想用自己的遭遇打动对方，争取多得到一些钱，他可怜巴巴地说了下去："我真可怜啊，到处流浪、孤苦伶仃，吃了上顿没下顿，死了都没人知道。"他越说越激动，"您不知道当时的情况，火一下子冒了出来，仿佛是从地狱中冒出来的。逃命的人群都挤在一起，我好不容易冲到门口，可一个大个子在我身后大喊：'让我先出去！我还年轻，我不想死！'他把我推倒了，踩着我的身体跑了出去。我失去了知觉，等我醒来，就成了瞎子，命运真不公平啊！"

黄天明先生冷冷地道："事实恐怕不是这样吧？你说反了。"

盲人一惊，用空洞的眼睛呆呆地对着黄天明先生。

黄天明先生一字一顿地说："我当时也在那个化工厂当工人，是你从我的身上踏过去的。你长得比我高大，你说的那句话，我永远都忘不了！"

盲人呆站了好长时间，突然一把抓住黄天明先生，爆发出一阵大笑："这就是命运啊，不公平的命运！你在里面，现在出人头地了，我跑了出去，却成了一个没有用的瞎子！"

黄天明先生用力推开盲人的手，举起了手中一根精致的棕榈手杖，平静地说："你知道吗？我也是一个瞎子。我们遭遇到了同样的问题，我把它解决了，而你——没有。"

同是不幸的遭遇或失败，有人只能以乞讨混日子为生，有人却能出人头地，这绝非命运的安排，而在于个人对生活的热情和坚持或者抛弃与放弃。

成功源自努力

"努力"这两个字听起来好像令你不很愿意去做，但是并不能回避这两个字，因为成功的确需要努力。

一个男孩考试总是班里的第一名，问他为什么会出现这样的结果，他说，我总是班里面最努力的一个人。第二名学习到晚上十点，我就学习到十二点。

有一个卖汽车的业务员总是在他们公司销售成绩上排名第一，有人问他："你为什么总是第一名？"他回答说："因为我每个月都设法比第二名多卖一台车子。"这么简单的一个方法，这样简单的一句回答，告诉了我们一个关于成功的简单道理——永远比第一名还要更努力。

是的，"努力"这两个字听起来好像令你不很愿意去做，但是并不能回

避这两个字,因为成功的确需要努力。看看这个世界上的成功人士,他们努不努力?世界首富比尔·盖茨工作努不努力?与他一起工作的人说他简直是工作狂。

当然,我不是希望我们所有人都成为工作狂,但是努力是我们成功的前提。有了努力,就会有精彩的表现。

请你努力做一切能帮你成功的事!努力找寻成功的方法,努力学习,努力采取行动!你要比你的竞争对手还努力,比任何人都努力,比第一名还努力,你就一定会成功。

智慧02
坤卦：以品格立人，以气度处世

【原文】

坤：元，亨，利牝马之贞。君子有攸往，先迷后得主。利西南得朋，东北丧朋。安贞，吉。

象曰：地势坤，君子以厚德载物。

【解析】

坤卦：大吉大利。占问雌马得到吉兆。君子前去旅行，先迷失路途，后来找到主人，吉利。西南行获得朋友帮助，东北行丧失朋友帮助。占问平安，得到吉兆。

《象辞》说：大地的形势平铺舒展，顺承天道。君子观此卦象，取法于地，以深厚的德行来承担重大的责任。

坤卦象征地。筮得此卦大吉大利，尤其利于占问雌马之事。君子出行，先则迷失方向，继则寻得所要追求的目标，既顺利又不顺利。直往西南，勿往东北，因为往西南能够遇到志同道合的人，而往东北则遇不到志同道合的人。如果占问是否平安，筮得此卦则必获吉祥。初六天降薄霜，预示严寒将至。六二柔顺之德，纵向无边，横向无涯，宽厚而博大，只要具备这种美德，即使不加修习，有所举动也无所不利。六三蕴含彰美的阳刚之德，占问之事均可实行。有时辅佐君王大业，起初无所建树，最后则能终尽臣职而得到好的结果。六四束紧囊口，可以免遭灾祸，但是不会获得美誉。六五穿着黄色裙装，大吉大利。上六巨龙在田野里厮杀，鲜血洒地呈青黄之色。用六筮得此卦，占问永远吉利。

品格是一个人最可贵的财富

《坤卦》中"坤"代表大地，大地盛载万物，但大地从来不抱怨、叫屈。我们从大地上得到食物、得到滋养，然而却将垃圾返还给大地，大地却一如既往地养育着我们，这正是大地值得尊敬的地方。

《易经》
64个人生智慧

就像《坤卦》中所寓意的大地一样，人只有用自己厚重的品格才能征服一切。也许，伟大人物的生活品质更能给我们启示。爱因斯坦的人生准则有这样一条：人的一生中，品格是人生的王冠和荣耀。他说："不管时代的潮流和社会的风尚怎样，人总可以凭着自己高贵的品质，超脱时代和社会，走自己正确的道路。现在，大家都为了电冰箱、汽车、房子而奔波、追逐、竞争。这是我们这个时代的特征了。但是也还有不少人，他们不追求这些物质的东西，他们追求理想和真理，得到了内心的自由和安宁。"

确实，品格是一个人最可贵的财富，它就是人的地位、身份和财产。它使一切阶层一切地位的人变得高贵。它比财富更有力量，比名声更显荣耀。它的影响无处不在，因为它是正直诚实、言行一致的体现。这些品质最为可贵，它受到整个人类的信任和尊敬。

品格是人性的最好的形式。它是个人身上体现的道德秩序。有品格的人不仅仅是社会的良心，而且，在任何有效统治的政府里，它都是最好的动力，因为道德品质统治世界。甚至在战争中，拿破仑也说精神的力量比肉体的力量强大十倍。民族的力量、文明全都依赖于个人的品格，而且国家安全的基础也仰赖于它，法律和制度只是它的分支。自然、个人、国家和种族之间的平衡也依靠它们才能获得。有什么样的因就有什么样的果，一个人有什么样的品格就有什么样的人生。

一个人即使没有文化，能力平平，且一贫如洗，但只要品格高尚，他总会产生一定的影响，不管他是在车间、在账房、在商场，还是在议会。坎宁在1801年这样写道："我的道路一定是通过品格获得权力，我不会选择其他的途径。我坚信这条道路的正确，它虽然不是最快的，但却是最有把握的。"你可能羡慕有学识的人，但相信他们之前还要有些别的需要了解。因此，约翰·罗素爵士有句话道出了这个真理："英国的党派有个特点，请求天才人物的帮助，但遵从高尚者的道路。"弗兰西斯·霍纳的一生就有力地说明了这一点。悉尼·史密斯认为，人们会前仆后继跟随霍纳的足迹。科克本爵士指出："他的价值和启示在于他的一生激励着每一个正直的年轻人。"他38岁去世，但比任何个人对公众的影响都大。所有人都尊敬、热爱、信赖和哀悼他，除了没有良心品格低下的人。在议会中，任何人都没有像对他这样的尊敬。也许有年轻人要问——他是怎么做到这一点的？是因为他的出身？他

智慧 02
坤卦：以品格立人，以气度处世

只是爱丁堡一个商人的儿子。是因为有钱？也不是，他的亲戚都不富裕。靠官位吗？他只有一个职务，而且只干了几年，并没有什么影响。靠他的能力？而他并不出色，也没有什么天才的东西。他谨小慎微，唯一的目标就是不出差错。靠他雄辩的口才？他语调平和，意味深长，没有咄咄逼人的气势，也不会花言巧语地利诱。是因为他迷人的风度？他只是不做错事、平易近人而已。那到底是什么呢？靠他的见识、勤劳、克制和善良的品质，是他人格的力量。这种品质不是与生俱来的，也没有什么特别的因素，而是靠他自己的培养。在参议院中，有很多比他更有才华、口才更好的人，但是，没有人的道德价值比他更大。霍纳的一生表明，平凡的能力借助高尚的品格就可以功成名就，即使竞争激烈，群小包围。

富兰克林也把他的成功归因于正直诚实的品格，而不是他的才能或演说能力，因为他在这些方面都没有什么出众的地方。他说："人们都很看重我。我口才很差，从来不能口若悬河，有时候还结结巴巴，而且经常出错。不过我还是能准确地表达自己的意思。"地位低的人和地位高的人一样，品格给人信心。据说俄国亚历山大一世的个人品格等于一部宪法。在佛朗德战争期间，蒙田是唯一没有关上城堡大门的法国绅士。据说他的个人品格比一个骑兵团更能给他提供保护。

品格就是力量，它比"知识就是力量"更为正确。没有灵魂的头脑，没有德行的知识，没有仁善的聪明，固然是一种力量，但它们是只能起坏作用的力量。它们或许能给我们一些启发，或者也给我们一些趣味，但是你很难尊敬它们，就好比我们对待扒手的敏捷或拦路强盗的马术一样。

诚实、正直和善良，虽然不是命运攸关的东西，但却是一个人品格的本质所在。具有这种品质的人，一旦和坚定的目标结合起来，他就有了无比强大的力量。他就有力量做善事，有力量抵制邪恶，有力量战胜各种困难和不幸。当史蒂芬落入敌人手中的时候，他们冷嘲热讽地问他："现在你的堡垒在哪里？""在这里。"史蒂芬把手放在胸前勇敢地说。正是在逆境中，他的品格闪烁出了最耀眼的光芒。当所有人都倒下的时候，他凭着自己的正直和勇气巍然挺立。

《易经》
64个人生智慧

在自己的心灵中为美德留下一片空间

一位哲学家带着他的一群学生去漫游世界，十年间，他们游历了所有的国家，拜访了所有有学问的人，现在他们回来了，个个满腹经纶。在进城之前，哲学家在郊外的一片草地上坐下来，对他的学生说："十年游历，你们都已是饱学之士，现在学业就要结束了，我们上最后一课吧！"

弟子们围着哲学家坐了下来，哲学家问："现在我们坐在什么地方？"弟子们答："现在我们坐在旷野里。"哲学家又问："旷野里长着什么？"弟子们说："旷野里长满杂草。"

哲学家说："对，旷野里长满杂草，现在我想知道的是如何除掉这些杂草。"弟子们非常惊愕，他们都没有想到，一直在探讨人生奥妙的哲学家，最后一课问的竟是这么简单的一个问题。

一个弟子首先开口说："老师，只要有铲子就够了。"哲学家点点头。

另一个弟子接着说："用火烧也是很好的一种办法。"哲学家微笑了一下，示意下一位。

第三个弟子说："撒上石灰就会除掉所有的杂草。"

接着第四个弟子说："斩草除根，只要把根挖出来就行了。"

等弟子们都讲完了，哲学家站了起来，说："课就上到这里了，你们回去后，按照各自的方法除去一片杂草，一年后再来相聚。"

一年后，他们都来了，不过原来相聚的地方已不再是杂草丛生，它变成了一片长满谷子的庄稼地。同样，要想让灵魂无纷扰，唯一的方法就是用美德去占据它。

美德是一杯香茗，是一杯美酒，是一朵芳香四溢的鲜花。美德可以让心灵摆脱痛苦，心灵被美德所占据，烦恼、纷争等便失去了生存的空间，欲望便会枯萎。快乐是美德所结出的硕果，拥有美德，便拥有快乐。

中华民族有许多传统美德，诸如助人为乐、拾金不昧、安贫乐道等等。助人为乐者，予人乐也予己乐，帮助困难中的人做一点力所能及的事情，过后看着别人那挂满笑容的脸，自己心里何尝不是欣慰得很呢？拾金不昧者也是快乐的，捡到别人丢失的东西，如果占为己有，则会整天提心吊胆，总担心被别人认出来或是东窗事发，而这种私欲，要以长期甚至是终生忍受心灵的折磨为代价。相反，如果能拾金不昧，则会皆大欢喜。总之，只有拥有美

智慧 02
坤卦：以品格立人，以气度处世

德才能烦恼无法接近，才能有一颗快乐的心。

苏东坡说："吾上可陪玉皇大帝，下可陪卑田院乞儿。眼前见得天下无一个不是好人！"美德是心灵的健康剂，它让人有一颗平常心，有一颗爱心。拥有了美德，我们便不会与人争名夺利，凭空与人起纷争，便不会为一丝小利而烦恼。美德本身就是报酬，它能给人们带来最高尚而真实的快乐。在美德的磨刀石上，我们爱心的刀刃会更加锋利。

在讲求效率和功利的现代社会，我们应该在自己的心灵中为美德留下一片空间，让美德帮我们清除心灵的垃圾。不能物质生活丰富了，而心灵却贫乏了。

《易经》
64个人生智慧

智慧 03
屯卦：信念创造奇迹，坚定铸就辉煌

【原文】

屯：元，亨，利，贞。勿用，有攸往，利建侯。

象曰：云，雷，屯；君子以经纶。

【解析】

屯卦：大吉大利，吉利的占卜。不利于出门，有利于建国封侯。

《象辞》说：屯的上卦为坎，坎为云，下卦为震，震为雷。云行于上，雷动于下，是屯卦的卦象。君子观此卦象，取法于云雷，用云的恩泽，雷的威严来治理国事。

屯卦象征初生。筮得此卦大吉大利，有利于占筮；不宜出行，但有利于授爵封侯。初九徘徊流连，难于前行。但对于占问安居之事有利，也有利于授爵封侯。六二初次出行，徘徊难进。乘马的人徘徊而进，来者不是贼寇而是求婚的佳偶。女子占问嫁不嫁人之事，筮得此爻，预示再过十年才宜嫁人。六三追捕山鹿没有虞人作向导，结果误入茫茫林海中，这样，君子与其继续追逐，不如舍弃不追；如果一意前往追逐，必将遭遇艰难。六四乘马的人徘徊而进，欲求婚配，前往必获吉祥，无所不利。九五屯积膏泽。少量屯积，占问则吉祥；大量屯积，占问则有凶险。上六乘马的人徘徊而进，女方竟无所感应，只落得泪水涟涟，伤心而归。

信念就是生存的基础

万物创造的过程，都会遇到一些艰难险阻，只有积聚实力、坚毅行动的方向，才能有所作为。这正是《屯卦》中六四"乘马的人徘徊而进，欲求婚配，前往必获吉祥，无所不利"所讲述的道理。

一件事情是否做成，关键要看做事者对"可能"与"不可能"的认识。对于有坚强自信的人，往往可以使得平庸的男女成就神奇的事业，成就那些虽则天分高、能力强但却疑虑与胆小的人所不敢尝试的事业。因此，只要努

智慧 03
屯卦：信念创造奇迹，坚定铸就辉煌

力，一切难关都将被除掉，都会把"不可能"变成"可能"。

你的成就之大小，永远不会超出你的自信心的大小。同样，你在一生中，假使你对自己的能力存在着严重的怀疑和不信任，决不能成就重大的事业。

不热烈、坚强地希求成功而能取得成功的，天下绝无此理。成功的先决条件就是自信。

河流是永远不会高出于其源头的。人生事业之成功，亦必有其大源头；而这个源头，就是梦想与自信。不管你的天赋怎样高，能力怎样大，教育程度怎样深湛，你的事业上的成就，总不会高过你的自信。"你能够，是因为你想你能够；他不能够，是因为他想他不能够。"

这世界上，有许多人，他们以为别人所有的种种幸福，是不属于他们的，以为他们是不配拥有的，以为他们不能与那些命运特佳的人相提并论。然而他们不明白，这样的自卑自抑，自己抹杀，是可以大大地减弱自己的生命的，也同样会大大减少自己的成功机会。

有许多人往往想，世界上种种最好的东西，与自己是没有关系的；人生中种种善的、美的东西，只是那些幸运宠儿所独享的，对于自己则是一种禁果。他们沉迷于自以为卑微的信念中，则他们的一生，自然要卑微以殁世；除非他们一朝醒悟，敢抬头要求"优越"。广世间有不少可以成大事，而老死家中，默度其渺小的一生的男女，就因为他们对于自己的期待和要求太小的缘故。

自信心是比金钱势力、家世亲友更有助的东西。它是人生的最可靠的资本。它能使人克服困难、排除障碍，使人的冒险事业终获成功，它比什么东西都更有效。

在普通人看来不可能的事，如果当事人能从潜在意识去认为"可能"，也就是相信可以做到的话，事情就会按照那个人信念的强度，而从潜意识中流出极大的力量来。这时，即使表面看来不可能的事，也可以完成。

现实生活中，不管有多少困难，努力拼搏，最后成功的例子很多。那是因为他能够不管别人说"那不可能"的话，而抱着"我一定要把那件事完成给你看"的信念之故。

为什么能够产生这种奇迹般的事？主要有两种原因：

1.拥有绝对可能的信念，就会在心底播下"好种子"，而从心底引起良好的作用。

《易经》
64个人生智慧

2. 绝对可能的信念到达潜意识后，会从那里流出无限的力量来。

由此看来，许多不可能的事往往会变成可能，这种奇迹般的事是可能发生的，甚至有时在短时间内就会产生效果。

许多令人无法相信的伟大事业也有人能够去完成，其主要原因是，那些人都拥有不怕艰难的强烈信念。所以，要相信自己的力量，不要受周围声音的左右。能如此毅然地前进，成功之门就会为你打开。

一个人是否成功，就看他的态度了！成功人士与失败者之间的差别是：成功人士始终用最积极的思考、最乐观的精神和最辉煌的经验支配和控制自己的人生；失败者刚好相反，他们的人生是受过去的种种失败与疑虑所引导和支配的。

有些人总喜欢说，他们现在的境况是别人造成的。环境决定了他们的人生位置。但是，我们的境况不是周围环境造成的。说到底，如何看待人生，由我们自己决定。纳粹德国集中营的一位幸存者维克托·弗兰克尔说过："在任何特定的环境中，人们还有一种最后的自由，就是选择自己的态度。"

有人说："最常见同时也是代价最高昂的一个错误，是认为成功有赖于某种天才，某种魔力，某些我们不具备的东西。"可是成功的要素其实掌握在我们自己的手中。成功是正确思维的结果。一个人能飞多高，并非由人的其他因素，而是由他自己的态度所决定的。

我们的态度在很大程度上决定了我们人生的成败：

1. 我们怎样对待生活，生活就怎样对待我们。

2. 我们怎样对待别人，别人就怎样对待我们。

3. 我们在一项任务刚开始时的态度决定了最后有多大的成功，这比任何其他因素都重要。

4. 人们在任何重要组织中地位越高，就越能达到最佳的态度。

人的地位有多高，成就有多大，取决于支配他的思想。消极思维的结果，最容易形成被消极环境束缚的人。

坚定的意志是成功的基础

没有什么恶劣的环境能永远囚禁一个有着坚强意志的人。

不要为你的放弃找借口。最关键的是你还没有坚强的意志力。

智慧 03
屯卦：信念创造奇迹，坚定铸就辉煌

有能力做某件特别或独特的事是一回事，做不做得到是另外一回事。在当今巨大的失败群体里面，有着大量未被开发的潜力。为什么拥有潜力的人却没能让自己成功呢？这些人中的许多人都可以成为社会的精英而不是渣滓，他们本有机会好好成就事业，但他们为什么没有呢？

你说你希望不虚此生，你说你有雄心努力向上，那你为什么不付诸行动呢？你在等什么？是什么阻止了你？回答这些问题你会找到答案。唯一的答案就是你自己。没有什么在阻止你，是你自己在阻止自己。机会在每个人的手上，也许你所拥有的机会远比成千上万个已经取得了成功的人曾有过的机会还要好。

要靠你自己去找出问题所在。是肌体上的原因还是精神上的原因？你缺少体力吗？如果你真的缺少体力，那么你的生命力和意志就虚耗了。你有足够的教育吗？你所受的培训对于你的职业来说足够了吗？你知道是什么弱点使你不能得到你梦想渴望的一切吗？经常是一些细小、看似不重要的个人弱点像链锁一样拖住了人，使之不能实现他们的雄心。

许多人缺少取得成功的意志。

不要找一些愚蠢的借口，比如说，你没有机会，没有人帮助你，没有人吹捧你，没有人拉你一把，没人让你变得重要，没人告诉你出路。如果你有潜力，如果你真的称职，你就会在找不到路的时候开创出一条路来。

是生命中的各种困难磨炼了我们的体能和神经，增强了我们的勇气和力量。在热带国家中，食物长在树上等着人来吃，在这些地方也没有住房或是穿衣的问题，因此人们自然而然地很懒散、马虎、不整齐。他们的本性让人难以忍受。他们不懂得征服自我或是征服环境，不会适应恶劣的气候，也不会开垦坚硬固执的土地，因此这些人对文明的贡献非常少。使得生命有意义的是人的行动，发明或是创造，英勇的行为，产业的进步，科学，艺术。这一切都是生活在气候反复无常地区的人们克服了无数困难，历经严寒与酷暑，通过与自然的恶劣条件斗争而取得的成果。

那些等待优厚条件或环境的人，会发现成功无论是在哪个领域都不是一蹴而就的事情。那些能够排除环境干扰，在逆境中奋起，当别的人说他不行的时候仍能勉力胜出，实现"不可能"实现之事的人，那些能排除阻碍的人将能够得到世界。为什么？因为克服困难的努力锻炼了他的力量，而这一力

《易经》
64个人生智慧

量一步一步将他带向成功。

谁能阻止得了一个有决心的人取得成功呢？怎么能阻止得了呢？把一块绊脚石放到他的路上，他把它当作向上攀登的阶梯；抽走他的资金，他就用他的贫困来激励自己；削弱他，他就写小说；等等。

因此，当你正在努力做某件事，暂时不能挪开路上挡住你的石头，不要紧，不必感到沮丧。那些在远处看起来大得吓人的困难在你走近的时候会渐渐变小。只要你有足够的勇气与自信，随着你不断前进，道路会为你而展开。阅读那些伟大人物的生平，他们从奋斗的开始就在清理道路上的障碍，与他们所遭遇的困难相比，你的困难会相形见绌。坚定你对自己的信心，你就能减弱困难程度。生命的成功和效率取决于坚定、持久的决心以及做我们心里想做的事的能力。义无反顾地投身于我们的目标，不偏左也不偏右，哪怕伊甸园试图诱惑我们，失败和灾难在威胁我们。

没有什么恶劣的环境能永远囚禁一个有着坚强意志的人。

上天总是站在有决心的人的一边。意志总是能开创出一条路来，即使是在看起来不可能的地方。半臂的间隔将决定谁能在比赛中胜出，能行军更远的人将赢得战役的胜利，再多坚持5分钟不退缩的意志就将赢得战斗。

智慧04
蒙卦：用知识武装自己，用学习改变命运

【原文】

蒙：亨。匪我求童蒙，童蒙求我。初筮告，再三渎，渎则不告。利贞。

象曰：山下出泉，蒙；君子以果行育德。

【解析】

蒙卦：通泰。不是我有求于幼稚愚昧的人，而是幼稚愚昧的人有求于我。第一次占筮，神灵告诉了他。轻慢不敬地再三占筮，轻慢不敬的占筮，神灵就不会告诉他。但还是吉利的卜问。

《象辞》说：上卦为艮，象征山；下卦为坎，象征泉。山下有泉，泉水喷涌而出，这是蒙卦的卦象。君子观此卦象，取法于一往无前的山泉，从而以果敢坚毅的行动来培养自身的品德。

蒙卦象征童蒙。亨通。不是我有求于年幼无知的童子，而是年幼无知的童子有求于我。初次前来占筮，告诉他吉凶；接二连三地占筮，便是对占筮的轻侮和亵渎，如此，则不再告诉吉凶。但筮得此卦，无论做什么都有利。初六启发愚昧无知的人以增进其智慧，宜于树立楷模，以启发人，使人不犯罪过；如果智慧初开就急于外出做事，行动将非常艰难。九二被愚昧无知的人所包围、环绕，有时未必不是好事。迎娶贤淑女子为妻，吉祥；连儿辈也会有家室。六三不宜娶这个女子为妻，因为她眼中所见的只是美貌郎君，遇到这样的男人她就自失其身，这种婚姻有害无益。六四被年幼无知的童子所围绕，终究要遭遇艰难。六五年幼无知的童子正受启发，必获吉祥。上九惊醒愚昧无知的人，不宜采用暴烈行动，而宜采用防御贼寇的和缓方式。

用智慧统领知识

《蒙卦》中的"蒙"指的就是发蒙启发，在《蒙卦》初六记载的"发蒙，利用刑人，用说桎梏，以往吝"中很深刻地说明了"蒙"的作用；

《易经》
64个人生智慧

同时在《蒙卦》上九记载的"击蒙，不利为寇，利御寇"中指出，启蒙教育一定要及早实施，防患于未然。

培根在提出"知识就是力量"的口号以后，又明确地指出："各种学问并不把他们本身的用途教给我们，如何应用这些学问乃是学问以外的、学问以上的一种智慧。"这也就是说，有了知识，并不等于有了与之相应的能力，运用与知识之间还有一个转化过程，即学以致用的过程。

全球重要的电子工业制造基地深圳、台湾等地，高级技工的身价一天天看涨，部分空有学历本本的硕士、博士的薪水表有被赶超的危机了。老观念中，像深圳这类靠电子制造业等所谓高科技起家的新兴城市，一本花红柳绿的学历证是起码的敲门砖。但现在，如果这个学历本本没有实践操作能力和社会经验附着在上面，那还真不如一个八级工手头的钳子和焊枪。

用自己的眼睛去观察，根据实际的体验而熟悉世故的人，和单从书本上获得知识，却不谙人情世故者，不但有根本上的差异，而且比后者更优秀。不谙世故的学者，就像牛顿一样，是透过三棱镜看光线，用颜色把人类分类，这个人是这种颜色，那个人是那种颜色。而经验丰富的染匠却不同，他们知道颜色有明度、有彩度，也知道虽然看起来是一种颜色，其实它是由种种颜色混合而成的。事实上在这个世上，根本就没有只用一种颜色构成的人，或多或少都混合了其他颜色，掺入了其他的影子。不仅如此，正如丝会随着光线照射的角度，而变幻出各种颜色一般，而能根据当时当地的情况，而变换不同颜色的，正是人。

以上这些，只要是略谙世事的人都能理解。但是，脱离社会，独自关在研究室里，满怀自信的学者却无法知道。因为这类事不是光使用头脑就可以想明白的。于是，这些学究尽管想将所学付诸实践，却往往发现两者无法协调。例如，没看过别人游泳的人，或者没学过游泳的人，即使看过许多讲解游泳的书，十分了解游泳的原理和要点，也无法学会游泳！你只有下水亲自去试才能学会它。

因此，这类人和那些用自己的眼睛看、自己的耳朵听而熟知世事的人截然不同。例如，后一类人不仅也同样知道"赞美"的威力，更重要的是，他们也懂得分辨应该在何时、何处，以及如何使用这种武器最好，也就是他们懂得对症下药。他们很少直接赞美别人，总是运用委婉的、比喻或暗示的手

智慧 04
蒙卦：用知识武装自己，用学习改变命运

法来进行。

步入社会的年轻人应该把到目前为止所学到的知识，以及本身的见闻归纳起来，再加上自己的判断，建立起自己的人格、行为模式、礼仪礼节。接下来的工作，只剩下了解人情世故，且多加磨炼了。你不妨多看看有关社会学方面的书，把书上所写的和现实生活加以比较。如果不实际踏入社会亲身体验，仔细观察，则无法活用那些辛苦得来的知识，甚至还会误入歧途。

生活是一部大课本。有志向的年轻人要善于读生活这本"无字书"，体悟成败之理。古人曰"读万卷书，行万里路"，是说人要有较多的知识和丰富的阅历，也是要人们能理论联系实际，善于利用知识处理各种事情。丰富的阅历也是成大事者不可缺少的资本，特别是年轻人，他们的阅历一般较少，这就要求他们不但要注重书本知识，也要注重生活、社会中的知识积累。有诗云："纸上得来终觉浅，绝知此事要躬行。"读书学习获取知识诚然重要，但实践获真知也是必不可少的。

如果你有很多的知识但却不知如何应用，那么你拥有的知识就只是死的知识。鲁迅说："用自己的眼睛去读世间这一部活书。""倘只看书，便变成书橱，即使自己觉得有趣，而那趣味其实是已在逐渐硬化，逐渐死去了。"死的知识不但对人无益，不能解决实际问题，还可能出现害处，就像古时候纸上谈兵的赵括无法避免失败。因此，你在学习知识时，不但要让自己成为知识的仓库，还要让自己成为知识的熔炉，把所学知识在熔炉中消化、吸收。

你应结合所学的知识，参与学以致用活动，提高自己运用知识和活化知识的能力，使你的学习过程转变为提高能力、增长见识、创造价值的过程。你还应加强知识的学习和能力的培养，并把两者的关系调整到黄金位置，使知识与能力能够相得益彰，相互促进，发挥出前所未有的潜力和作用。

通过阅读"有字之书"，你可以学习前人积累的知识、前人的学以致用经验，并从中取得借鉴，避免走岔道、走弯路；通过读"无字之书"，你可以了解现实，认识世界，并从"创造历史"的人那里学到书本中没有的知识。

你要想读好"无字之书"，就必须脚踏实地，有深入调查及求实的精神。这种精神，不但可以帮你纠正"有字之书"中的错误，掌握真正的知识，而且能够让你学到新的知识。譬如苏轼曾写过一篇游记《石钟山记》，他通过亲临绝壁深潭实地考察而纠正了唐代李勃因石钟山有两块石头"扣而聆之，

《易经》
64个人生智慧

南声函胡，北音清越，桴止响腾，余韵徐歇"而得名的说法，对于北魏郦道元的"下临深潭，微风鼓浪，水石相搏，声如洪钟"而得名的说法进行了肯定。

又如，书中所写的亚里斯多德关于物体降落的速度是依物体本身的轻重决定的理论，学者们都没有加以证明就全盘地接受了。因为在当时学者的心目中，除了上帝，只有亚里斯多德永远是对的。但是，年仅25岁的伽利略却因善于读"无字之书"，通过进行试验把亚里斯多德的错误理论推翻了。

要想读好"无字之书"，必须步步留心，时时在意。在《红楼梦》的第二回描写了黛玉初到贾府的情形，"唯恐被人耻笑了他去"，于是便"步步留心，时时在意"，也因此观察到了贾府很多"与别家不同"的地方。

读"有字之书"必须进正规大学，而读"无字之书"则要进"社会大学"。如果说正规大学是一片湖泊，那么"社会大学"就是大海，永远没有毕业之时。

善读书，而不惟书，把"有字之书"与"无字之书"都读透了，才是获取更多精神财富、成就大事的准则。

学习，是一生的事情

许多人以为，学习只是青少年时代的事情，只有学校才是学习的场所，自己已经是成年人，并且早已走向社会了，因而再没有必要进行学习，除非为了取得文凭。

这种看法乍一看，似乎很有道理，其实是不对的。在学校里自然要学习，难道走出校门就不必再学了吗？学校里学的那些东西，就已经够用了吗？

其实，学校里学的东西是十分有限的。工作中、生活中需要的相当多的知识和技能，课本上都没有，老师也没有教给我们，这些东西完全要靠我们在实践中边学边摸索。

可以说，如果我们不继续学习，我们就无法取得生活和工作需要的知识，无法使自己适应急速变化的时代，我们不仅不能做好本职工作，反而有被时代淘汰的危险。

有些人走出学校投身社会后，往往不再重视学习，似乎头脑里面装下的东西已经够多了，再学会涨破脑袋。殊不知，学校里学到的只是一些基础知识，十分有限，离实际需要还差得很远。

特别是在科学技术飞速发展的今天，我们只有以更大的热情，如饥似渴

智慧 04
蒙卦：用知识武装自己，用学习改变命运

地学习、学习、再学习，才能使自己丰富和深刻起来，才能不断地提高自己的整体素质，以便更好地投身到工作和事业中。

据美国国家研究委员会调查，半数的劳工技能在 1～5 年内就会变得一无所用，而以前这段技能的淘汰期是 7～14 年。特别是在工程界，毕业 10 年后所学还能派上用场的不足 1/4。

因此，学习已变成随时随地的必要的选择。

美国人认为：年轻时，究竟懂得多少并不重要，懂得学习，就会获得足够的知识。

学习不光是学问家的事情。无论从事哪一种事业，都需要不断地学习。只有学习才能扩大视野，获取知识，得到智慧，把工作做得更好。

但凡杰出的人，都是终身孜孜不倦追求知识的人。在漫长的人生经历中，即使再忙再苦再累，他们也不放弃对知识的追求，学习既是他们获取知识的途径，又是他们在逆境中的精神支柱。在他们看来，知识是没有止境的，学习也应该是没有止境的，学习使他们的思想、心灵和精神永远年轻，也使他们的事业日新月异。

《易经》
64个人生智慧

智慧 05
需卦：隐忍以待时机，厚积才能薄发

> 【原文】
> 需：有孚，光亨，贞吉。利涉大川。
> 象曰：云上于天，需；君子以饮食宴乐。
>
> 【解析】
> 需卦：抓到俘虏。大吉大利，吉利的卜问。有利于涉水渡河。
> 《象辞》说：需的上卦为坎，表示云；下卦为乾，表示天。云浮聚于天上，待时降雨是需卦的卦象。君子观此卦象，可以宴饮安乐，待时而动。
> 需卦象征等待。心怀诚信，光明亨通，占得此卦则必获吉祥，利于涉越大河巨流。初九在郊野中等待，宜于持之以恒。如此，必无灾祸。九二在沙滩上等待，稍稍有些中伤的言语；但只要耐心地等待，最终可获吉祥。九三在泥泞中等待，会招致贼寇到来。六四在血泊中等待，能从险境中脱出。九五在酒食宴事中等待，占之则必获吉祥。上六落入险境，有三个不速之客来访，只要以礼敬之，最终必获吉祥。

隐忍以行，以退为进

无论是战争还是人生，人们总是希望能够一鼓作气、一举成功。然而，为什么这些想要一举成功的人，往往却以失败告终呢？原因很简单——他们不懂得等待时机，盲目地进取必然导致失败的结局。

《需卦》中的"需"在古代是等待的意思。这种善于等待，既是一种手段，又是一种人生智慧。在《需卦》中分别指出了"需于郊""需于沙""需于泥""需于血""需于酒食"的制胜哲学。告诫我们在遇到危险、困难时，审时度势地等待时机，不失为一种最好的取胜之道。

当你处于弱势时，要忍住急于求成的心理状态，不要过于暴露自己，而要凭借着良好的外界形势，壮大自己的力量。当然，在保持和发展自己的强势的同时，还要学会装糊涂，尽量掩饰自己表面的强壮，隐忍以行，以退为进。

智慧 05
需卦：隐忍以待时机，厚积才能薄发

唐代武则天专权时，为了给自己当皇帝扫清道路，先后重用了武三思、武承嗣、来俊臣、周兴等一批酷吏。

一次，酷吏来俊臣诬陷平章事狄仁杰等人有谋反的行为。来俊臣出其不意地先将狄仁杰逮捕入狱，然后上书武则天，建议武则天降旨诱供，说什么如果罪犯承认谋反，可以减刑免死。狄仁杰突然遭到监禁，既来不及与家里人通气，也没有机会面奏武后说明事实，心中不由焦急万分。审讯的日期到了，来俊臣在大堂上宣读完武后诱供的诏书，就见狄仁杰已伏地告饶。他趴在地上一个劲地磕头，嘴里还不停地说："罪臣该死，罪臣该死。大周革命使得万物更新，我仍坚持做唐室的旧臣，理应受诛。"狄仁杰不打自招的这一手，反倒使来俊臣弄不懂他到底唱的是哪一出戏了。既然狄仁杰已经招供，来俊臣将计就计，判了他个"谋反是实"，免去死罪，听候发落。

来俊臣退堂后，坐在一旁的判官王德寿悄悄地对狄仁杰说："你也可再诬告几个人，如把平章事杨执柔等几个人牵扯进来，就可以减轻自己的罪行了。"狄仁杰听后，感叹地说："皇天在上，后土在下，我既没有干这样的事，更与别人无关，怎能再加害他人？"说完一头向大堂中央的顶柱撞去，顿时血流满面。王德寿见状，吓得急忙上前将狄仁杰扶起，送到旁边的厢房里休息，又赶紧处理柱子上和地上的血渍。狄仁杰见王德寿出去了，急忙从袖中抽出手绢，蘸着身上的血，将自己的冤屈都写在上面，写好后，又将棉衣里子撕开，把状子藏了进去。一会儿，王德寿进来了，见狄仁杰一切正常，这才放下心来。

狄仁杰对王德寿说："天气这么热了，烦请您将我的这件棉衣带出去，交给我家里人，让他们将棉絮拆了洗洗，再给我送来。"王德寿答应了他的要求。狄仁杰的儿子接到棉衣，听说父亲要他将棉絮拆了，就想：这里面一定有文章。他送走王德寿后，急忙将棉衣拆开，看了血书，才知道父亲遭人诬陷。他几经周折，托人将状子递到武则天那里，武则天看后，弄不清到底是怎么回事，就派人把来俊臣召来询问。来俊臣做贼心虚，一听说太后要召见他，知道事情不好，急忙找人伪造了一张狄仁杰的"谢死表"奏上，并编造了一大堆谎话，将武则天应付过去。

又过了一段时间，曾被来俊臣妄杀的平章事乐思晦的儿子也出来替父伸冤，并得到武则天的召见。他在回答武则天的询问后说："现在我父亲已死了，人死不能复生，但可惜的是太后的法律却被来俊臣等人给玩弄了。如果太后

《易经》
64个人生智慧

不相信我说的话，可以吩咐一个忠厚清廉、你平时信赖的朝臣假造一篇某人谋反的状子，交给来俊臣处理，我敢担保，在他酷虐的刑讯下，那人没有不承认的。"武则天听了这话，稍稍有些醒悟，不由想起狄仁杰一案，忙把狄仁杰召来，不解地问道："你既然有冤，为何又承认谋反呢？"狄仁杰回答说："我若不承认，可能早就死于严刑酷法了。"武则天又问："那你为什么又写'谢死表'上奏呢？"狄仁杰断然否认说："根本没这事，请太后明察。"武则天拿出"谢死表"核对了狄仁杰的笔迹，发觉完全不同，才知道是来俊臣从中做了手脚，于是下令将狄仁杰释放。

狄仁杰忍耐住刚强直率的性格与对手周旋，终于使自己的冤屈得到昭雪。在人生复杂的竞技场中，若遭受一些不公待遇，也不妨先忍一忍，这是斗争中的良策；相反，若以硬碰硬，不是大声疾呼，就是恼羞成怒，会让自己吃大亏的。

不要逞匹夫之勇

康熙在八岁当了皇帝，那时还是个什么都不懂的小孩子。他的父亲顺治帝临死前，命四个满族大臣辅佐他处理国家大事。鳌拜虽位居四大臣之末，但掌握着兵权，不断扩大自己的势力，而且性情特别凶残霸道，他有权有势，如日中天，皇帝简直成了他的附属品。

在康熙十四岁亲自执政后，鳌拜还是专横地把持着朝政，根本不把皇帝放在眼里。不但小皇帝对他十分痛恨，就连众大臣也是敢怒却不敢言。

康熙想除掉鳌拜，但慑于他的权势，只好先装模作样。他用一切时间学习政治，用一切机会实践政治。同时，他还要做出依然不懂事的样子，傻玩傻闹，绝不让鳌拜看出他的真实想法。

有一次，鳌拜和另一位辅政大臣苏克萨哈发生争执，他就诬告苏克萨哈心有异志，应该处死。这时，好歹康熙名义上是已经亲政的皇帝，鳌拜先要向他请示。康熙明知道这是鳌拜诬告，就没有批准。这下可不得了，鳌拜在朝堂上大吵大嚷，卷着袖子，挥舞拳头，闹得天翻地覆，一点臣下的礼节都不讲了，最后，还是擅自把苏克萨哈和他的家属杀了。

从此以后，康熙更是下决心要整顿朝政。为了擒拿鳌拜，他想出一条计策。康熙在少年侍卫中挑了一群体壮力大的，留在宫内，叫他们天天练习扑击、

智慧 05
需卦：隐忍以待时机，厚积才能薄发

摔跤等拳脚功夫。空闲时，他常常亲自督促他们练功、比武，而且，消息一点都没有走漏出去。

有一天鳌拜进宫奏事，康熙正在观看少年侍卫练武，只见少年侍卫正在捉对儿演习，一个个生龙活虎，皇帝还在场外指指点点。

康熙看见鳌拜来了，大吃一惊，心想坏了，如果被鳌拜看出破绽，那别说皇位坐不安稳，就连命也要赔进去了。他灵机一动，故意站起身走进场去，笑着夸奖这个勇敢，奚落那个功夫不到家，说："来，你和我打一架，看看我的功夫。"一派贪玩的少年形象。

鳌拜一看皇帝如此胡闹，心中暗笑，看来这大清的江山，永远是我鳌拜的了。鳌拜走近康熙，刚要奏事，康熙却摆摆手说："今天玩得痛快，有事先不要说，等我……"

鳌拜连忙说："皇上，外廷有要事奏告。皇上下次再玩吧。"康熙这才恋恋不舍地和鳌拜进殿去了。

过了一段时间，少年侍卫们的武艺练习得有了长进，鳌拜的疑心也全消除了，这时，康熙决定动手除奸。这天，他借着一件紧急公事，召鳌拜单独进宫。鳌拜哪里有什么防备，骑着马就大摇大摆地进宫来了。

康熙早已站在殿前，一见鳌拜走来，便威武地喝道："把鳌拜拿下。"只听得一阵脚步响，两边拥出一大群少年侍卫，一起扑向鳌拜。

鳌拜不一会儿就被众少年掀翻在地，捆缚起来，关进大牢。

康熙用隐忍之法，除掉了这个朝廷祸害，显示了少年有为、有勇有谋的皇帝风范。

人生的漫漫长路中，风云变幻，难免危机四伏，为保全自己，打击对手，还是要做做样子，装装糊涂，麻痹对手，伺机而动才能咸鱼翻身。

当忍则忍。不要逞一时之勇，图一时之快，不考虑后果，甚至忘记自己是谁。留得青山在，才有东山再起的资本。

《易经》
64个人生智慧

智慧06
讼卦：谨慎做人，避免争执

【原文】

讼：有孚，窒惕，中吉，终凶。利见大人，不利涉大川。

象曰：天与水违行，讼。君子以作事谋始。

【解析】

讼卦：虽有利可图（获得俘虏），但要警惕戒惧。其事中间吉利，后来凶险。占筮得此爻，有利于会见贵族王公，不利于涉水渡河。

《象辞》说：上卦为乾，乾为天；下卦为坎，坎为水，天水隔绝，流向相背，事理乖舛，这是讼卦的卦象。君子观此卦象，以杜绝争讼为意，从而在谋事之初必须慎之又慎。

讼卦象征争讼。心怀诚信，追悔警惧，持守中和之道而不偏不倚可获吉祥；如果始终强争不息则有凶险。有利于大德大才之人出世，却不宜于涉越大河巨流。初六不为争讼之事纠缠不休，因为应当减少口舌是非，这样最终可获吉祥。九二争讼失利，返回之后就应当逃避；逃到三百户的小邑便无灾祸。六三安享旧日俸禄，占筮虽有危险，但最终可获吉祥。有时辅佐君王大业，则无所建树。九四争讼失利，回心归于正理，改变争讼初衷，则平安无事，占筮可获吉祥。九五审断争讼，判时是非曲直，大吉大利。上九有时由于决讼清明，而荣获君王颁赐的显贵华服，但一天之内却会多次被剥夺。

多看多听少开口

喜欢表达自己的见解是世人的一种偏好，无论是有水平的、没水平的，有知识的、没知识的，见过世面的、没见过世面的人，都如此。但可以肯定的是，这种偏好并不是一种好习惯，因为祸患就隐藏在其中。《讼卦》指出，"君子以作事谋始"就是告诫我们应该慎言畏出，缄默守声，不随便表达自己的心声及对外事、外物的看法，才不会惹祸上身。

智慧 06
讼卦：谨慎做人，避免争执

对一个初出茅庐的年轻人来说，最重要的处世经验是：多看多听少开口。

这条经验不仅对年轻人有用，对任何一个指望混得好一点、过得开心一点的人都同样适用。

那么，多看，看什么呢？看一切与自己有关的人和事。

假如你想在某个领域有所成就，就得把自己的精气神全部融入其中，弄清各种人和事的现存状态与变化规律，久之，你看待事物的眼光就变得跟局外人大不一样了，达到"神知神觉"的境界，这样你就有了一双慧眼，能随时发现有利于事业成长的机会。

当然，一开始你很难看懂周围的人和事，也看不见有什么很好的机会。但是，没有关系，多看的目的是培养主动意识，使大脑进入激活状态，这样感觉会敏锐得多，对机会的嗅觉一定远胜常人，迟早必成为人群中的领跑者。

多听，听什么呢？听别人的经验之谈。

老于世故的人说："一天学一个乖。"向谁学乖？当然要向那些过来人学乖。一个人的经历有限，即使时刻留意，见识也有限。如果有一双谦逊的耳朵，愿意听听别人的见解，那么，你就能将别人的见识变成自己的见识。

其实，不论他人地位高下、知识深浅，他的专业经验总有一部分足供你去学习。向甲学一点，向乙学一点，把片段零星的，渐渐组织起来，连贯起来，就能形成一套独特的"武功秘笈"，并助你打下一片属于你自己的天地。古今智者，莫不以此成大器。所以孔子感慨地说："三人行，必有我师焉！"

为什么要少开口？它基于两个理由：

第一个理由是，当你急于开口时，就没有心情去多看多听了。

第二个理由是，一个人说得越多，他的浅薄无知就暴露得越多，他就很难得到别人的信任和重视了。一个说话随便的人，一定没有责任心。

俗话说"爱叫的麻雀不长肉"，在人群中，一个特别爱说话的人，最不可能受到重用，很难有什么出息。

特别爱说话的人为什么最不可能受重用呢？

其一，一个人特别爱说话，说明他自控能力不强，易冲动，经常因情绪伤害理智。试想，连自己的嘴巴都管不住，又能管好什么事？

其二，一个人整天叽叽喳喳的，总得有内容。他的生活经历有限，不知道那么多趣闻逸事，也没工夫读书，不可能天天给你讲世界名著。说来说去，

《易经》
64个人生智慧

无非东家长西家短，拿别人的隐私、缺点当佐料，煲成一锅大杂烩。对这样的人，谁敢跟他交心交底呢？

其三，无论是谁，若想被人冠上"可爱""可敬""可信""可亲"之类的字眼，一定要善于伪装，或者说"包装"——将缺点隐去，将优点突显出来。漂亮时装能包装外部形象，真知灼见能包装内在思想。可是，一个爱说话的人，有什么说什么，久之必然将自己的优点、缺点全部暴露于人前，赤条条无遮无掩。除非他"天生丽质"，毫无瑕疵，否则很难被欣赏。

其四，一个特别爱说话的人，总是不假思索地对任何事发表见解，好的意见与错误观点混杂，泥沙俱下，让人难取难舍，只好当废话听。久之，人们必然认为这个人没有见识，只会乱说一通。平时是没人重视他的，想散布流言蜚语时，才会借用一下他那张管不住的嘴巴。这种人很容易被不怀好意的人利用，社会上的小道消息，主要是靠他们传播开来的。

总之，话多不如话少，话少不如话好，多言不如多知，即使千言万语，也不及一件事实留下的印象深刻。多言是虚浮的象征，因为口头慷慨的人，行动一定吝啬。凡有道德者，不可多言；有信义者，必不多言；有才谋者，不必多言。我们绝对要少说话，尤其是有经验丰富的陌生人在座时。因为如果说多了，便是同时透露了自己的弱点及愚蠢并失去了一个获得智慧及经验的机会。

有人说：沉默是金。沉默本身不是金，只是一个炼金的过程。将各种情况进行综合分析，得出一个相对合理的结论后，才谨慎发言，这样，他给人捧出来的总是金子，自然会被人认为是一个极有价值的人，因而受到重视和信任。

谨言慎行

世界上的麻烦有一半是因为说话不当造成的，另一半是愚蠢所致。所以，说话不当的危害跟愚蠢是一样的。说话不当者未必都是愚蠢的人，但的确做了一件愚蠢的事。

几乎所有谈话中的失误或错误都是由于没有认真考虑后果造成的。所以，有家教的父母总要告诉自己的孩子两句老一辈流传下来的话，一句是"紧急言语慢开口"，一句是"话到嘴边留半句"。

智慧 06
讼卦：谨慎做人，避免争执

哪些话属于"紧急言语"，话到嘴边，应该留下哪"半句"呢？

1. 隐私或秘密不可轻易泄露。这两样东西，将暴露自己的意图和弱点。对方也许是朋友不是敌人，不过就怕他竟然是敌人或受敌人利用。

2. 留住自以为是的见解。人们都是根据有限信息进行思考并形成想法的，在信息残缺不全时，会形成偏见。加上感情倾向与情绪作用，会使自己的见解偏得更厉害。正如索罗斯说："我们对世界的所有认知都有缺陷，因为我们无法透过没有折射作用的棱镜看待这个世界。"

虽然每个人的想法都带有偏见，但掌握信息较多、比较理智、能有效克服情绪的人往往意见更正确，至少更令人信服。因为在一些人中，大家的见解都超不过他的见解。你看那些经验丰富的领导人，当别人进行热烈的讨论时，他却坐在那里一言不发；等别人把想说的话都说完了，他再发表意见，一开口就语惊四座，让大家都觉得自愧不如。其实，他在保持沉默时，并非没有想法，只不过能隐忍不言而已。当他听完所有人的讨论后，掌握的信息已经比别人多了，在此基础上形成的想法，自然胜过所有人。

3. 避免对别人发表不恰当的批评和指责。所谓不恰当，有多种含义：如果你看错了现象，误会了人家，批评和指责无疑是不恰当的。假如对方确有挨批的理由，是否批他，还得看风向。

比如，你这样做，是否对他确有帮助？是否会加深误会、激化矛盾？另外，如果对方已经意识到了自己的错误，并有改正的倾向，就没有必要对他说三道四了。

当你确定批评他是必需而且有用的，点到为止即可，把废话咽回去。

4. 不发毫无价值的牢骚。生活本来就是不如意的事要占很大比例，你到哪里去找一个圆满的世界？已经吃到肚子里的东西，无论米谷糟糠，总是要自行消化的，岂能吐出来让别人心情难受？

5. 抛弃不着边际的废话。为说话而说话，把东家的长西家的短都搬出来当谈资，讲完了也不知道自己到底说了什么，这无疑是废话。那又何必要说？那又何必说太多？

古语云：君子三缄其口。又云：不得其而言，谓之失言。如果你不能确定自己说的话对人对事有益无害，或者利多害少，那么不如不说。

《易经》
64个人生智慧

智慧 07
师卦：做正直人，做正义事

【原文】

师：贞，丈人吉，无咎。

象曰：地中有水，师。君子以容民畜众。

【解析】

师卦：占问总指挥的军情，没有灾祸。

《象辞》说：下卦为坎，坎为水；上卦为坤，坤为地，像"地中有水"，这是师卦的卦象。君子观此卦象，取法于容纳江河的大地，收容和蓄养大众。

师卦象征军旅。筮得此卦，对于军事统帅率师出征非常吉利，必无灾祸。初六军队出征，必须遵依号令行事；军纪败坏，必有凶险。九二统率军队出征打仗，持守中道，不偏不倚，可获吉祥，必无灾祸；君王多次颁布诏命，奖赏其功。

六三士卒时而用大车载运尸体归来，必有凶险。六四军队驻扎在左方，准备随时撤退，可以免遭灾祸。六五田野有禽兽出没，宜于捕猎，没有灾祸；长子率师征战，次子用大车载尸，占问必有凶险。上六天予颁布诏命，论功封爵，封诸侯于千乘之国，授大夫以百乘之家；要重用君子，不要重用小人。

挺起做人的脊梁

师有军队的意思，也有用兵、出兵作战、正义讨伐之意。军队是一个国家安定团结、稳定发展、繁荣昌盛、抵御外敌入侵的保障。有军才有国，有国才有家，有家才有幸福、快乐、安康。真正的正义之师是替天行道、讨伐邪恶、为民除害的。

人人都渴望成功，确实，这真正是一个机会迭出的时代。但是，透过历史的折光镜，纵然是成功者，也有很多是病态的：或是言语上的巨人而为时间上的矮子；或曾泡沫般地胀起却在瞬间蒸发；或为财富上的富翁却是精神

智慧 07
师卦：做正直人，做正义事

上的乞儿；或为偶然中一跃龙门，却在必然中销声匿迹……

成功的标志是什么？财富、地位、声望、名誉、权力……这一切的一切，也许是人们期盼拥有的，但世界上却有如此多的为权力而勾心斗角、为地位而委曲求全、为财富而不择手段，这是真实意义的成功吗？其实，在这些病态的追求成功的过程中，失去的往往更多。没有了健康，没有了幸福，没有了快乐，没有了内心的平静，没有了周围的和谐。

也许，坚持着自己想要的，始终本着自己的原则，一如既往地挺起做人的脊梁，在某种意义上来说，这是更大的成功。

社会是一台复杂的机器，它很容易让人失去本色，容易磨光一个人的棱角，只有站直了，虽外圆而还能内方，才不至于成为见利忘义的庸人。因此，我们无论在任何时候都应该挺起做人的脊梁。

1948年，朱自清的胃病越来越严重。这天，朱自清正在家里躺着，吴晗来到他家，递给他一份抗议美国扶日政策并拒绝取美援面粉的宣言书。朱自清看了，不说话，只是颤颤地提起笔，在宣言上签上了自己的名字。不到两个月，朱自清便逝世了。朱自清的胃病，是必须严格选择食品的，而那时候面粉是不可多得的好食品。如果他不签字，别人也能理解，但他还是签了。我们可以想象，他忍受不了美国面粉的侮辱性，却忍受了病痛的剧烈折磨，这种选择显然是他自己的取向。

孟子曾说过：不要我所不要的东西，不干我所不干的事。求我所必求，为我所必为，如此而已。仔细说起来，我所不要的东西，既包括我们不该要的东西，也包括我们不必要的东西。不该要的东西不要，如来路不明的不义之财；不必要的东西也不要，如名不副实的空衔虚誉。不该要不必要的东西，如果要了，人就变成了外物的奴隶，本来受人驱遣被人役使的外物便转即控制了我们自己。

干不可干的事，往往会损害别人，会被千夫所指，会受制裁。即使不受制裁，稍有良知，也会日不安夜不宁，问心怕愧有余；良知即便全失，也免不了担惊受怕，寝食难安，夜不成寐。干不愿干的事，就必须勉强自己，甚至要强迫自己，不能随心所欲，也无法尽心竭力，虽是举手之劳，也会觉得苦不堪言。

在有些时候、某些情况下，许多事情是我们必须做的。哪怕是一生只做一次，哪怕因此而中断了自己的生命，我们都必须不顾一切地勇往直前。这

《易经》
64个人生智慧

些事大到国难当头为国捐躯，小到为朋友赴汤蹈火两肋插刀。

为了伸张和主持正义，就要敢于仗义执言，说公道话。仗义执言是一个人具有正义感的表现。要仗义执言，就要敢于讲真话。自己应该做一个有正义感、有良知、讲真话，并敢于为他人讲公道话的人，那种明明看到不合理、不正常的现象也不敢讲真话的人，则失去了自己的人格。

踏寻着伟人的足迹，我们为他们的气节而折服，被他们的精神所感动。确实，正如罗曼·罗兰的一句名言："自私和怯懦的人常不快乐，因为他们即使保护了自己的利益和安全，却保护不了自己的品格和自信。"

挺起做人的脊梁，即使贫穷、孤独，但仍然有内心的一份追求与和谐！

君子慎独

孔子说："君子慎独。"意思是说，即使一个人独处时，也要克制自己，不要做失道失德的事。

《礼记·中庸》也说："道者，不可须臾离也，可离非道也。是故君子戒慎乎其所不睹，恐慎乎其所不闻。莫见乎隐，莫显乎微，故君子慎其独也。"意思是说，道德原则是一时一刻也不能离开的，要时刻检点自己的行动，警惕是否有什么不妥的言行而自己没有看到，害怕别人对自己有什么意见而自己没有听到。

"慎独"也可以作为识别人的道德品质的方法。一个人的道德品质往往从最隐蔽、最细微的地方真实地暴露出来。在公开场合，在大的问题上，由于法制、舆论的压力，人们不能不检点约束自己的言行；在独处无人监督时，或者在细小的问题上，人们就容易放纵自己，暴露出真实的思想面目。

《后汉书·杨震传》有一则"暮夜无知"的故事：杨震被任命为东莱太守，赴任时途经昌邑，以前被他推荐为昌邑县令的荆州秀才王密夜晚来拜见，想送给他十斤黄金。杨震说："我了解你，你却不了解我，这是什么缘故呢？"

王密说："晚上没有人知道这件事。"

杨震义正词严地说："天知，神知，我知，你知，怎么说没有人知道呢！"

王密很惭愧，只好灰溜溜地告辞而去。

一个真正有道德的人在独自一人、无人监督时，也会小心谨慎地不做任何不道德的事。

智慧 07
师卦：做正直人，做正义事

坚持"慎独"，在"隐"和"微"上下功夫，即有人在场和无人在场都是一个样，不让任何邪恶念头萌发，才能防微杜渐，使自己的道德品质高尚。"慎独"修养方法的实质是提倡高度的自觉性。这个原则不管什么时候，都是必须牢记在心的。在这方面，唐太宗就十分注意严格要求自己。他说："身为国君，必须先以人民的生活安定为念。压榨人民而自己却过着奢侈浪费的生活，无疑是割取自己腿上的肉吃一样，等到吃饱了身体也随着完结了。倘若希望天下安泰，首先必须端正自己的姿态。迄今为止，尚未听说直立的身体却映出弯曲的影子，也没有听说过端正的君主治理下的政治，百姓会胡作非为。"

唐太宗以这种态度来处理政事，率先努力端正自己的行为，虽然已经十分努力了，但他仍然怀疑自己是不是做得不够彻底。有一次，他向魏徵表示这种不安："我一直努力端正自己的行为，但是不管怎么努力，也及不上古代的圣人，因此不得不担心自己是否会受到世人嘲笑。"

魏徵听后安慰他："从前鲁哀公曾告诉孔子，有一个健忘的男子，在搬家的时候连自己的太太都给忘了。孔子听后回答说，还有更严重的呢，像桀和纣等暴君不要说自己的太太，甚至连自己都忘了呢。陛下千万不要连这个都忘了，只要能时时留心自身，至少不至于受到后世子孙的嘲笑。"由此观之，如果领导者能够率先作出表率，修正自己的行为，那么部下就会群起效法，端正自己的品格行为。

这种自我保护的措施，主要是进行自我反思，反思自己的行为是否有越轨之处，语言是否有不妥当的地方，一些习惯是否符合于社会道德规范，是否自己过于恃才傲物、不够谦虚，等等。古人云："御寒莫如重裘，止谤莫如自修。"别人对自己的一些议论总是事出有因，应先反省自己。

只要自己能够不断自省，就可以在各种环境里都自持而不虚。

《易经》
64个人生智慧

智慧 08
比卦：诚心纳才，诚心交友

【原文】

比：吉。原筮，元永贞，无咎。不宁方来，后夫凶。

象曰：地上有水，比。先王以建万国，亲诸侯。

【解析】

比卦：吉利。同时再卜筮，仍然大吉大利。卜问长时期的吉凶，也没有灾祸。不愿臣服的邦国来朝，迟迟不来者有难。

《象辞》说：下卦为坤，上卦为坎，坤为地，坎为水，像"地上有水"，这是比卦的卦象。先王观此卦象，取法于水附大地、地纳江河之象，封建万国，亲近诸侯。

比卦象征亲辅。筮得此卦吉祥。第二次占问大吉大利，占问长时期的吉凶，没有灾祸。不愿臣服的邦国来朝，缓缓来迟者必遭凶险。初六胸怀诚信之心前来亲辅，没有灾祸。只要诚信之意如美酒盈缸，纵然发生意外情况，仍然吉祥。六二亲辅来自内部，筮得此爻则可获吉祥。六三所亲辅的人并非应当亲辅者。六四向外亲辅，筮得此爻可获吉祥。九五光明正大地亲辅。君王狩猎，三方驱围，网开一面，任凭前方的禽兽逃逸，邑人都不惧怕，吉祥。上六亲辅而找不到首领，必有凶险。

你付出什么，就得到什么

在人生和事业的征程中，最不可或缺的就是朋友和帮手，好的朋友和得力的助手是成功的基石。《比卦》上说："先王以建万国，亲诸侯。"这不也是强调诸侯、大臣在天子治理国家的过程中不可或缺的重要地位吗？

《比卦》初六上又指出"有孚比之，无咎；有孚盈缶，终来有它吉"，那么，怎样才能让别人"有孚比之"呢？唯一的办法就是，那些身在高位的人要有一颗真诚的纳才之心，真心实意地去接纳、聘请人才，为己所用。

生活就像山谷回声，你付出什么，就得到什么；你耕种什么，就收获什

智慧 08
比卦：诚心纳才，诚心交友

么。你真诚地对待别人，同样你也会收获别人的真诚。在别人需要帮助的时候，你伸出了援助之手，别人得到的并非是你失去的。在一些人的固有的思维模式中，认为要帮助别人自己就要有所牺牲，别人得到了自己就一定会失去。

有一个人被带去参观天堂和地狱，以便比较之后能聪明地选择他的归宿。他先去看了魔鬼掌管的地狱。第一眼看去令人十分吃惊，因为所有的人都坐在酒桌旁，桌上摆满了各种佳肴，包括肉、水果和蔬菜。

然而，当他仔细看那些人时，他发现没有一张笑脸，也没有伴随盛宴的音乐或狂欢的迹象。坐在桌子旁边的人看起来沉闷，无精打采，而且皮包骨头。这个人发现那些人每人的左臂都捆着一把叉，右臂捆着一把刀，刀和叉都有四尺长的把手，使它不能用来吃。所以即使每一样食品都在他们手边，结果还是吃不到，一直在挨饿。

然后他又去天堂，景象完全一样：同样的食物、刀、叉与那些四尺长的把手，然而，天堂里的居民却都在唱歌、欢笑。这位参观者困惑了。为什么情况相同，结果却如此不同？在地狱的人都挨饿而且可怜，可是在天堂的人吃得很好而且很快乐。最后，他终于看到了答案：地狱里每一个人都试图只喂自己，可是四尺长的把手根本不可能吃到东西；天堂里的每一个人都是喂对面的人，而且也被对面的人所喂。互相帮助，结果帮助了自己。

真诚对待身边的人，别人也会用真诚对待你

我们每个人，在自己所接触的人中，会有各种各样的人，他们中有与自己合得来的，也有合不来的。虽然我们有权利选择和什么样的人来往，甚至可以尽量不和自己性格不合的人交往，但是，这绝不是一个明智的选择。因为无论在任何时候，我们都生活在一个集体之中，这就注定必须和这样那样的人相处，因此，我们只有积极主动地努力适应对方的性格特点，真诚地对待身边的每一个人，才能建立良好的人际关系。

在人际关系上经常出问题的人，大多都是放弃了这样的努力：没能积极主动地去适应别人的性格特点。自己不做出让步，去努力适应别人，却一味地批评别人"那个人有缺点……""这个人令人讨厌……"这样就不可能与别人建立良好的人际关系。与合得来的人能建立起良好的人际关系，谁都能做到。可是，如果是性格合不来的或自己讨厌的，也应该努力适应他们，真诚地对待他们，并和他们建立起良好的人际关系，这才可以说是一个出色的"外交家"。

与人相处，要认清对方的特点，然后采取适宜的交往法则。比如，对于心思比较细腻、重视礼节的人，若采取无所顾忌的粗鲁的方法，那你们之间就不可能建立起和谐融洽的关系。相反，对于不拘小节的人，过于小心谨慎地应对，对方会很厌烦，自然也不会建立起良好的人际关系。要想使自己的人际关系和谐，要想使自己轻松愉快地工作，那就一定要努力适应别人，采取与之相应的交往法则。

为了与自己性格合不来的人建立起良好的人际关系，平时多用心、多留神是非常必要的。在掌握了人际关系基本常识的基础上，无论遇到任何事，都要试着改变一下自己的思维，改变一下自己的观点、看法。做这些努力对彼此之间关系的好转大有作用。

智慧 09
小畜卦：为人诚，则事必顺；为人信，则事必成

【原文】

小畜：亨。密云不雨，自我西郊。

象曰：风行天上，小畜。君子以懿文德。

【解析】

小畜卦：吉利。在西郊一带浓云密布，但雨没有下来。

《象辞》说：上卦为巽，巽为风；下卦为乾，乾为天。和风拂地，草木低昂，勃勃滋生，这是小畜的卦象。君子观此卦象，取法催发万物的和风，自励风范，推行德教。

小畜卦象征小有积蓄。筮得此卦亨通顺利。浓云密布却不降雨，云气从我邑西郊升起。初九复归自身的道行，会有什么灾祸呢？筮得此爻吉祥。九二被外界牵连而复归自身道行，也能获得吉祥。九三车身与车辐相脱离，夫妻反目为仇而离异。六四只要胸怀诚信之心，抛弃忧虑，排除惊惧，必无灾祸。九五胸怀诚信并系恋他人，与邻人共同殷实富有。上九天上已经降下大雨，大雨也已经停息，车子还可以运载东西，妇人筮得此爻必有危险。在月内既望之日君子出征，必有凶险。

无以诚不能定天下，无以信不能服天下

人们常说："无以诚不能定天下，无以信不能服天下。"经商做买卖若要成功应该诚信；为人处世做到诚信同样会得到别人的信赖与欣赏。很显然，诚信是君子立德之基，难怪《小畜卦》上说："君子以懿文德。"

《小畜卦》六四上说"有孚；血去惕出，无咎"，认为只要人们能够胸怀诚信之心，便能排除万难、逢凶化吉。事实又何尝不是如此呢？

曾子，名参，字子舆，春秋末期鲁国人，是孔子的得意门生。他博学多才，诚实守信，因此人们都尊称他为曾子。

有一天，曾子的儿子正在和小伙伴们玩耍，其中一个孩子耍赖，说话不

《易经》
64 个人生智慧

算数，结果孩子们闹得不欢而散。曾子的儿子就把这件事情告诉给了父亲，曾子教育儿子说："小孩子说话应该算数，要说到做到。做不到的时候千万不能轻易答应，不然，别人会以为你说谎，不讲信用。"儿子听了父亲的话，点点头。

第二天上午，曾子的妻子要到集市上买东西，曾子的儿子哭闹着要和母亲一起去。那个时候去趟集市，对于孩子们来说是一件非常兴奋的事情，因为集市上有他们喜欢的糖果，更重要的是他们可以趁此到外面看看这花花世界。曾妻劝儿子说："乖孩子，娘到集市上要买好多东西，那里的人太多，路又远，娘一个人带着你实在不方便，你老老实实地在家待着和小朋友们玩吧！"可是儿子就是不肯撒手，依旧拉着母亲的衣服，哭哭啼啼的。正在屋里读书的曾子听到儿子的哭声，连忙出来帮助妻子劝儿子，说要给孩子讲故事，或者去野外捉蝴蝶。孩子哭着说："爹爹的故事都听腻了，蝴蝶也不稀罕。"曾子也没办法，只好劝老婆带孩子去。可是老婆仍旧不肯同意。孩子哭得更伤心了。

眼看日头就要到中午了，再不出发，今天就赶不回来了。正当妻子无计可施的时候，她突然看到了猪圈里的猪正乐呵呵地吃食呢。她想儿子最爱吃红烧肉了，于是就对儿子说："乖乖儿，只要你安心在家，等我赶集回来，我把咱家的猪杀了，给你做红烧肉。"孩子一听让人流口水的红烧肉，顿时来了精神。自己才吃过一次，而且还是那么小小的一块，今天母亲要杀了一头猪做那么多红烧肉，心里不禁乐开了花，也不哭了，也不闹了，高兴地放母亲走了。

太阳快落山的时候，曾妻从集市上买完东西回来了，只见家里养的那头小猪已经被捆了起来，在那里大声地号叫。曾子正在磨刀，准备杀猪。儿子也站在父亲的身边，高兴得手舞足蹈。儿子看到母亲回来了，就蹦蹦跳跳地迎上去说："爹爹要给我杀猪了，我要吃肉了。"曾妻见此情景，急得大声尖叫了一声，赶紧过来阻止。她气冲冲地质问曾子："你疯了，今天既不是过年又不是过节，也没有贵客临门，你杀猪干什么？"曾子反问说："你临走的时候，不是对儿子说只要他不哭，晚上就给他杀猪做红烧肉吗？"曾妻这才想起来上午哄骗儿子的话，忙说："我那是骗他呢，怎么你也当真了。"孩子听到母亲这样说，小嘴一撇，眼泪哗哗地流下来。

智慧 09
小畜卦：为人诚，则事必顺；为人信，则事必成

这时，曾子语重心长地对妻子说："你要知道，孩子是哄骗不得的。儿子年幼，什么都不懂，只会学父母的样子，相信父母的话。父母的一言一行，都会在儿子的脑海里打下深深的烙印。因此，做父母的一定要言而有信，说话算数。怎么能哄骗他呢？俗话说'有其父必有其子'。如果父母不诚实，孩子就会撒谎；如果父母不守信用，孩子便会经常骗人。难道你愿意让我们的儿子养成说话不诚实、经常骗人的坏习惯吗？你现在想想，这猪到底该不该杀？"

曾妻觉得曾子的话有道理。她当然不想让儿子养成说谎的毛病，而是像曾子一样，成为一个"言必信，行必果"，有着高尚情操的人。于是，她就挽起袖子，帮助曾子把猪给杀了，晚上儿子高高兴兴地吃了一顿红烧肉。

曾子的家里并不富有，一头小猪可以说是家里很重要的财富，可是为了兑现对儿子许下的诺言，曾子不惜磨刀杀猪，而且借此机会和妻子讲解诚信对教育孩子的重要性，最后终于让妻子心悦诚服。

诚信是做人立身之根本，也是人际交往中的一个重要原则，其基本要求就是诚实守信，要做到"言必信，行必果"。父母是孩子最好的老师，有什么样的父母就有什么样的孩子，曾子杀猪立信以教育孩子，非常值得称道。

诚信之人总能赢得更多瞩目

韩康，字伯休，一名恬休，东汉京兆霸陵人。东汉名医。韩康生性淡泊，不爱出风头，医术高明且诚实不欺。他经常上山采药，并在长安的大街旁摆个小摊子，出售各种药品。

韩康卖药实行明码标价，每种药材上都标明了价格，而且还在自己的药摊子旁边挂上了块布，上面写着"不二价"三个大字。

一天，一个牙疼不止的老太婆前来买药。韩康虽然已经写明了"牙疼药一个钱两包"，然而，平常就爱精打细算、占小便宜的老太婆还是忍不住在已经标明"不二价"的药摊前与韩康讨价还价："一个钱卖给我三包药好吧？"

只见韩康摆了摆手，严肃认真地说："做生意，靠的是'信用'。所以，我从不虚报价格占人家的便宜，也从不接受客人的砍价。我的药，全是货真价实的，绝对童叟无欺！"

老太婆见韩康的口气这么坚决，知道再讲也不会有什么好结果，就悻悻

《易经》
64个人生智慧

地拿着一个钱的牙疼药走了。

日复一日，韩康的这个药摊"不二价"的消息就渐渐传开了。城里的居民经过仔细打听，才知道这个摆药摊的人，原来就是赫赫有名的韩康啊！

韩康的诚实，先前在城中是出了名的。如今，知道了这个摆药摊卖药的人就是韩康，于是，大家一有什么病就到药摊来买药，而且，再也没有人试图和他讲价钱了。

只要做个诚实守信的人，无论身在何处，总能赢得最多的瞩目。真实的诚信之道，将会拥有难以抗拒的魅力，从而能为自己实实在在地聚拢人气、创造声誉。因此，众多商家总是以"货真价实、童叟无欺"作为标榜，以获得顾客对自己的信任。

光说还不够，重要的是要真正做到，只有如此，才能为自己做最便宜的广告，迎来更多的顾客。这是商人最应该重视的一点。做人也是如此，只要你是个诚实守信的人，大家就会发现你的高尚品德，给你最高的尊重。

智慧10
履卦：做事有目标，行动靠计划

【原文】

履：履虎尾，不咥人，亨。

象曰：上天下泽，履；君子以辨上下，定民志。

【解析】

履卦：踩着虎尾巴，老虎不咬人，吉利。

《象辞》说：上卦为乾，为天；下卦为兑，为泽。上天下泽，尊卑显别，这是履卦的卦象。君子观此卦象，从而分别上下尊卑，使人民循规蹈矩，安分守己。

履卦象征谨慎行走。行走时不慎踩住了老虎尾巴，老虎却不咬人，亨通顺利。初九衣着质朴无华，谨慎行走，无论做什么都没有灾祸。九二在宽阔平坦的大道上谨慎行走，安适恬淡之人占问可获吉祥。六三目盲偏要观察，足跛偏要行走，结果踩住了老虎尾巴，老虎就咬起人来，占问必有凶险；勇武之人为天子效命。九四行走不慎踩了老虎尾巴，内心惊恐畏惧，但最终可获吉祥。九五决然前行，不顾一切，占问必有危险。上九回顾谨慎行事的历程，从中考察吉凶祸福征兆，然后返身而归，大吉大利。

思路决定出路，眼界决定境界

人的一生之中都在"走路"，都在行事。《履卦》中所说的正是如何去实践、如何去处世的智慧。《履卦》中的"履"表示的是一种用头脑思维引导的做事方法，这种做事方法是一种有计划、有目标、有规范的行为。

思路决定出路，眼界决定境界。只有始终保持一个广阔的视野，脑子能不断装进新东西，才能最终成就事业，立于不败之地。

西汉高祖十一年（公元前196年），中大夫贲赫上书告淮南王黥布谋反。高祖派人查验有据，召集诸侯问道："黥布反了，怎么办？"众诸侯都回答说："发兵将他小子坑了，还能怎么办！"汝阴侯胜公私下问其士客薛公说："皇

《易经》
64个人生智慧

上分地封他为王，赐爵让他尊贵，面南而称万乘之主，他为什么谋反呢？"薛公说："他应该反！皇上前年杀彭越，去年诛韩信，黥布与此二人同功一体，自认为祸将及身，所以谋反。"胜公对高祖说："我的士客故楚国令尹薛公，其人有筹策，可以问他。"高祖于是召见薛公，求问对策。

薛公为高祖分析形势，他说："黥布谋反并不奇怪。黥布有三计，如果用上计，山东之地就不是汉朝的了；用中计，则胜负难测；用下计，陛下可以安枕而卧。"高祖问："上计怎么讲？"薛公说："东取吴，西取楚，北取齐鲁，传檄燕、赵，然后固守，山东之地即非汉所有。"又问："中计怎么讲？"薛公说："东取吴，西取楚，并韩取魏，据敖仓之粟，塞成皋之险，则胜负难测。"又问："下计呢？"回答说："东取荆，西取下蔡，以越为后方，自己守长沙，则陛下可以安枕而卧，汉朝无事。"高祖说："那黥布会用哪一计？"薛公说："黥布以前是骊山的役徒，而今为万乘之君，他只会保身，不会为天下百姓考虑，所以会用下计。"高祖说："好！"于是封薛公千户，亲自领兵东击黥布。

果然，黥布用薛公说的下计，东击荆，荆王刘贾死于富陵（今江苏洪泽县西北），劫其兵，渡淮水击楚，大败楚军，然后西进。与高祖兵在蕲（今河南淮阳县）相遇，汉兵击破黥布军，黥布渡淮水而逃，后与百余人逃至江南，被人杀死。

薛公虽然是把黥布看扁了，但他看得很准。黥布的确胸怀不大，鼠目寸光，手下又没有出色的谋士，成不了什么大事。人们常说，思路决定出路，眼界决定境界，这话不假。想让自己的事业更上一层楼，就要站在更高的地方，多看，多听，多接触新事物。不换脑筋，就会被淘汰，在这个飞速发展的时代，绝不是危言耸听。

山外有山，楼外有楼。不管你现在是不名一文，还是富可敌国，你都要看到世界上比你强的还有很多。只有始终保持一个广阔的视野，脑子能不断装进新东西，才能最终成就事业，立于不败之地。

瞄准目标去做事

要瞄准目标去做事，只有这样才能使你集中精力。千万不要陷入琐碎的日常事务中去，成为琐事的奴隶。

智慧 10
履卦：做事有目标，行动靠计划

没有目标的人生不可能成功，就如没有空气人不能存活一样。没有明确的目标或是目标不专一的人，再勤劳也是徒劳，就像一艘没有舵的船，永远漂泊不定，只会到达失望、失败和丧气的海滩。

我们来看一个有趣的哲理故事：

话说唐太宗贞观年间，长安城内的一个磨坊里，有一匹马和一头驴。它们是好朋友，马在外面拉东西，驴在屋里推磨。贞观三年（629年），这匹马被玄奘大师选中，出发经西域前往印度取经。

17年后，这匹马驮着佛经回到长安。它重回磨坊会见它的驴子朋友。老马谈起这次旅途的经历：浩瀚无垠的沙漠、高耸入云的山岭、莽莽苍苍的森林、神奇的国度……那些神话般的境界让驴听了大为惊异。驴子惊叹道："你有这么丰富的见闻呀！那么遥远的道路，我连想都不敢想。""其实，"老马说，"我们跨过的距离是大体相等的，当我向西域前进的时候，你一步也没停止，不同的是我与玄奘大师有一个遥远的目标，按照始终如一的方向前进，所以我们打开了一个广阔的世界。而你被蒙住了眼睛，一生就围着磨盘打转，所以永远也走不出这个狭隘的天地。"

那头驴子也很辛苦，但它的汗水都洒在一个小小的圆圈里了，它一辈子也没有看到外面美丽的风景。

有了目标还不够，你要马上行动起来，不能拖，否则热乎劲儿一过，可能就难以持之以恒了。

此外，你还需要大声说出你的目标，可以天天对自己说，也可以让别人知道并监督自己。当你说出你的目标时，这些好处几乎会自动地到来：

第一个巨大的好处是，你的潜意识开始遵循一条普遍的规律，进行工作。这条普遍的规律就是："人能设想和相信什么，人就能用积极的心态去完成什么。"如果你预想出你的目的地，你的潜意识就会受到这种自我暗示的影响。它就会进行工作，帮助你到达那儿。

第二个好处是，如果你知道你需要什么，你就会有一种倾向：你因受到激励而愿付出代价。你能够预算好时间和金钱了。

第三个好处是，你的工作变得有乐趣了。你愿意研究、思考和设计你的目标。你对你的目标思考得愈多，你就会愈发热情，你的愿望也就变成热情的愿望。

《易经》
64个人生智慧

第四个好处是，你对一些机会变得敏锐了。这些机会将帮助你达到目标。你知道你想要什么，你就很容易察觉到这些机会。

总之，要瞄准目标去做事，只有这样才能使你集中精力。千万不要陷入琐碎的日常事务中去，成为琐事的奴隶。

智慧11
泰卦：内心方而外表圆，内君子而外小人

【原文】

泰：小往大来，吉，亨。

象曰：天地交，泰。后以财成天地之道，辅相天地之宜，以左右民。

【解析】

泰卦：由小而大，由微而盛，吉利，亨通。

《象辞》说：天地交感，是泰卦的卦象。君子观此卦象，裁度天地运行的规律，辅助天地的造化，从而支配天下万民。

泰卦象征通泰。柔小者往外，刚大者来内，筮得此卦必获吉祥，亨通顺利。初九拔除茅草而牵连其同类，兴兵征战可获吉祥。九二有包容大川之胸怀，可以涉越巨流，偏远之地也无所遗忘；不结党营私，能够辅佐持中不偏的君王。九三没有只平直而不倾斜之地，也没有只出行而不复返之人；占问患难之事，没有灾祸。不为复返而忧虑，如此，则有口福之吉。六四往来翩翩，举止轻浮，不与其邻人共同富有，也不怀诚信之念相互告诫。六五帝乙嫁女，因此而获得福泽，大吉大利。上六城墙倾倒在城河之中，不可兴兵征战。在城邑中祷告天命，占问必有艰难之兆。

做人要方圆兼备

《泰卦》中的"泰"通常被人们解释为通。而它说的"小往大来"，其意就是小的在外，大的在内。在为人处世方面，可以引申出另外一种意思来——"内方而外圆"。

"方"，方方正正，有棱有角，指一个人做人做事有自己的主张和原则，不被他人所左右。"圆"，圆滑世故，融通老成，指一个人做人做事讲究技巧，既不超人前也不落人后，或者该前则前，该后则后，能够认清时务，使自己进退自如，游刃有余。

一个人如果过分方方正正，有棱有角，必将碰得头破血流；但是一个人

《易经》
64个人生智慧

如果八面玲珑，圆滑透顶，总是想让别人吃亏，自己占便宜，也必将众叛亲离。因此，做人必须方外有圆，外圆内方。

外圆内方的人，有忍的精神，有让的胸怀，有貌似糊涂的智慧，有形如疯傻的清醒，有脸上挂着笑的哭，有表面看是错的对……

"方"是做人之本，是堂堂正正做人的脊梁。人仅仅依靠"方"是不够的，还需要有"圆"的包裹，无论是在商界、官场，还是交友、情爱、谋职等等，都需要掌握"方圆"的技巧，才能无往不利。

秦朝末年，匈奴内部政权变动，人心不稳。邻近一个强大的民族东胡，借机向匈奴勒索。东胡存心挑衅，要匈奴献上国宝千里马。匈奴的将领们都说东胡欺人太甚，国宝决不能轻易送给他们。匈奴单于冒顿却决定："给他们吧，不能因为一匹马与邻国失和嘛！"匈奴的将领们都不服气，冒顿却若无其事。东胡见匈奴软弱可欺，竟然向冒顿要一名妻妾。众将见东胡得寸进尺，个个义愤填膺，冒顿却说："给他们吧，不能因为舍不得一个女子与邻国失和嘛！"东胡不费吹灰之力，连连得手，料定匈奴软弱，不堪一击，根本不把匈奴放在眼里。这正是冒顿单于求之不得的。不久之后，东胡看中了与匈奴交界处的一片茫茫荒原，这荒原属于匈奴的领土。东胡派使臣去匈奴，要匈奴以此地相赠。匈奴众将认为冒顿一再忍让，这荒原又是杳无人烟之地，恐怕只得答应割让了。谁知冒顿此次突然说道："千里荒原，杳无人烟，但也是我匈奴的国土，怎可随便让人？"于是，下令集合部队，进攻东胡。匈奴将士受够了东胡的气，这一下，人人奋勇争先，锐不可当。东胡做梦也没想到那个痴愚的冒顿会突然发兵攻打自己，所以毫无准备，仓促应战。战争的结局是东胡被灭，东胡王被杀于乱军之中。

其实，冒顿的这一手实际上就是"绵里藏针"。试想，冒顿如果一点实力都没有，匈奴早晚得让东胡给吞并掉。但如果一味强硬，不但迷惑不了对手，更激不起属下的士气，那么这一仗的输赢也就难说了。

"鹰立似睡，虎行似病。"真正的"方圆"之人是大智慧与大容忍的结合体，有勇猛斗士的武力，有沉静蕴慧的平和；面对大喜与大悲泰然不惊，前进时干练、迅速，不为感情所左右，退避时能审时度势，全身而退。他们没有失败，只有面对挫折与逆境时积蓄力量的沉默。

老子在《道德经》中说："曲则全，枉则直，洼则盈，敝则新，少则得，

智慧 11
泰卦：内心方而外表圆，内君子而外小人

多则惑。"意思是说："受得住委屈，方能保全自己，经得起冤屈，事理才能得到伸直，低洼反能盈满，凋敝反得新生，少取反而多得，贪多反而痴迷。"确实，在强大的对手高压下，在面临危机的时候，采取藏巧于拙、装糊涂，扮作"诚实"的样子，往往可以避灾逃祸，转危为安。虽然面临险境，或遇到突发事件而装傻装呆，这比临危不惧和视死如归的壮烈要保全得多。"留得青山在，不怕没柴烧。"以拙诚与对手周旋，确实不失为一种高明之术。

人生在世只要运用"方圆"之理，必能无往不胜，所向披靡；无论是趋进，还是退让，都能泰然自若，不为世人的眼光和评论所左右。

刚柔相济方圆无碍

方与圆、刚与柔两者的含义具有内在的一致性。圆为和谐、变通、灵活性，体现了柔韧、柔弱的一面；方则为个性、稳定、原则性，体现了刚直、刚强的一面。刚而能柔，这是用刚的方法；柔而能刚，这是用柔的方法。强而能弱，这是用强的方法；弱而能强，这是用弱的方法。在处理天下事时，有以刚取胜的，有以强取胜的，有以柔取胜的，也有以弱取胜的。处世亦同此理。

自然界中弱小者常靠柔韧的品性战胜强大。天下之物莫柔于水，而攻坚强者莫之能先。雪压竹头低，地下欲沾泥；一轮红日起，依旧与天齐。飓风狂暴地侵袭小草，小草只摇晃了一下身子，依然保持了生命的绿色。

人也如此。年轻时，孔子曾去求教老子，老子不跟孔子说话，只是张开嘴让孔子看。深奥的哲理不必用语言交流，但却可以体悟。两位哲人心领神会，张嘴而不说话的哲理：牙齿掉了，舌头还在。牙齿是硬的，舌头是软的，硬的东西因其刚强而死亡，软的东西因其柔弱而存在。所以人到老年，刚硬的牙齿不在了，而柔弱舌头仍旧灵活自如。刚往往只是外表的强大，柔则常常是内在的优势。因此柔能克刚便成了一条辩证的法则。

刚直容易折断。曾有人这样说：方与严是待人的大弊病，圣人贤哲待人，只在于温柔敦厚。所以说广泛地爱护人民，这叫作和而不同。若只任凭他们凄凄凉凉，保持自身冷傲清高，如此，便是世间的一个障碍物。即使是持身方正，独立不拘，也还是不能济世的人才，充其量只能算一个性情正直、不肯同流合污的人士罢了。但是，只有柔又会怎样呢？倘若世界上只有柔，那就会成为可悲的柔弱，它就可任意扭曲，像一根在水里浸泡了许久的藤条一样。

《易经》
64个人生智慧

刚与柔如鸟的两只翅膀，车子的两个轮子，缺一不可。只刚就容易方，只柔就容易圆。为人处世，最好是方圆并用，刚柔并济，这才是全面的方法，也是成功之道。如果能刚而不能柔，能方而不能圆，能强而不能弱，能弱而不能强，能进而不能退，能退而不能进，注定失败。

刚柔相济，大可以用来治理国家天下，小可以用来处世持身。聪明的拳击手常常以此取胜。中国的太极拳和日本的柔道也因此长盛不衰。晚清重臣曾国藩对此领略颇深，他说：做人的道理，刚柔互用，不可偏废。太柔就会萎靡，太刚就容易折断。但刚不是说要残暴严厉，只不过不要强矫而已。趋事赴公，就得强矫；争名逐利，就得谦退。所以他虽居在功名富贵的最高处，却能全身而归，全身而终。

做人处世若能刚柔相济，把方与圆的智慧结合起来，做到该方就方，该圆就圆，方到什么程度，圆到什么程度，都恰到好处，那就是方圆无碍了。方圆无碍，按现在的说法是原则性与灵活性的高度统一，这是一种最高级的战略，最高级的政策，也是为人处世最高级的方式、方法。要做到这一点，则需要高度的智慧和修养。

智慧12
否卦：坦然接受，处变不惊

【原文】

否：否之匪人。不利君子贞，大往小来。

象曰：天地不交，否。君子以俭德辟难，不可荣以禄。

【解析】

否卦：为小人所隔阂，这是不利于君子的占卜，事业也将由盛转衰。

《象辞》说：天地隔阂不能交感，万物咽塞不能畅釜，这是否卦的卦象。君子观此卦象，从而在国家政治否塞之时，应思隐居不仕，以崇尚俭约来躲避灾难，不要以利禄为荣。

否卦象征闭塞。阻隔的不是应该阻隔之人，筮得此卦不利于君子，因为此时刚大者往外，柔小者来内。初六拔除茅草而牵连其同类，占问必获吉祥，亨通顺利。六二被包容并顺承尊者，小人可以获得吉祥；大德大才之人反其道而行之，才会亨通顺利。六三被包容而居下，终将招致羞辱。九四君王颁布诏命，必无灾祸，众人还会前来归附而同享福禄。九五闭塞休止，大德大才之人筮得此爻可获吉祥。将要灭亡啊，将要灭亡！但是如果把自己拴在根扎得很深的桑树上，则安然无恙。上九开通闭塞；只要闭塞过去，喜庆必将到来。

坦然接受不可避免的事

人生和事业都不会一帆风顺，在每时每刻都有可能遇到"风浪"。一些人在面对"风浪"的时候，能做到淡定自如，靠镇定经历它、战胜它；而另外一些人，却慌了手脚、不知所措，最终被它战胜。这就是《否卦》上九中说到的"倾否，先否后喜"——只要自己的内心不被外界所动，便能产生出一种临危不惧、战胜困难的勇气及智慧。而接受已发生的事实，就是战胜困难和克服不幸的第一步。

假如遇到一些令人不可接受而客观上又不能避免的事实，那么，你该怎

《易经》
64个人生智慧

么办呢？我们的观点是：不要死缠不放，要立即转换角度，接受不可避免的事实，从而立即做下一个事情。

卡耐基碰到一个在纽约市中心一幢办公大楼里开运货电梯的人，他的左手被齐腕砍断了。卡耐基问他少了那只手会不会觉得难过，他说："噢，不会，我根本就不会想到它。只有在要穿针的时候，才会想起这件事。"

如果有必要，我们差不多都能接受任何一种情况，使自己适应，然后就整个忘了它。

在漫长的岁月中，你我一定会碰到一些令人不快的情况。我们可以把它们当作一种不可避免的情况加以接受，并且适应它。哲学家威廉·詹姆斯说过："要乐于承认事情就是这样的情况。能够接受已发生的事实，就是能克服任何不幸的第一步。"

环境本身并不能使我们快乐或悲伤，我们对周围环境的反应才能决定我们的悲欢。

在必要的时候，我们都能忍受灾难和悲剧，甚至战胜它们。我们内在的力量坚强得惊人，只要我们肯加以利用，就能帮助我们克服一切。

我们从来没有看到哪一条母牛因为草地缺水干枯，天气太冷，或者是哪条公牛追上了别的母牛而大为发火。动物都能很平静地面对夜晚、暴风雨和饥饿，所以它们从来不会精神崩溃或者是患胃溃疡，它们也从来不会发疯。

不论在哪一种情况下，只要还有一点挽救的可能，我们就要奋斗。可是当常识告诉我们，事情已不可避免——也不可能再有任何转机，那么，请保持我们的理智，不要"左顾右盼，无事自忧"。

莎拉·班哈特曾经是全世界观众最喜爱的一位女演员，她在71岁那一年破产了——所有的钱都损失了，而她的医生——巴黎的波基教授告诉她必须把腿锯断。她因摔伤染上了静脉炎，腿痉挛，医生觉得她的腿一定要锯掉，又怕把这个消息告诉那个脾气很坏的莎拉。然而，当他告诉她的时候，他简直不敢相信，莎拉看了他一阵子，然后很平静地说："如果非这样不可的话，那只好这样了。"

当她被推进手术室的时候，她的儿子站在一边哭，她朝他挥了下手，高高兴兴地说："不要走开，我马上就回来。"在去手术室的路上，她一直背着她演过的一出戏里的一幕。有人问她这么做是不是为了提起她自己的精神，

智慧 12
否卦：坦然接受，处变不惊

她说："不是的，是要让医生和护士们高兴，他们承受的压力可大得很呢。"

术后，莎拉·班哈特还继续环游世界，使她的观众又为她疯迷了7年。

当我们不再反抗那些不可避免的事实之后，我们就能节省下精力，创造出一个更丰富的生活。

没有人能有足够的精力，既能抗拒不可避免的事实，又能创造一个新的生活。你只能选择一个，你可以在那些无可避免的暴风雨之下弯下身子，或者因抗拒它们而被摧折。

在加拿大，经常可以看到长达好几百英里的常青树林，从来没有人看见一棵柏树或是一株松树被冰或冰雹压垮。这些常青树知道怎么去顺从，怎么弯垂下它们的枝条，怎么适应那些不可避免的情况。

"对必然的事，要轻快地去承受。"这句公元前399年的话，对现代人仍有教育作用。

不要被小事影响心情

人面对着现实世界，有多少令我们心境不宁的事情——在家中，在单位，甚至走在大街上，你都会遇到许多烦心的事：孩子功课不好，又不用功；单位领导莫名其妙地冲你发火，为一件微不足道的小事足足批评了你一小时；路上，一人嫌你挡了他的道，骂骂咧咧没完没了……

正如古人所说，人面对着外界的这些干扰，心情自然承受着来自各方面的压力。

美国学者马尔登说，不安和多变，是形容现代生活的贴切词语。我们必须面对不安的生活，使我们的船驶过人生的险道——否则的话，就只有退回子宫，恢复妄想和苦闷。因为能为我们担保的东西很少，我们就只有学习尽力去克服那些危险，才能过上更满意的生活。

《三国演义》里有一则故事：曹操发兵攻打刘备，刘备欲联合袁绍共同抗曹，便派说客去见袁绍。说客给袁绍分析军情：曹操征讨刘备，他的老窝许昌就空虚了。袁绍发兵乘虚而入，就可打赢曹操。这是一个极好的机会，谁知袁绍根本无心谈论此事。但见袁绍形容憔悴，衣冠不整，一口一个"我要死了"。原来是他的第五个儿子生了疥疮，他的心情也就恍惚不宁了，哪有心思去打仗。说客用手杖敲着地，说："这样难得的打败曹操、夺取天下

《易经》
64个人生智慧

的机会，就因为儿子生病而错失。大势已去，真可惜呀！"跺着脚叹着气走了。

所以，不要因外界的纷纷扰扰而自乱阵脚，乱了自己生活的步子，更不要心生烦躁、忧虑、焦灼，要保持内心的宁静。

一位空军飞行员谈到他在空中翱翔的感受："当我从高空往下望，看到人如蚂蚁、屋如火柴盒时，发觉一切事物都是那么微不足道。下了飞机后，整个人就开朗多了，很多从前想不开的事情，都已不再那么在乎了，也不再那么计较了，因为心境已全然不同。"

当你面对不如意的事，拉高视野，向下望一望时，不觉得那些小事都很好笑吗？想一想，过了一二十年，谁还会记得这些呢？

千万不要上当，这些小事只想把我们绑住，耗损我们的心力，以至于无法专注于其他更重要的事情。下次再碰到不如意的事时，不妨用旁观者的心情，冷静看着这些事，超然于这些事情之上。

我们浪费太多的力气在小事上面，反而无暇注意生命中更美好、更伟大的事物。《劝忍百箴》中认为：顾全大局的人，不拘泥于区区小节；要做大事的人，不追究一些细碎小事；观赏大玉圭的人，不细考察它的小疵；得巨材的人，不为其上的蠹孔而怏怏不乐。纠缠在小事之中摆脱不出，只会令自己更加苦恼。

有一位心理学家做了一个很有意思的实验。

他要求一群实验者在周日晚上，把未来七天所要烦恼的事情都写下来，然后投入一个大型的"烦恼箱"。

到了第二周的星期日，他在实验者面前打开这个箱子，逐一与成员核对每项"烦恼"，结果发现其中有九成并未真正发生。

接着，他又要求大家把那一成的字条重新丢入纸箱中，等过了三周，再来寻找解决之道。结果到了那一天，他开箱后，发现剩下的那一成烦恼也已不再是烦恼了。

在一片混乱之中保持平静和安宁的方法就是要找到你的"风暴之眼"。所谓"风暴之眼"，原是指台风、飓风甚至是龙卷风的中心地带，一块自始至终风平浪静的地带。这片地带以外的任何事物都被席卷而去，只有这个中心仍旧保持着平静。如果我们能在"社会风暴"和"人际风暴"中找到它的"风暴眼"，则不论周围环境有多恶劣，噪声有多大，我们都能够做到耳根清净，

智慧 12
否卦：坦然接受，处变不惊

心情平和，临危不乱。而这个"风暴眼"其实就是我们自己镇静从容的心境。

而要保持这种平静心境，就要学会去注意我们的感觉，注意我们生命的质量，注意人生中最重要的事情。我们停止担忧那些不重要的事情，比如衣服不太合身，交通又堵塞了，有人好像对自己不友好，这次提升有没有我，别人买了汽车而自己还没有，等等。我们还要学会不要昧于事理，让生活失去了平衡，就是说，不要让工作上的压力影响我们的正常生活。

世间的事不是我们都能掌握主动权或只要努力就能做好的，有许多事我们只能尽到本分，仅此而已。所谓"谋事在人，成事在天"，明白了这一点，我们就不会因遭遇外界的压力和苦难而使自己也变得郁郁寡欢或烦躁不安。对人世间的痛苦我们都会产生同情，这是正常的合乎人性的反应。但我们也要与它保持适当的距离，只有这样，才是处理痛苦的妙方，也是让自己生活得更好的唯一方法。

《易经》
64个人生智慧

智慧 13
同人卦：和睦相处，融入团队

【原文】

同人：同人于野，亨。利涉大川，利君子贞。

象曰：天与火，同人；君子以类族辨物。

【解析】

同人卦：聚众于郊外，将行大事，吉利。有利于涉水渡河，有利于君子的卜问。

《象辞》说：同人之卦，上卦为乾为天为君王，下卦为离为火为臣民，上乾下离象征君王上情下达，臣民下情上达，君臣意志和同，这是同人的卦象。君子观此卦象，取法于火，明烛天地，照亮幽隐，从而去分析物类，辨明情状。

同人卦象征人事和同。在旷野之中与人和同亲近，亨通顺利。有利于涉越大川巨流，有利于君子占问。初九刚刚走出大门就能与人亲近和同，必无灾祸。六二与宗族内部的人亲近和同，行事必然艰难。九三在林莽之中预设伏兵，并登上高陵观察形势，这样恐怕三年也不敢兴兵出战。九四先高据城头之上，又自行退兵而不再进攻，也可获得吉祥。九五与人和同亲近，起先失声痛哭，尔后又放声大笑，原来是大军出征告捷，各路兵马相遇会师，同庆胜利。上九在城邑郊外与人亲近和同，不会遭遇困厄。

现在是一个团队的时代

《同人卦》中说："同人于野，亨。利涉大川，利君子贞。"就是说人们集聚在宽广美丽的地方，畅所欲言，亲如兄弟，同心同德，上下一心，与天地合其德，与日月合其明，与众人合其利，这样是最吉祥的，即使是遇到天灾人祸、艰难困苦也不难解决。

江海之水波浪滔天，霸气十足；小溪之水涓涓细流、温文尔雅。虽然海浪与溪水从气势上来看是格格不入、相互排斥，但最终却像亲姐妹一样唱着

智慧 13
同人卦：和睦相处，融入团队

凯歌携着双手融入同一个大家庭里。

每当人们说起狼，脑海中总是浮现出其凶恶残忍、盛气凌人的样子，不过狼这种自古以来就被人们所仇恨的动物，却一直能够长盛不衰地生存下去，是因为狼这个大家族有一种无与伦比的凝聚力，团结、拼搏、向上、肝胆相照、荣辱与共的精神。

冰是硬的，又是死的，一大堆冰块放在一起就会乱七八糟地洒满一地，无论怎么摆放都无法让它们融合在一起，但如果把它们放在池子里，融化成水，就会自动融为一体，彼此心心相印。

冰融化成了水就变成了亲密无间的战友，无论是在江海湖泊还是在山沟野岭，它们总是雄赳赳气昂昂地向着共同的目标奋勇前行。

人也是一样，当人们之间的心相互融合在一起的时候，就会团结协作、恩恩爱爱，激发出无比强大的力量，干出一番轰轰烈烈的大事。

尤其现在是一个团队的时代，再厉害的人都不可能靠个人的力量做出丰功伟绩，他必须拥有一个广阔的平台来展示自我，一个坚实的后盾来支撑自我，一个彼此交融的团队来协调自我，只有这样，他才能够发挥出超强的智慧，变得越来越强大。

"春色满园关不住，一枝红杏出墙来。"你如果与人和睦相处了，别人也会和你打成一片。

要想做出一番大的事业，必须要融入集体，融入社会，与人和睦相处。

我们常说，要想做事，首先必须会做人，只有把做人放到第一的位置上，我们的事业才能够蓬勃发展。而做人就是讲究人缘，要想有人缘，就必须与团体打成一片。而要想融入团体，就必须积极主动地与他人沟通交流，了解他人的心声，想他人所想，助他人所难，方能得他人之心。

要想融入集体还必须平易近人，谦虚谨慎，勇于接受别人的批评和教育，善于提出好的观点和看法，平等待人，不搞特殊，不摆架子，能屈能伸，刚柔并济，礼贤下士。

平易近人，一视同仁

《同人卦》说："同人于门，无咎。出门同人，又谁咎也？"就是说同门亲戚和睦相处，当然没什么不好。出门在外，还应该与他人和睦相处，做

《易经》
64个人生智慧

到平易近人，一视同仁，又有什么不可以的呢？

公元前11世纪，商朝灭亡后，西周王朝为巩固其政权，推行了分封制，将其贵族和功臣，列封于四方，建都立国。姜太公被分封到齐地，建立了齐国。周公的儿子伯禽被分封到了鲁地，建立了鲁国。

姜太公封齐建国，仅过了5个月，就安定齐国，向周公汇报在齐国施政的情况。当时，周公感到很惊奇，便问他说："怎么这么快啊？"姜太公回答说："我简化了君臣之间的礼节，顺应当地风俗，所以这么快。"伯禽到了鲁地后，过了3年才向周公汇报鲁地的施政情况。周公很不满意地问他："为什么这么迟才来汇报呢？"伯禽回答说："改革那里的风俗，革新那里的礼法，3年后才能看到效果，所以才这么晚。"周公不由叹息说："唉，鲁国的后代将要当齐国的臣民了！政令不简约易行，百姓就不会对它亲近；政令平和易行，百姓就必定会归附。"

民间风俗习惯是一种普通的社会现象。它是不同民族、不同地区的人们，在长期的社会生活中逐渐形成并共同遵守的行为规范。由于它是社会生活方式和民族文化整体的重要组成部分，是社会环境中最稳定的因素，因此顺应民俗可以起到稳定社会秩序、安定民心的作用，有利于统治和管理。"因俗简礼，平易近人"是姜太公建国的三大基本国策之一。他给齐国带来的舒缓、达观的国风，自由开朗的民风，为齐国称霸春秋、威冠战国七雄，奠定了良好的基础。

要记住，无论是同一个民族或者是异族，无论是同一宗教或者是不同派别，我们都生长在同一个地球上、同一个大家庭里，我们都直接或间接地相互融合着，相互鼓励着，相互帮助着，饮着同一片地上的水，吃着同一产地的食物，沐浴着同一个太阳，观赏着同一个美丽的月亮。我们彼此之间没有什么深仇大恨，也许几千年前我们的祖宗同生长在一个地方。

嗡嗡作响的蜜蜂在红花绿叶当中尽情地展示着自己美丽的舞姿，快乐地享受着花蕊之中的蜜浆，彼此和谐地建造着自己的"宫殿"，幸福美满地养育着自己的子孙后代。

忙忙碌碌的蚂蚁黑乎乎地爬满了它们家园的周围，它们看似密密麻麻乱成一锅粥，但事实上却能够分工精细、彼此协作、热火朝天地做得井然有序，每个小家伙都在做着平凡而又令人震惊的伟大事业。它们一方有难，八方支援，

智慧 13
同人卦：和睦相处，融入团队

它们具有舍己忘我的团队精神，踏踏实实的苦干劲头，这些都是值得我们人类学习的。

今天是一个张扬的社会，是一个个性充分展现的时代，我们不能再故步自封，自命清高，妄图远离纷杂社会的干扰，隐居深山老林，等待着高人的发现。因为时代不同了，"三顾茅庐"的故事一去不复返了，今天的隐居就意味着逃避，就意味着懦弱，就意味着无能，就是脱离群体，就是一种自私。

脱离了群体，就会被别人孤立，孤立了意见和想法就会发生片面，片面就会产生极端，极端就会发生大的问题。自古以来一意孤行的人最终都会走入到一个死胡同里，撞得头破血流，以至于到了"走火入魔"的地步而自焚其身。

孔子为了实现自己的远大抱负，浪迹天涯，漂泊四海，周游列国，到处讲学。一次，他在途中遇到一位耕田的隐士，急忙走过去谦虚地向隐士请教，而隐士不仅不留情面，反而讥笑孔子是傻瓜。孔子回答说："人不可以与禽兽住在一起，采取逃避现实的态度；我不与人在一起，又能跟谁在一起呢？"隐士无言以对。

今天我们讲究的是团队精神，团队精神要求的是各项素质全面发展的人才，一个人除了有精深的专业技术能力外，还必须具备无私奉献的精神，灵活的协调能力，高度的责任感和积极的创新精神。

融入团体需要积极主动的勇气；

融入团体需要平易近人的态度；

融入团体需要"先天下之忧而忧，后天下之乐而乐"的高尚品德；

融入团体需要不计前嫌、以德报怨的大度。

《易经》
64个人生智慧

智慧 14
大有卦：居上不骄，平易近人

> 【原文】
> 大有：元亨。
> 象曰：火在天上，大有；君子以遏恶扬善，顺天休命。
>
> 【解析】
> 大有卦：昌隆通泰。
>
> 《象辞》说：下卦为乾为天，上卦为离为火，火在天上，明烛四方，这是大有的卦象。君子观此卦象，取法于火，洞察善恶，抑恶扬善，从而顺应天命，祈获好运。
>
> 大有卦象征富有。年丰人富，亨通顺利。初九与人交往而不涉及利害，自然不会招致灾祸；然而只有历经艰辛才能免遭灾祸。九二用大车运载资财，无论运往何处，都没有灾祸。九三王公大人按时向天子进献贡品，小人做不到这一点。九四富有过人而不自骄，必无灾祸。六五胸怀诚信交结上下，威严自显，可获吉祥。上九从天上降下的佐助保佑他，使他时时处处获得吉祥，无所不利。

收起你的优越感

人们总是将"骄"与"败""输"联系到一起，因此人们嘴上常说一些诸如"骄兵必败""骄傲使人落后"之类的话。事实也是如此。"骄"是历史上众多的以多败少、以强输弱战役失败的根源。《大有卦》九四、六五中讲道"匪其彭，无咎""厥孚交如，威如，吉"说的无非就是这个道理。

没有人愿意承认自己不如对方高明，这是每个人最起码的虚荣心。

所以，19世纪的英国政治家斐尔爵士告诫那些向他求教的人说："如果可能的话，要比别人聪明，却不要告诉人家你比他聪明。"

苏格拉底则告诉他门徒一个圆滑处世的方法："我只知道一件事，就是我一无所知。"

智慧 14
大有卦：居上不骄，平易近人

人人都有虚荣心。有的人为了一点虚名，什么事都干得出来；有的人为了一点小面子，不惜捋起袖子拼老命。反过来，如果你满足了别人的虚荣心，让他觉得有面子，就是对他最好的赞美，他一定会对你心存好感，并回报于你。

法国哲学家罗西法古说："如果你要得到仇人，就表现得比你的朋友优越吧；如果你要得到朋友，就要让你的朋友表现得比你优越。"这句话真是没错。因为当我们的朋友表现得比我们优越时，他们就有了一种重要人物的感觉，但是当我们表现得比他还优越，他们就会产生一种自卑感，造成羡慕和嫉妒。

李先生是某地区人事局调配科一位相当有人缘的骨干，在他刚到人事局的那段日子里，几乎在同事中连一个朋友都没有。因为他正春风得意，对自己的机遇和才能满意得不得了。因此每天都使劲吹嘘他在工作中的成绩，每天有多少人找他请求帮忙，那个几乎记不清名字的人昨天又硬是给他送了礼等等"得意事"，但同事们听了之后不仅没有人分享他的"成就"，而且还极不高兴，有意无意地跟他疏远。

李先生不明白那些同事为什么冷落自己，他并没有得罪他们呀！后来，经当了多年领导的老父亲一语点破，他才意识到问题的症结到底在哪里，从此他很少谈自己而多听同事说话，因为他们也有很多事情要吹嘘，夸耀自己的成就远比听别人吹嘘更令他们兴奋。李先生与同事闲聊的时候，总是先请对方滔滔不绝地把他们的欢乐炫耀出来，与其分享，而只是在对方问他的时候，才谦虚地说一下自己的成就。这样一来，他的人际关系越来越好，无论上司、同事还是下属，无不乐意与他交往。当他从科长升副局长时，没有一个人说闲话。

老子曾说过："良贾深藏宝若虚，君子盛德貌若愚。"精明的商人总是隐藏其宝物，君子品德高尚，而外貌却显得愚笨。这句话告诉人们，必要时要藏其锋芒，收其锐气，不可将自己的优势让人一览无余。

没有人愿意承认别人竟然比自己高明。所以，在与人交往时，假如你确实比对方高明，别人是看得到的，但你不必试图证明你的高明。比方说，有人说了一句你认为错误的话，或者做了一件你认为错误的事，这时，你告诉他正确的应该是什么，无形中将对方摆在学生的地位，而自居为老师。除非你真的是他的老师，否则他必然不服气。即使你真的是他的老师，他同样会

《易经》
64个人生智慧

存有异议。三百多年前，意大利天文学家伽利略说："你不可能教会一个人任何事情；你只能帮助他自己学会这件事情。"

无论是在言语还是在行为方面向人暴露自己的优越心理，都是令人反感的，所以智者会尽量保持甘居人下的谦逊姿态，结果他们反而受到大家的景仰，被人们举得高高的。这难道不是一种更高明的策略吗？

真诚地承认和肯定

通常你遇到的每一个人，都会有一种高人一等的优越感。所以有必要让他明白，你承认他的优势并肯定他的存在，并且真诚地承认和肯定——这是打开对方心扉的钥匙。

回想爱默生的话："我遇到的每一个人都在某方面超过了我。我努力在这方面向他学习。"

举个简单的例子，如果你想让你的事业走向辉煌，在家里，任何时候都不要批评你妻子不太会做家务，更不要把她是否擅长做某项家务同你的母亲作对比。记得要夸奖妻子，并为自己娶了这样的妻子而感到骄傲。甚至肉煮得过火、面包烤焦了也不要唠叨，只需要说一声，这次做得不如往常香。这样，她将努力做好一切，使你保持以往对她的看法。但是，你不要突然这样做，不然会引起她的怀疑。今天或明天你给她买一束鲜花或一盒糖果，不能只在口头上说"对，我应这样做"，而是付诸行动。对妻子要时常微笑，要温柔地对待她。如果夫妻双方都这样做，未必就有这么多人离婚。

因为一个成功的男人背后定有一位贤惠的女人，当然更要有一个温馨的家庭，你从家庭方面入手能做到很好，外界的人际关系自然也就不难解决。

所以，你想让人们高兴，不妨这样做：

1. 不在争论中抢占上风。成大事的人是很少与人争吵的。

本杰明·富兰克林说："如果你与人争论和提出异议，有时也可取胜，但这是毫无意义的胜利，因为你永远也不能争得发怒的对手对你的友善态度。"

请好好思考思考，你更想得到什么呢？是想得到表面的胜利还是别人的支持？二者兼得的事是很罕见的。

在争论中你的意见可能是正确的，但要改变一个人的看法，却并不容易。

2. 不坐满整张椅子。假如你正在很认真地向一个人解说某件事，对方却

智慧 14
大有卦：居上不骄，平易近人

深深地靠入沙发中，并且还把上半身也深深地陷入沙发中，你会有什么感受？如果对方是上司，那还没什么话说；如果是同事，你可能就会对他说："你能不能认真地听我说？"为什么生气呢？因为将身体深深地陷入沙发这一姿势，在别人的眼中，看起来就是一种极不认真的态度。特别是连上半身也深深地陷入沙发中，给人的印象将会更为恶劣。

相反的，只取椅面的前三分之一部分来坐，给人的印象会更好。尤其是采用这种坐姿时，身体的上半身会自然地前倾，可能会给对方聚精会神的感觉，因此会给对方做事积极的印象。好好利用这一效果，可以更有效地表现自我，给对方留下好印象。

3. 边听边记笔记。在你讲演时，或许有一些听众拿着笔记本边听边记，你就会不由得对这些人产生好感。

因为记笔记不但表示想要留下一份记录，还显示了想从对方所说的话中吸纳精华的积极态度。

当然任何人都不想把没用的话记下来，也就是说，我们做笔记表示已经认同对方说话的内容，是尊重对方的一种表现。

好好利用这种心理，可以使对方感受到我们的诚意。通常上司对我们说话时，就是再无聊的话我们也不得不听，此时若能采用记笔记的方式，不但能消除无聊感，还可以给他留下好印象。

《易经》
64个人生智慧

智慧 15
谦卦：谦虚谨慎，虚怀若谷

【原文】

谦：亨，君子有终。

象曰：地中有山，谦。君子以裒多益寡，称物平施。

【解析】

谦卦：通泰。筮遇此卦，君子将有所成就。

《象辞》说：外卦为坤为地，内卦为艮为山，地中有山，内高外卑，居高不傲，这是谦卦的卦象。君子观此卦象，以谦让为怀，裁取多余的，增益缺乏的，衡量财物的多寡而公平施予。

谦卦象征谦虚。只要谦虚地待人接物，行事必然亨通顺利；而只有君子才能自始至终保持谦虚美德。初六凡君子都是谦而又谦；君子凭着这种谦虚美德可以涉越大川巨流，获得吉祥。六二谦虚美名传扬在外，占问必获吉祥。九三有功而不骄，君子保持这种美德至终，必获吉祥。六四发挥扩大谦虚美德，无所不利。六五不与其邻人共同富有，就利用征伐加以惩治，无所不利。上六谦虚美名传扬在外，利于兴兵征战，以讨伐相邻四方的小国。

满招损，谦受益

《谦卦》的"谦"就是谦虚之意，在其整篇卦中都讲到了谦虚美德的益处，以及怎样做才算谦虚。其中九三上说"劳谦，君子有终，吉"，点明了主旨。谦就是有功而不骄、有德而内养，这样便能消除灾祸、获得吉祥。

古人有"满招损，谦受益"的箴言，忠告世人要虚怀若谷，对人对事的态度不要骄狂，否则就会使自己处在四面楚歌之中，被世人讥笑和瞧不起，这样处世，怎么能使自己有进步呢？一句话，谦虚是通往成功和赢得人们尊重的最重要的品质之一。

美国南北战争时期南方联盟的战将杰克逊，以"天赋和谦逊"著称。

智慧 15
谦卦：谦虚谨慎，虚怀若谷

还是在西点军官学校时，他便以谦逊著称。一次名叫"石城"的战役，本来是他指挥的，但他却一再坚持说，功劳应属于全体官兵，而不属于他自己。还有一例就是，在墨西哥战斗中，总司令斯哥托对他的指挥能力给予了极高的评价，而杰克逊从未向任何人提起过这事。

不过，杰克逊并不是视功名如粪土，从墨西哥战争开始时他给他姐姐的一封信中便可以看出，他充满了树立声誉、博得大众注目的计划，因为那个时候他只不过是一个空有其名的副官。在他后来的事业进程中，这位勇敢、谦逊而聪明过人的人，巧妙地运用了他向上进取的每一个计划，使斯哥托将军对他大有好感。在他的手下，杰克逊得到了不断的提拔。

只有目光短浅、胸无大志的人才会时时标榜自己做了什么，有时为了标榜自己，甚至在大众面前掩饰自己的过失。像杰克逊等伟大的人物则不同，他们都能超脱这种浅薄的虚荣，他们深知，人们所乐意接受和尊敬的是那些谦逊的人。一个有功绩而又十分谦逊的人，他的身价定会倍增。

对于谦逊，我们还要指明的一点是：在这个现实的世界，好的道德与才能，如果没有人知道，并不就是很好的回报。这不仅是在欺骗自己，也是在欺骗别人，更是对自己功绩的诋毁。所以，过度的谦虚并不是一种可取的美德。谦逊与恰当时候的自我标榜相结合，也是一个人获得成功的途径之一。

谦虚的人恪守的是一种平衡关系，即让周围的人在对自己的认同上达到一种心理上的平衡，从不让别人感到卑下和失落，非但如此，有时还能让别人感到高贵，感到比其他人强，即产生任何人都希望能获得的所谓优越感。

另外，保持谦虚的品德对于人际交往也尤其重要。一个背着自负自傲沉重包袱的人，他的友谊财富必然少得可怜。这里，谦逊须以坦诚为基础，否则就难免陷入虚伪的泥潭。比如讨论问题时，明明自己有不同意见，为表谦逊而不明白说出，或者吞吞吐吐，言而不尽；对方批评自己时，当面唯唯称是，背后却又发牢骚。再者，还应划清两个界限。一个是谦逊与虚荣的界限。如果一个人故作谦逊姿态，以求得到"谦逊"的美誉，就是虚荣的一种常见的表现。这种虚荣心一旦被对方察觉，还哪里会有愉快的交往可言？再一个是谦逊与谄媚的界限。有些人在交际时爱对对方说一些言不由衷的溢美夸饰之词，以为只有这样才显得自己彬彬有礼，谦恭而有教养，殊不知，溢美，迹近谄媚。虽说谄媚"也可造成协调，但这种协调是借奴性的无耻的罪过或

《易经》
64个人生智慧

欺骗所造成的"。

气量就是最好的修养

我们说，气量是一种高尚的人格修养，一种"宰相胸襟"，一种大将风度。

唐代娄师德，器量超人，当遇到无知的人指名辱骂时，就装着没有听到。有人转告他，他却说："恐怕是骂别人吧！"那人又说："他明明喊你的名字骂！"他说："天下难道没有同姓同名的人。"有人还是不平，仍替他说话，他说："他们骂我而你转述，等于重骂我，我真不想劳动你来告诉我。"有一天入朝时，因身体肥胖行动缓慢，同行的人说他："好似老农田舍翁！"娄师德笑着说："我不当田舍翁，谁当呢？"

清代中期，当朝宰相张廷玉与一位姓叶的侍郎都是安徽桐城人。两家毗邻而居，都要起房造屋，为争地皮，发生了争执。张老夫人便修书北京，要张廷玉出面干预。这位宰相到底见识不凡，看罢来信，立即作诗劝导老夫人："千里家书只为墙，再让三尺又何妨？万里长城今犹在，不见当年秦始皇。"张母见书明理，立即把墙主动退后三尺；叶家见此情景，深感惭愧，也马上把墙让后三尺。这样，张叶两家的院墙之间，就形成了六尺宽的巷道，成了有名的"六尺巷"。

要心怀坦荡，宽容他人，就必须做到互谅、互让、互敬、互爱。互谅就是彼此谅解，不计较个人恩怨。人都是有感情和尊严的，既需要他人的体谅，又有义务体谅他人。有了互相之间的谅解，就能清心降火，在任何情况下，都能保持平静的心境和宽厚的品格。互让就是彼此谦让，不计较个人名利得失。心底无私天地宽，淡泊名利，摒弃私心杂念，自觉做到以整体利益为重，把好处让给别人，把困难留给自己，相互之间的矛盾就容易化解；争名于朝，争利于市，一事当前先替自己打算，对个人得失斤斤计较，是难以与他人和睦相处的。互敬就是彼此尊重，不计较我高你低。尊重别人是一种美德，"敬人者，人恒敬之"，尊重别人，自然会获得别人的好感和尊重。如果无视他人的存在，不尊重他人的人格，就不会有知心朋友。互爱就是彼此关心，不计较品格气质的差异。爱能包容大千世界，使千差万别、迥然不同的人和谐地融为一个整体；爱能融化隔膜的坚冰，抹去尊卑的界限，使人们变得亲密无间；爱能化解矛盾芥蒂，消除猜疑、嫉妒和憎恨，使人间变得更加美好。

智慧 15
谦卦：谦虚谨慎，虚怀若谷

能否拥有雅量，关键靠三点：一是平等的待人态度。不自认为高人一等，保持一颗平常心，平视他人，尊重他人。二是宽阔的胸襟。心胸坦荡，虚怀若谷，闻过则喜，有错就改。三是宽容的美德。能够仁厚待人，容人之过，"宰相肚里能撑船"，而不是斤斤计较，睚眦必报。由此看来，在雅量的背后，实际上反映的是一个人的素养和品行。如今的一些人之所以难有雅量，除了外部环境的影响外，更主要的原因恐怕还是在于以上几个方面的修炼不到家，素养与品行上尚欠火候吧。

自古的学者都讲究养能、养学、养气、养德、养心、养量；做人处世，重要的是先要养量。

那么如何"养量"呢？

1. 平时凡是小事，不要太过和人计较，要经常原谅别人的过失，但是大事也不要糊涂，要有是非观念。

2. 不为不如意事所累。不如意事来临时，能泰然处之，不为所累，器量自可养大。

3. 受人讥讽恶骂，要自我检讨，不要反击对方，器量自然日夜增长。

4. 学习吃亏，便宜先给别人，久而久之，从吃亏中就会增加自己的器量。

5. 见人一善，要忘其百非。只看见别人缺点而不见别人的优点，无法养成器量。

你的器量不顾别人，只顾自己，那只能养自己；假如你的肚量能涵容全家，你就能做一家之长；你的肚量能包容一县，就能做县长；能包容一省，就能做省长；能包容一国，就能做国主。历史上，成功的人物，并非他有三头六臂，功力高于常人，而是他的肚量比一般人大啊！肚量小的人不能容人，别人又怎么会容你呢？所以布袋和尚为人歌颂"大肚能容，容却人间多少事；笑口常开，笑尽人间古今愁"。

有量的人，必定是不会吃亏的啊！

《易经》
64个人生智慧

智慧 16
豫卦：得意不能忘形，乐极切勿生悲

【原文】

豫：利建侯行师。

象曰：雷出地奋，豫。先王以作乐崇德，殷荐之上帝，以配祖考。

【解析】

豫卦：有利于封侯建国，出兵打仗。

《象辞》说：上卦为震，震为雷，下卦为坤，坤为地。春雷轰鸣，大地震动，催发万物，这是豫卦的卦象。先王观此卦象，取法于声满大地的雷鸣，制作音乐，歌功颂德，光荣归于上帝，光荣归于祖考。

豫卦象征欢乐。利于授爵封侯、兴兵征战。初六由于喜好欢乐而闻名，将有凶险。六二德性坚贞超过磐石，不等一天终了就悟出过分欢乐的害处，占问必获吉祥。六三媚眼向上以求受宠之欢乐，必遭困厄；如果行事总是迟迟疑疑，也会陷入困境。九四众人依靠他而得到欢乐，将大有所获；坦直不疑，朋友会像头发束绾于簪子上一样聚合相从。六五占问疫病的吉凶，筮得此爻预示着长久健康而不致死亡。上六即使已经养成盲目纵情作乐的恶习，若能及早改正，仍无灾祸。

不能大意，更不能得意

《豫卦》中的"豫"常被译为"欢乐""得势"。"欢乐"与"得势"本是一件让人心情舒畅的事，是大吉之兆，而《豫卦》的六二却不忘提醒众人"介于石，不终日，贞吉"，一定要在兴奋高兴的时候有个度，切莫"乐极生悲"。

"豫"对于众人来说可以是好事，也可以是坏事，关键在于如何去对待它。处理得好就是好事，处理不好也自然就成了坏事。因此，我们才会常常听到不厌其烦的叮嘱——"得意时莫忘形"。

晋献公死后，他的儿子们为了争王位杀得不可开交。公子重耳遭到了陷害，被迫逃到了狄国。没过多久，夷吾争得了政权当上了晋国的国君，即晋惠公。

智慧 16
豫卦：得意不能忘形，乐极切勿生悲

晋惠公为了铲除后患，便派人去刺杀重耳。重耳带着狐偃等人连夜逃离了狄国，再次逃难。他们一路逃跑，风餐露宿，历尽艰辛。粮食不够吃，衣服不够穿，不得不靠野菜充饥或乞讨度日。

在逃亡的过程中，他们先后到过卫国、齐国、宋国、郑国、楚国，最后到达了秦国。在整个逃难的艰苦岁月里，狐偃一直都紧跟公子重耳，帮他渡过了种种险阻。

秦穆公很支持公子重耳做国君，便于公元前 636 年出动大军，亲自护送重耳重返晋国。到了黄河边，秦穆公把一半人马送给了重耳，自己则留一半人马在黄河西岸作为接应。

上船的时候，公子重耳的随从把逃难时用的物品全都搬到船上，一样也舍不得扔掉。重耳见了，哈哈大笑，他说："我回去做国君，要什么有什么，还要这些破破烂烂的干什么？"

说着，便吩咐人们把东西撇在岸上。人们七手八脚地把这些东西扔到岸上，有的把破衣旧裤丢到河里。

忠心耿耿的狐偃把这一切看在眼里，心中十分难过。他想，公子未得富贵，先忘贫贱，将来怎么会是个好君主？于是，他把秦穆公送给他的一块白玉拿出来，对重耳说："如今公子过河，对岸就是晋国。你内有大臣，外有秦国，我就留在这里吧。现奉上这块白玉，以表我的心意。"

重耳一听，十分诧异，他说："我全靠你们帮助，才有今日。大家在外面吃了 19 年苦，现在回去，有福同享，你怎能不回去？"

狐偃说："以前公子在患难之中，我有些用处。现在公子回去做国君，情形不同了，自然另有一批新人使唤。我们就好比这些旧衣破鞋，还带回去做什么？"

重耳听了，恍然大悟，直怪自己不该得意忘形，满脸愧色地对狐偃说："这全是我的不是，做人应该饱不忘饥。"于是又吩咐把破烂东西重新装到船上。

他们过了黄河，打了胜仗，重耳当上了晋国国君，就是晋文公。

《晋书·阮籍传》中记载："当其得意，勿忘形骸。"要防止得意忘形，就要处处留心、处处小心，不能大意，更不能得意，因为一得意就会忘乎所以，就会惨败。

《易经》
64个人生智慧

不要让成绩成为你的包袱

取得了成绩，难免要得意一下，这实属正常。但得意不能忘形，否则，就会阻碍你继续前进的步伐。

许多人在工作、学习、生活中取得了一点点成绩，就认为可以松松心了，可是，他们没有看到，社会的环境在不断地变化，人们的心态也在不断地跟着转变。虽然在刚开始的时候，一切都觉得很新鲜，但总有一天成绩也会褪色，甚至会变得毫无价值。

许多事情，在初始的时候总是新奇而富有创造性的，但只一会儿的工夫，就变得又老又旧。年轻人总认为中年以上的人是古板的。相反，年长的人总是认为现代的年轻人是多么的无知。

任何人对于自己所想要做的事情，在达到目的之前都会花很多的时间做种种的努力，但是有很多人往往在取得初步成就后，就抱着"守成"的观念，再也不肯前进一步了。像这种人就会阻碍自己前进的步伐，甚至压抑其他人的成长。因此，眼前的小小成就只可以让你小小地高兴一下，切不可因此而得意忘形，忘记了你的最终目标是什么，甚至忘记了你自己。我们不妨从以下几方面来分析一下。

1. 如果不满足目前的小小成绩，就会充实自己，提升自己。上班的人仍不忘继续学习，做生意的不断搜集信息，强化企业实力，这些都是在创造机会、寻找机会。

2. 小小成就也是一种成就，这也是自己安身立命的资本。但社会的变化太快，长江后浪推前浪，如果你在原地踏步，社会的潮流就会把你抛在后头，后来者就会从后面追赶过去。相比之下，你的"小小成就"在一段时间后根本就不是成就，甚至还有被淘汰的可能。比如在十年、二十年前，大学生确实稀罕，而现在呢，已经到处都是，大学生找不到工作已经不是新闻了。

3. 如果我们想做成某件事，最佳时机一定是当我们目标明确、激情勃发、斗志昂扬的时候。每一个人在情绪饱满时，干什么事情都变得轻而易举。相反，如果一次次地拖延和延缓，就会削弱我们的意志，反而需要用越来越不情愿付出的努力或牺牲来达到目的。

那些永远追求前面目标的人是不会陶醉在已有的成就里的，他们总是想方设法达到更美好、更充实、更理想的境界，正是在这一次次的进步当中，

智慧 16
豫卦：得意不能忘形，乐极切勿生悲

他们完善着自我，也完善着人生。

克福被誉为 20 世纪 80 年代美国最著名的运动作家。他曾经为《运动画报》执笔 28 年之久，先后得过 7 次运动作家奖，完成了 13 本著作，达到了人生的巅峰。然而克福却在年过 50 岁以后，一手推翻了多年来在运动界所累积的声誉，改任《国家报》的总编辑。理由是，他觉得从前的工作已不再具有挑战性，他愿意接受新的冒险，进入一个全新的领域。

克福拥有着骄人的成就，可他却未因此而洋洋得意，骄傲自满，反而更加鞭策自己必须不断地再突破和创新。与此相反，现实生活中有许多人取得了一点成就就骄傲自大、自狂、懈怠而导致一败涂地。原本辛苦打下的江山，也因为未能精益求精而轻易化为乌有。自满是失败的温床，虽然大家都明白这个道理，可还是有许多人不自觉地犯了自满的毛病。究其原因，就是这些人错把当初设定的"成功"当作了最终的奋斗目标，当自己取得了小的成绩，就以为大功告成，而松懈了奋斗的劲头。而真正追求成功的人只是把眼前取得的成就看作是对过去的一个总结而已。

不论是个人还是企业，不论是服务、知识、技术、能力、市场等各方面，永远都不能停滞不前，尤其是现在竞争如此激烈，即使你今天站在高处，谁也不能保证你明天不会栽下来。

管理学上就很清楚地指出，在任何的高峰期之后，紧接着就是陡降的下坡期，必须不断地改良、演进，才能生生不息。

人类需要探求的知识是无穷无尽的。只有那些虚怀若谷、得意而不忘形、不断前进的人才有可能实现更高层次的追求。

《易经》
64个人生智慧

智慧 17
随卦：随机应变，顺势而为

【原文】

随：元，亨，利，贞，无咎。

象曰：泽中有雷，随。君子以向晦入宴息。

【解析】

随卦：大吉大利，卜得吉兆，没有灾害。

《象辞》说：下卦为震，震为雷，上卦为兑，兑为泽；雷入泽中，大地寒凝，万物蛰伏，是随卦的卦象。君子观此卦象，取法于随天时而沉寂的雷声，随时作息，向晚则入室休息。

随卦象征追随。大为亨通，有利于占问，没有灾祸。初九馆舍发生变化，占问可获吉祥，出门与人交往必能成功。六二倾心依附柔顺的小人，就会失去刚大的丈夫。六三倾心依附刚大的丈夫，摆脱柔顺的小人。追随别人，有求必得，有利于占问安居之事。九四追随别人而有所获，占问却有凶险。但心怀诚信而持守正道，且光明正大，还会有什么灾祸呢？九五把诚信施予美善之人，可获吉祥。上六先遭到拘禁，后又获释，君王因此得以祭享于西山。

时刻注意时势与位势

《随卦》上说"君子以向晦入宴息"——君子看到太阳沉下去、天色暗下来，到了晚上，就顺时而休息，就去睡觉了。这就是《随卦》所要表达的主旨：顺随人的本性，顺随自然之道。

商朝末年纣王荒淫无道，残暴不仁，只知沉湎酒色，全不问国家大事，使得奸臣当道，天下大乱，无辜的忠良不是被杀就是被疏远，人民生活非常艰苦。姜子牙因不满纣王暴政，毅然辞官离开商都朝歌，躲到渭水河边过着隐居的日子。

渭河一带是周文王姬昌的管辖范围，周文王胸怀大志，很爱惜人才，四

智慧 17
随卦：随机应变，顺势而为

处寻访智谋之士。姜子牙是个有雄才大略的人，他胸怀济世之志，想施展自己的抱负，可是一直怀才不遇，大半生在穷困潦倒中度过。他曾经在朝歌宰过牛，又在孟津卖过面，岁月蹉跎，转眼已到了垂生暮年，两鬓白发苍苍。当他听说当朝贤主周文王的圣名后，便来到渭水河畔，假借垂钓之名来观望时局，希望能得到周文王的赏识，使自己的才华得以施展。为了吸引周文王的注意，姜子牙天天坐在河边钓鱼。他的鱼钩是直的，没有鱼饵，离水面有三尺高。他一边钓一边说："鱼儿呀，你快点上钩吧。"有人好意地告诉他这样钓不到鱼，姜子牙只是笑着说："鱼儿自己会上钩的。老夫在此，虽然名义上是垂钓，但是我的本意不在鱼，鱼儿自己会上钩的。我宁可直中取，不向曲中求，不为锦鳞设，只钓王与侯。"人们听了之后都嘲笑他，他也不理会。姜子牙异于常人的做法最终惊动了求贤若渴的周文王。周文王心想他可能是个有才能的奇人，就派士兵去请他来。姜子牙看到是士兵，不但不理睬，继续钓鱼，嘴里还一边念着："钓、钓、钓，鱼儿不上钩，虾米来捣乱！"士兵只好回去报告。周文王到底是有心之人，他对垂钓老人的言行举止苦思冥想许久，终于恍然大悟了：也许这个不同凡俗的老人正是自己苦苦寻求的天下奇士，智谋非凡的大贤人呢。

其实，周文王的想法一点也不错，垂钓渭水之滨的正是大贤大德之人姜子牙。他早知道周文王有心兴师伐纣，解除天下黎民疾苦，自己也想助他一臂之力。

周文王一改往日的矜持，亲自去请姜子牙。他毕恭毕敬地来到渭河边向老人家施礼，姜子牙说："我久闻大王贤良，也愿出山相助。只是不知大王是否能信得过我，大王是否真的真情相邀？"周文王赶忙说："本王真是求贤若渴呀！"随后向他请教兴国大计。两人谈得非常投机。让周文王惊讶的是，一个天天以钓鱼为乐的穷老头，对天下大事以及国家的武攻文治知道得这样清楚，知识又是如此的渊博，而且观点新颖见解独到。他还发现这个钓鱼的穷老头对五行数术及用兵之法有很深的造诣。

求贤若渴的周文王从姜子牙睿智、机敏的谈吐中发现，此人正是自己所要寻访的大贤。他高兴地感叹："我的先祖太公，早就寄希望于你啦！"于是周文王用最隆重的礼节款待他，并把他让上自己坐的马车。

于是，83岁的姜子牙出山当上了西周国师。他大力辅佐周文王姬昌。由

《易经》
64个人生智慧

于他辅国有方，安民有法，因此文王得辅，国势初定，西周国力日渐昌盛起来。周文王对姜子牙以"尚父"相称，尊为自家老人一般，几乎是言听计从。姜子牙后来辅助周武王，起兵伐纣，统率有道术之士，经过多次血战，终于完成兴周八百载大业。

"姜太公钓鱼，愿者上钩"是对姜子牙"钓"的机遇和时势的最好写照。

一粒种子，若落到肥沃的土地上，得到充分的水分和阳光，就可能长成参天大树；但如果落在贫瘠的土地上，再没有水分和阳光的滋润，就可能先天不足，长得十分弱小。

事物在不同的时间看不同的时势，在不同的地点、地位、位置，也会有不同的位势。对于人来说，时势就如同肥沃的土地和阳光、水分一样。古人讲："良禽择木而栖，良臣择主而侍。"一个人要想充分发挥才干，就要选择或把握时势。总之一条：要强化自身，形成强大的势能，才是调整位势的上上之策。

随机应变

古人说："事情变了，时势就有差异，社会风气也随之改变。一个人，行为合于时宜就会发达，违背时宜就会遭殃。"

什么叫"合于时宜"呢？这就是说，要根据时势的变化，行变通之道。时势是由两种东西促成的，一是物质资源的多寡，二是人们的心理趋向。这两者又相辅相成。物质资源丰富，人心就趋于浮躁；物质资源贫乏，人心就趋于变动。天下没有一百年的平安，因为人心总是在浮躁与变动中摇摆。这使因循守旧者感到很不习惯，却给锐意进取者提供了广阔的发展空间。他们随时而动，随机应变，利用一个又一个机会，架起通天之梯，将命运导向辉煌。

成功者没有固定的成功模式，他们根据事情的需要采用变通的方法，使自己的行为"合于时宜"，而不是逆历史潮流而动。这个道理，就像行船一样，逆水行舟，不如顺风扬帆，又轻巧，又快捷。

古人说："天下的道理没有永久正确的，以前所用的，现在或许要丢弃；现在抛弃的，将来或许要用它，关键在于投合时宜。如果一成不变，即便像孔丘那样博学，像吕尚那样善谋，也要落得个穷困潦倒的下场。所以，聪明人做事，先观察土地，然后决定使用什么工具；先观察民情，然后决定事业

智慧 17
随卦：随机应变，顺势而为

目标；先综合大家的意见，然后制订具体措施。"

能够根据所处的环境确定对策，根据民心确定努力目标，根据大家的意见确定处事方法，已可谓懂得变通之道了。

变通，是才能中的才能，智慧中的智慧。古今成大事者，莫不以此达成人生梦想。

许多人具备很高的智商、很好的学问和很优越的条件，终生努力却无所成就，其根源只有一个：不知变通。

一个人即使才高八斗，如果他不能随机应变权衡利弊，不能在恰当的时候说恰当的话，做恰当的事，那么他就不能最有效率地运用自己的才干。古今中外，不乏随机应变的名人名士。

三国时期，诸葛亮领兵 34 万伐魏，六出祁山。魏明帝闻报，命司马懿统率大军至渭水之滨迎战。

诸葛亮和司马懿是老对手，深知对方足智多谋，不好对付，战前都进行了周密的部署。不过由于蜀军远道而来，粮草供应非常困难。司马懿看准了蜀军的这一弱点，并利用这点做文章，期待蜀军断粮，从而乘机取胜。

诸葛亮将计就计，随机应变地在粮草问题上做文章，分兵屯田，与当地老百姓结合就地生产粮食，摆出一副打持久战的架势。同时，令工匠造木牛流马，长途运粮，从心理上给予司马懿极大的压力。

司马懿终于沉不住气，亲领精兵烧粮。为了防备诸葛亮的调虎离山之计，他也使出了声东击西的计谋：让手下的部将冲锋在前，自己反而在后引援军接应。却不料诸葛亮比他更为灵活，在魏军直扑蜀军大营之时，诸葛亮却另派一支精兵突袭魏军大营，最终杀得魏军大败，元气大伤。

诸葛亮就是一个善于随机应变的人，遇事镇定，处变不惊。想当年，面对司马懿几十万大军，面不改色，气不喘，唱出千古绝响"空城计"。现如今，有很多受过高等教育的人，或者在专业方面具有高深造诣的人，往往因为缺乏应变能力，事业毫无进展。一个人懂得变通，再加上坚毅努力的精神，便可以使事业有大的进展。

曾经有位名人说过："一个有机智的人，不但能利用他所知道的东西，并能善于利用他所不知道的东西，他还能用巧妙的方法来掩饰他无知愚拙的方面，这样的人往往更易得到别人的信赖与钦佩。"

《易经》
64个人生智慧

一般人之所以缺乏应变能力，一则是由于他们不识时务，二则是由于思想不敏锐。

有一个女子从乡下朋友家做客回去以后，给招待她的朋友写了一封信，对她的热情款待表示感谢。在信中，她说回到自己家后感觉很好，不过在府上被蚊虫叮咬甚感痛苦，而回到自己舒适的卧室深觉愉快。这个女子想表示感激之意，但在无意中写成了一封不客气的信，毫无疑问，这是因为她应变能力不足。

宋代罗大经《鹤林玉露·临事之智》中云："大凡临事无大小，皆贵乎智。智者何？随机应变，足以得患济事者是也。"从一定意义上说，智者便是能随机应变、见风使舵之人。应变的最终目的是使自己永远处于主动地位，驾驭事态发展，以实现既定目标。具体一点说：应变从功用上讲不外乎保持主动和变被动为主动两种。在这种情境下，善于见机行事，处世变通，是一个人在日常交际中人情操纵水平的重要表现。

智慧 18
蛊卦：惩前毖后，有错必纠

> 【原文】
> 蛊：元亨，利涉大川。先甲三日，后甲三日。
> 象曰：山下有风，蛊；君子以振民育德。
>
> 【解析】
> 蛊卦：大吉大利。利于涉水渡河，但须在甲前三日之辛日与甲后三日之丁日启程。
>
> 《象辞》说：上卦为艮为山，下卦为巽为风，贤人如山居于上，宣布德教施于下，所谓山下有风，这是巽卦盼卦象。君子观此卦象，取法于吹拂万物的风，从而拯救万民，施行德教。
>
> 蛊卦象征拯弊治乱。大为亨通，有利于涉越大川巨流。经过七日的观察思考，就会知道应该怎么去做。初六匡正父辈的过失；有了这样的儿子，父辈则可避免灾祸，即使有些危险，最终也能获得吉祥。九二匡正母辈的过失，但不可干涉母亲的闺房之事。九三匡正父辈的过失，虽然会遭到小的困厄，但是没有巨大灾祸。六四姑息父辈的过失，有所举动必然遭遇艰难。六五匡正父辈的过失，会受到称誉。上九不为王侯效命，专心治家，并以此为高尚之事。

惩前毖后

蛊卦象征救弊治乱，拨乱反正：从开始就很亨通，就有利于度过后面的艰难困苦。不过，在做大事以前，要考察现状、分析事态；在做大事以后，要讲究治理措施，预计到后果。

惩前毖后，治病救人，是处理错误的法宝。

1942年的延安整风运动，毛泽东提出了正确地进行整风所采取的一项重要政策：惩前毖后，治病救人。毛泽东在解释这个方针时指出："对以前的错误一定要揭发，不讲情面，要以科学的态度来分析批判过去的坏东西，以

《易经》
64个人生智慧

便使后来的工作慎重些，做得好些。这就是'惩前毖后'的意思。但是我们揭发错误、批判缺点的目的，好像医生治病一样，完全是为了救人，而不是为了把人整死。"

《诗经·周颂·闵予小子之什·小毖》中写道："予其惩，而毖后患。"《清史稿·卷一三一·兵志二》中说："同治中兴以后，疆臣列帅，'惩前毖后'，渐改练勇巡防之制。"

周朝武王死后，其子成王继位。成王年岁尚幼，凡事皆由叔父周公代理。成王之其他叔父，管叔与蔡叔，深嫉周公独揽大权，遂散布流言，使离间计，言周公欲弑成王，谋夺王位，令成王生疑。周公为避嫌疑，便离京外居。管蔡二人见计得逞，时机成熟，遂合商纣之子武庚，起兵反叛。成王洞悉其奸后，因召周公领兵戡乱，管叔被杀，蔡叔被逐。事后，成王有感而发曰："予其惩而毖后患。"

"惩前毖后"原指成王惩管蔡之祸后，自儆之语，后喻将昔日之过引以为训，日后将慎以行事，以免重犯。

处分本身有两大功用，一是惩前毖后，二是治病救人。我们习惯于第一种功能的使用，往往满足于处分的作用。无疑，惩前毖后，是处分重要功能的体现。但这多少有点"杀鸡骇猴，以儆效尤"的味道，既针对当事人，也针对后来者。而对于处分后当事人的行为方向却重视不够，显然有悖于处分的本原意义。

事实上，处分应更多地体现在"治病救人"的"预警"功能上，这本是犯错者改过自新的一个重要起点。处分并不是要对当事人进行一味打击，而是对其错误行为的有效制止，督促其认真改正。正是由于我们对治病救人功能的习惯性忽视，所以一些人在受到处分后处处感觉低人一等，萎靡不振，有的甚至自暴自弃，令人扼腕叹息。

学会纠正错误

俗话说："金无足赤，人无完人。"我们不是神仙，既然生活于大千世界中，就不可能没有缺点、不犯错误。一个人有了缺点、犯了错误并不可怕，重要的是能够认识和改正。而要认识和改正缺点及错误，批评与自我批评这个武器是不可或缺的。毛泽东曾经把批评与自我批评比作"扫灰尘""照镜子""洗

智慧 18
蛊卦：惩前毖后，有错必纠

脸"。他说，房子不打扫就会积满灰尘，人不照镜子、不洗脸就会肮脏丑陋。同样的道理，人的头脑也是需要经常"打扫"和"清理"的，否则就会受到灰尘的侵袭；人的行为也是需要经常用镜子来照一照的，这样可以随时地校正自己，假如做错了事、走错了路，就可以及时得到纠正。

纠正错误，最有力的武器是批评与自我批评。

首先，要正确地看待批评，要有开展批评的勇气和决心。

其次，排除私心杂念。私心杂念是影响批评与自我批评健康开展的主观因素，摒弃各种私心杂念，时常地检讨自己，敢于在大家面前自我"揭丑"。面对各种错误倾向时，要敢于进行严肃的批评；在考虑问题时，要从大局出发。

第三，要有"闻过则喜"的胸怀，学会从批评中汲取营养。"人无完人，金无足赤。"一个人生活于世，工作中难免出现失误，行为上难保不出现错误。出现失误和错误都不可怕，关键是要有诚恳接受他人批评的态度。自我批评固然重要，但人的自我认识能力总是带有一定的局限性，在很多时候，我们无法完整地看清自己的缺点和不足，古人说"知人易，自知难"就是这个道理。因此，来自"旁观者"的批评就显得十分珍贵。只有诚恳接受他人的批评，主动地从他人的批评中吸取营养，才能不断进步。

第四，要有"自讼"精神，敢于"自己和自己打官司"。"人非圣贤，孰能无过。"其实，即使是圣贤，也难免犯错误。《论语·子张》中说："君子之过也，如日月之食焉；过也，人皆见之；更也，人皆仰之。"也就是说，君子也会犯人所共睹的错误，重要的是君子能够改正错误，这是君子能受到尊敬的原因所在。如果说听取别人的批评是我们前进的外在推动力的话，那么自我批评则是内在推动力，有了这种推动力，我们才能有自我净化和提高的能力，才会不断克服自己的缺点，使自己成为一个道德高尚、品质纯正的人。

第五，要坚持正确的批评方针，努力增强团结。要确保批评与自我批评的健康开展，特别是要杜绝故意整人现象发生，就需要贯彻正确的批评方针。这既是历史经验的总结，也是开展批评本身的需要。

要善于采取激励的方法纠正错误，让错误者的长处得以发扬光大。

《易经》
64个人生智慧

智慧 19
临卦：秉宽容之心，做感化之事

【原文】

临：元，亨，利，贞。至于八月有凶。

象曰：泽上有地，临。君子以教思无穷，容保民无疆。

【解析】

临卦：大吉大利，吉利的卜问。到了八月，可能有凶险。

《象辞》说：下卦为兑为泽，上卦为坤为地，堤岸高出大泽，河泽容于大地，这是临卦的卦象。君子观此卦象，君临天下，教化万民，覃恩极虑，保容万民，德业无疆。

临卦象征居高临下。至为亨通，有利于占问。但到了八月将有凶险。初九胸怀感化之心下临百姓，占问则可获吉祥。九二胸怀感化之心下临百姓，必获吉祥，无所不利。六三只凭甜言蜜语下临百姓，没有什么好处。假若已经忧惧自己的过失而加以改正，则没有灾祸。六四亲自下临民情，没有灾祸。六五下临百姓，凭着聪明睿智体察民情，并且知道自己身为天子应当做什么，必获吉祥。上六敦厚宽仁地下临民情，必获吉祥，没有灾祸。

原谅比指责更有效

《临卦》上讲"君子以教思无穷，容保民无疆"，就是让我们对待别人所犯的错误，应该抱有一种感化之心，让其知错改错。一个人的心境是可以由自己来决定的，指责别人的错误也许非常重要，然而，适时原谅别人的错误，才是更高一层的功夫。

在一次大战结束后的庆功宴上，楚庄王由于大获全胜，因此十分高兴，不仅大鱼大肉款待众位将领，更安排自己的一位宠妃，到席间亲自为将士斟酒，借此表示奖励。

酒足饭饱之际，将士们的酒越喝越多，胆子也越放越开。当这位妃子穿梭席间替将士们斟酒时，大厅上的蜡烛突然被风吹熄了，黑暗中，妃子感觉

智慧 19
临卦：秉宽容之心，做感化之事

到有人趁机摸了她一把。

她急中生智，一把扯下了那个人头盔上的帽带，然后回到楚庄王的身边，既生气又委屈地把这件事情告诉了楚庄王，请他好好惩治一下那个没有了帽带的登徒子。

楚庄王听说有人调戏自己的爱妃，当然怒火中烧，但是转念一想，在场人士皆是有功之臣，而且每个人都已满脸酒意，一时得意忘形实在无可厚非，不值得大惊小怪，何必为了一个无心之过而小题大做，破坏原本欢乐的气氛呢？

于是楚庄王举起酒杯，对所有的将士们说："今天宴请大家，一定要玩得尽兴，不醉不归，因此请所有人都脱下头盔，不必拘泥礼节，大家一起狂欢吧！"

说罢，全场的人皆脱下头盔，再也分不出谁是那个被扯下帽带的无礼军官了。楚庄王宽宏大量，并体恤军心，掩小恶以顾全大局，因此能在春秋时代，为楚国开创出一片繁荣盛世。

很多事情，本来也都可大可小、可有可无，每个人的身上也总有几处污点，嫉恶如仇的人猛盯着那些地方看，心中充满了憎恶；有容乃大的人却假装看不见那些脏污的地方，设法往好处看，只要瑕不掩瑜，心中自然充满了喜乐。

对别人的宽容就是对自己的宽容

这是一个刚自越战归来的士兵的故事。他从旧金山打电话给他的父母，告诉他们："爸妈，我回来了，可是我想带一个朋友同我一起回家。""当然好啊！"他们回答，"我们会很高兴见到他的。"

不过儿子又继续说下去："可是有件事我想先告诉你们，他在越战里受了重伤，少了一条胳臂和一只脚，他现在走投无路，我想请他回来和我们一起生活。"

"儿子，我很遗憾，不过或许我们可以帮他找个安身之处。"父亲又接着说，"儿子，你不知道自己在说些什么。像他这样残障的人会对我们的生活造成很大的负担。我们还有自己的生活要过，不能就让他这样破坏了。我建议你先回家；然后忘了他，他会找到自己的一片天空的。"

就在此时儿子挂上了电话，他的父母再也没有他的消息了。

《易经》
64个人生智慧

几天后,这对父母接到了来自旧金山警局的电话,原来他们的儿子已经坠楼身亡了。警方相信这只是单纯的自杀案件。于是他们伤心欲绝地飞往旧金山,并在警方带领之下到停尸间去辨认儿子的遗体。

那的确是他们的儿子,但让他们惊讶的是,儿子居然只有一条胳臂和一条腿。

故事中的父母就和我们大多数人一样,要去喜爱面貌姣好或谈吐风趣的人很容易,但是要喜欢那些造成我们不便和不快的人却太难了。我们总是宁愿和那些不如我们健康、美丽或聪明的人保持距离。

我们每个人的心里都藏着一种神奇的东西称为"情感",你不知道它究竟是如何发生、何时发生,但你却知道它总会带给我们特殊的礼物。爱就像是稀奇的宝物,它带来欢笑,激励我们成功,它倾听我们内心的话,与我们分享每一句赞美,它的心房永远为我们而敞开。

爱心与情感会影响你的思维,这一点毫无疑问。如果你缺少爱心,缺少对弱者的同情,有时候你就会作出错误的决定。因为事实上,你所面对的不幸可能只是一个假象,这个假象是对你情感的一种考验。包容心有时候能替你作出正确的决定。

在18世纪,法国科学家普鲁斯特和贝索勒是一对论敌。他们围绕定比定律争论了9年,他们都坚持自己的观点,互不相让。最后的结果是普鲁斯特获得了胜利,成了定比这一科学定律的发明者。

但是,普鲁斯特并未因此而得意忘形,忘乎所以。他真诚地对与他激烈争论了9年之久的对手贝索勒说:"要不是你一次次的责难,我是很难进一步将定律研究下去的。"同时,普鲁斯特特别向众人宣告,定比定律的发现有一半功劳是属于贝索勒的,是他们共同促使了定律昭示天下。

在普鲁斯特看来,贝索勒的责难和激烈的批评,对他的研究是一种难得的激励,是贝索勒在帮助他完善自己。这与自然界中"只是因为有狼,鹿才奔跑得更快"的道理是一样的。

普鲁斯特是宽容博大而明智的,他允许别人的反对,不计较他人的态度,充分看到他人的长处,善于从他人身上吸取营养,肯定和承认他人对自己的帮助。正是由于他善于包容和吸纳他人的意见,才使自己走向成功。

智慧 20
观卦：勤于观察，由此知彼

【原文】

观：盥而不荐，有孚颙若。

象曰：风行地上，观；先王以省方，观民设教。

【解析】

观卦：祭祀时灌酒降神而不献人牲，因为用作祭祀的俘虏的头部肿了，不能用作祭品。

《象辞》说：上卦为巽为风，下卦为坤为地，风行大地吹拂万物，这是观的卦象。先王观此卦象，取法于周流八方的风，从而巡视邦国，观察民情，推行教化。

观卦象征瞻仰。祭祀之前仅仅洗手自洁，并不进献祭品，是因为用作祭牲的俘虏鼻青脸肿了，不用进献。初六像幼童一样瞻仰景物，小人没有灾祸，君子则行事艰难。六二暗中偷偷地瞻仰盛景，有利于女子占问。六三观察同姓之国的民情，可以知道如何施政。六四观察一国之风土人情，宜于先用宾客之礼朝见君王。九五观察同姓之国的民情，君子可以免遭灾祸。上九观察异姓之国的民情，君子可以免遭灾祸。

了解对手，洞察人性

"观"一般是观察的意思，而在《观卦》中"观"又可作"由此知彼""举一反三"来讲。不可否认的是，世界上有很多人都能够做到未卜先知，这与他们善"观"是分不开的。

为人处世，与人竞争，"了解对手，洞察人性"极为重要。必须戒除莽撞，应该多摸透对方心思后再行动，这样可以增加成功率。怎样做到这一点呢？要把自己变成一个"侦察专家"，多看、多走、多闻、多想，真正做到知己知彼。

做人办事必须有攻守转换之计，即通过"知己知彼"的方法，取得"百战不殆"的效果。《兵法·谋攻篇》说："知己知彼，百战不殆；不知彼而

《易经》
64个人生智慧

知己,一胜一负;不知彼,不知己,每战必殆。"既了解敌人又了解自己,百战都不会失败;不了解敌人而只了解自己,胜败的可能各半;既不了解敌人,又不了解自己,必然每战必败。

只要做到"知己知彼",就会做到百战无不利。《三国演义》中的锦囊妙计正说明了这个问题。赤壁之战,孙、刘联合抗曹,大破曹军,暂时解除了北方的威胁。之后,孙、刘之间开始了荆州的争夺。当时,刘备中年丧偶,失去了甘夫人。周瑜得知这一消息,便向孙权献上一计,派人前往荆州为刘备说媒,假意将孙权之妹嫁给刘备,然后骗刘备至东吴招亲,扣为人质,逼还荆州。孙权派吕范前往提亲,刘备"怀疑未决"。但诸葛亮胸有成竹,料知东吴之谋,让刘备答允这门亲事,而且会使"吴侯之妹,属于公;荆州又万无一失"。然后,诸葛亮坐镇荆州,令勇将赵云带五百兵士,保驾刘备去成亲。临行前,诸葛亮授予赵云三个锦囊,并嘱咐赵云按囊中"三条妙计,依次而行"。赵云牢记军师嘱咐,依锦囊所授之计而行,使刘备东吴之行化险为夷,顺利招亲,得了"佳偶",而且安全返回荆州,使孙权、周瑜落得个"赔了夫人又折兵"的结局。

人们佩服诸葛亮料敌如神,计谋高超绝伦。其实,诸葛亮是在完全了解吴国君臣的心计的情况下订立妙计。由此可见,在兵法上强调"知己知彼",在做人办事时同样如此——只有知道别人想什么,才知道自己该干什么。

善为事者,时时心中有数,绝不在没有算计的情况下随意出手,否则就叫乱出手。一个人善于抓住时机,见机而进,固然是英雄本色,但激流勇退,能见好就收,适可而止,也是智者之举。这一切都取决于心中之数。适可而止,就是在竞争事业中,时刻注意和自身利益相统一的数理界限,绝不超过度,绝不使事情发展到反面。同样,为人处世都有一个保持质的数理界限,也就是度。超过或者不及,都会使事物的性质发生变化。度的存在,要求我们无论做何种事情,都应有个度量分析,做到"胸中有数",方可攻守转换。

就心力高低的区别而言,不在能不能做什么事,而在能否做应该做的事。不该做的事,你做了,即使很巧妙,也只能证明你心力低下;不该做的事,坚决不做,即使显得无所作为,也是心力高超。唯有在纷繁复杂的事变面前,清楚地知道应该做的事和不应该做的事,并相应调整自己的行为,方为智者。荀况曾说过:"知所为知所不为,则天地官而万物役也。"老子也说过"无

智慧 20
观卦：勤于观察，由此知彼

为而无不为"。生活中常常有这样的事，无所作为，就是最大的作为！

攻守转换之计体现在一个"度"字上，不可过急过缓，要掌握既求渐进又求激进的奥妙。处理好"攻"与"守"的关系，需要高明的攻守转换的手段。攻守转换，就是使不符合自己意愿的事物或定势按自己设定的模式和方向运行；攻守转换，是一种强力意志的贯彻，是摧毁之后的重建；攻守转换，是一种武功，也是一种文治。

在为人处世的过程中，如何才能让人心服口服呢？其绝招何在？不同的人有不同的答案，但有一点是可以肯定的，就是必须要有解决问题的眼光和能力，把攻守转换发挥到淋漓尽致的程度，让可用的人真心产生佩服感。

看透之后再出手

人与人之间都是相互依存的，怎样才能做到你知我知，相当重要。这就是说，看透对方，才能不至于陷入误区，才能行之有效地处理棘手的问题。

最聪明的人在人际关系这个圈中，总能了解自己身处何位，知道在左右存在什么利害，然后巧妙应对，既不伤害自己，也不伤害别人。

巧妙应对一切，在诸葛亮的身上，可以说活灵活现，但是生活中又有几个诸葛亮呢，大多都是臭皮匠！所谓"三个臭皮匠，顶一个诸葛亮"，只是给智商不高的人一种安慰罢了，对于那些睿智的人来说，巧妙应对则是小菜一碟。

总之，巧妙应对是为人处世时绝对不能少的手段，不可视之为可有可无。有些事情之成败，全在于你应对的灵敏度。

较量是大智与小智之间的碰撞。我们知道，明暗之区别在于一道看不见的神秘线。这道线是两股势力对抗的战场。人与人之间，冲突与竞争在所难免，面对竞争，你应当学会站在明处，冷眼旁观，以静制动；面对冲突，你要学会照样站在暗处，以动制静，善于击中对手的薄弱环节。这叫在明暗之中较量高低。

有些时候，在明暗中较量高低绝不可少！天下事总有许多出人意料的，如找不到关键，发现不了其动机，是很难得手的，与人打交道其理相同。

一个人的观察能力与他的知识、经验、职业、兴趣等有着密切关系。但人的观察能力是可以培养的。那么怎样培养自己的观察能力呢？

《易经》
64个人生智慧

1.要有明确的观察任务。在确定任务的时候,可以把总任务分解为一系列细小的和逐步完成的任务。这样可以避免知觉的偶然性和自发性,提高观察的积极主动性。

2.观察的成功与否主要依赖是否具备一定的知识、经验和技能。俗话说:"谁知道得最多,谁就看得最多。"一位富有学识的考古学家,能够在一片残缺不全的乌龟壳(甲骨)上,发现不少重要而有趣的东西,而一个门外汉,却一无所得。

3.观察应当有顺序、有系统地进行,这样才能看到事物各个部分之间的联系、关系,而不至于遗漏某些重要的特征。

4.要设法使更多的感觉器官参与认识事物的活动。这样一来,不仅可以获得事物各方面的感性知识,而且所得到的印象也是深刻的。

5.观察时应当做好记录。这不仅对于收集和整理所观察到的事实是十分必要和有益的,而且也是促进准确观察的宝贵方法。

我们在生活中每天都需要与人进行交流,掌握准确的观察人的方法,进一步把握好人际交往中的微妙关系,你就可以在芸芸众生中脱颖而出,成为人际交往中的焦点人物。

智慧21
噬嗑卦：坚持原则，恩怨分明

【原文】

噬嗑：亨。利用狱。

象曰：雷电，噬嗑。先王以明罚敕法。

【解析】

噬嗑卦：通泰。利于讼狱。

《象辞》说：下卦为震为雷，上卦为离为电，雷电交合是噬嗑的卦象。先王观此卦象，取法于威风凛凛的雷、照彻幽隐的电，思以严明治政，从而明察其刑罚，修正其法律。

噬嗑卦象征刑罚。亨通顺利，利于施用刑罚。初九脚上戴上木枷，枷伤了脚趾，没有灾祸。六二像咬柔软的皮肤一样容易用刑，即使枷伤了罪犯的鼻子，也不会有什么灾祸。六三施用刑罚惩罚犯人，像咬腊肉一样困难，而且还中了毒，只小有不适，并无大的灾祸。九四施用刑罚惩罚犯人，像咬带骨的肉一样困难；具有铜矢似的刚正之气，利于占问艰难之事，可获吉祥。六五施用刑罚惩罚犯人，像咬肉干一样困难，却具有黄铜矢似的刚正之气，占问虽有危险之兆，却不会有什么灾祸。上九肩上戴上木枷，枷伤了耳朵，必有凶险。

恩怨分明的待人接物之法

"噬嗑"原是撕咬、吞噬之意，但在《噬嗑卦》中，它却是一种惩罚和处理矛盾的正确认识，认为只有刚正、恩怨分明地施用刑罚，才能做到"无咎"。

大家都知道，刑罚只是一种手段，目的无非是让犯错之人能够知错改过而已。而《噬嗑卦》所讲的"刑罚"却是一个广义的概念，指出了一种恩怨分明的待人接物之法。

北宋名臣范仲淹的儿子范纯仁，就是一位将《噬嗑卦》的要义运用自如

《易经》
64个人生智慧

的高手。

宋哲宗时，范纯仁任给事中之职。一次，他听说种古境况不佳，当时就心生不安了，他对家人说："种古因诬告我而丢官，虽是罪有应得，但不能不给他机会啊！种古还是很有才能的，我要向皇上举荐他。"

家人却埋怨他说："想当初，种古令你受辱蒙羞，我们还和你一同受罪呢，难道你忘了吗？你不报复他已算是大仁大义了，若要帮他，我们绝不答应。"

范纯仁劝解家人道："我养德向善，岂能怨恨种古终生？我受辱是一时的，经过那件事，反让朝廷器重我了，我没有理由再恨种古了。"

经过范纯仁的力荐，种古遂被朝廷起用。他向范纯仁谢罪说："我从前和大人为敌，不想大人今日以德报怨，种古必当痛改前非，以谢大人。"

元祐初年，吏部尚书一职空缺，哲宗命大臣提出合适的人选。这时，一位大臣毫不犹豫提出了范纯仁，他对哲宗说："吏部尚书一职主管官吏的选拔和考核，非常重要。臣以为范纯仁公正无私，实是最佳的人选。"

哲宗没有点头，他说："你的理由并不充分，范纯仁资历尚浅，朕对他并不看好。"

大臣于是说出了范纯仁荐举种古的事例，接着又道："范纯仁受种古诬告而不怪罪他，这种心胸一般人是少有的。范纯仁举荐种古，完全是抛弃了私怨，一心为国选才，这种胸襟更是罕见了。最难得的是，范纯仁屡受屈辱，却从不抱怨，人品和人格没有丝毫改变，可见他立场不移，绝不是见异思迁的小人可以与之相比的。陛下若能任用他，当是大宋之福啊！"

哲宗听罢，不禁感慨道："范纯仁的事迹，朕知道得太少了，这是朕的过失了。范纯仁不愧是忠臣之后，朕以后要多多倚重他。"

于是，范纯仁被任命为吏部尚书，百官没有一人提出异议。

恩怨分明是正确处理别人身上错误最有效的方法，它能够让别人心服口服地认识自己的错误并改正。对于我们自身所犯的错误，同样需要恩怨分明的处理方法，坚持那些正确的"过失"，改正那些该改之错。

高一步立身，高一步的追求

班超是东汉著名的军事家和外交家。他外表虽不修边幅，却自小胸怀大志，希望干一番大事业。在家的时候，他脏活累活都是抢着干，照顾母亲，打理家务，

智慧 21
噬嗑卦：坚持原则，恩怨分明

从不觉辛苦。他从小勤奋好学，博览群书，能言善辩，分析问题透彻清晰，并能权衡轻重。明帝永平五年（62年），班超的兄长班固被召入朝任校书郎，班超和母亲也跟着迁居洛阳。因为家境十分贫寒，他经常到官府担任抄写文书以维持生计，奉养自己的母亲。

班超在官府帮忙抄写文书，认真细致。这一天，班超早早来到官府的办公地，收拾打理好一切后，就开始伏案抄写文书。他一字一句地分析，每个问题都要斟酌再三。突然，他被所抄的一段内容所触动，心有灵犀，猛然顿悟，不禁丢下笔站起身来，透过窗户，面向远方感叹道："堂堂三尺男儿大丈夫应该有宏伟的志向，就算是没有更高的志气和胆略，也应当像傅介子、张骞一样，到国外去建功立业，博取功名，又怎么能长期坐在这里，老是从事笔墨工作，虚度了大好时光呢！"

一起抄书的几个人听到班超的这番话以后，都纷纷报以讥笑嘲讽。有的人对他蔑视地说："就凭兄台你现在的境况，还想去建功立业啊？安分点，老老实实在这抄抄书混口饭吃吧，别做白日梦了。"也有人嘲笑道："贫贱之人还想登什么大雅之堂，为国君开疆拓土！建功立业你这样的人有资格谈吗？快省省吧！继续抄吧！待会交文书了！"接着便是阵阵哄笑声。

班超听了他们的这些话，正言厉色地说道："你们这些庸碌小人怎能会理解壮士的胸怀与志向啊？！古人有'燕雀安知鸿鹄之志'的豪言壮语，吾辈为何不能高一步立身，胸怀大志，为国贡献自己的力量效忠呢？"

过了一段时间，明帝问班固："你的弟弟现在做什么呢？"班固说："为官府抄写文书，领取薪俸来照顾母亲。"明帝于是任命班超为兰台令史，掌管奏章和文书。凭此从高立身的意识，班超日后投笔从戎，并通过一番努力，终成长为东汉著名的军事家、外交家，有了施展抱负的机会。

永平十六年（73年），班超跟随窦固击退北匈奴后，奉命率吏士三十六人赴西域，巩固了汉在西域的统治。建初三年（78年），他率疏勒、于阗等国兵大败姑墨的侵犯，又上疏请兵，欲平定西域。从章和元年（87年）到和帝永元六年（94年），班超陆续平定莎车、龟兹、姑墨、焉耆等国，西域遂平。班超任西域都护，封定远侯。班超在西域活动长达31年之久，平定内乱，外御强敌，为西域的安全以及丝绸之路的畅通作出了卓越的功绩。

纵观任何领域的古今中外的名人，无一人不是立大志而得以成大业的。

《易经》
64个人生智慧

高一步立身就能够强化自己对社会的责任感，更严格地磨砺自己，充实自己，促使自己为人民的事业、国家的利益去拼搏，踏实工作。

立身不高一步立，如尘里振衣、泥里灌足，如何超达？洪应明以疑问的语气，肯定地说明了为人处世应立大志、立高志，唯有比别人高一步立身，才可以超越眼前事物所带给人的那些局限，否则，就如在尘土飞扬之时晒衣服，在泥泞中洗脚，展开的只能是一团糟的人生。反观历史与现实，常常可以看到，成功者与失败者之差，往往仅是一步之遥、一分之差。高一步立身，高一步的追求，往往就能使一个人成为生活中的强者、竞争中的赢家。

智慧 22
贲卦：树立个人形象，学会包装自我

【原文】
贲：亨。小利有攸往。
象曰：山下有火，贲。君子以明庶政，无敢折狱。

【解析】
贲卦：通达。有所往则有小利。
《象辞》说：上卦为艮为山，下卦为离为火，山下有火，火燎群山，这是贲卦的卦象。君子观此卦象，思及猛火燎山，玉石俱焚，草木皆尽，以此为戒，从而明察各项政事，不敢以威猛断狱。

贲卦象征文饰。亨通顺利，对柔小者有所举动有利。初九修饰其脚趾，弃车徒步而行。六二修饰尊长的美须。九三修饰之后再加以润色，占问长久之事可以获得吉祥。六四修饰得如此素雅，座下的白马又如此纯洁无瑕，前方来者并非贼寇，而是聘求婚配的佳偶。六五修饰自己的家园，虽然只有一束丝帛，持家艰难，但是终将获得吉祥。上九用白色装饰，必无灾祸。

想做成功者，先像成功者

不可否认的是，当今社会越来越重视每个人的外部特征了。而在《贲卦》上却认为"贲于丘园，束帛戋戋"，其中"丘园"虽作家园讲，其深意却是指人们的内心品德。

我们结交的人，应该是品德高尚的君子，而不是那些冠冕堂皇、居心叵测的小人。反过来，《贲卦》同样告诫我们，修饰外表虽然重要，但是注重自己的品德修养才是最重要的。

有些人身上好像具有一块磁石，总是能深深地吸引追随者，激发起人们的狂热情感，驱使着人们按照他们指引的方向行动。这种巨大的感召力总是让人捉摸不透，似乎是天赐之物。其实这就是一种气质，一种成功者的气质。

《易经》
64个人生智慧

2001年5月，耶鲁大学学生选中了希拉里做他们班级的发言人。她激励毕业生们，"要敢于竞争""勇于关心"。大多数学生把她视为行动的楷模。2001届毕业生格兰特·查文说："15年之后，我仍会记得希拉里·克林顿在我毕业典礼上的讲话，而不会记得那些所谓的桂冠诗人之类的角色。"希拉里·克林顿之所以会受到学生们的欢迎，就因为她具有了成功的气质。这种气质像磁石一样深深地吸引着这群追随者。

有人说，希拉里·克林顿毫不逊于她名震四方的丈夫比尔·克林顿。她一上任纽约的参议员，就一改贤妻良母的形象，穿上了富有个性的时装。在参议院，她时而在民主党领袖汤姆·达施勒的麾下奔走，时而去会晤共和党人约翰·沃纳和迈克·德怀恩，游说他们支持她的全国教师招募议案。如果没有那一头动人的金色短发，人们定会淡忘她的性别。

民主党的肯尼迪参议员对希拉里的评价是："她以一个经验丰富、学识渊博的政治领导人的面目出现在参议院，她有自己的观点，工作努力，善于倾听别人的意见，赢得了所有人，包括过道那一边的人（即共和党人）的尊敬。有些人曾等着看她的笑话，可最终他们打消了这个念头。他们喜欢上她了。"

一位参议员的助手说："她总是在含笑点头。看到她的微笑，会使人们觉得，当有人大骂她的丈夫克林顿时，她也会和那人拥抱。"这就是一种成功者的气质，希拉里凭借着这种独特的气质，赢得了所有人的敬佩。

一个人只要具有了成功者的气质，他就已经成功了一半。你不见某些人，无论他的职位如何，不管他站在哪里，他总是能吸引一群人围绕在他的周围，不管他的头衔是什么，总是不由得令人肃然起敬，渴望结交他们。为什么会这样呢？就是因为他们具有了能够鹤立鸡群的特质——成功者的气质。

有些人可能会说："在我获得了所追求的事业成功之后，我就必然有了成功的形象！"但很遗憾，生活中的事并非如此，你必须在取得你所期望的成功之前，塑造你成功的自我形象，培养你良好的气质。

好莱坞最成功的演员肯克莱屋说："明星是被塑造出来的，不是自然天生的。"无论一个什么样的成功者，演员、体育明星、学者、领导，乃至美国总统，他们所具有的成功者气质，无不是靠自己的意愿努力塑造出来的。

据说美国总统竞选，都要请专家为自己精心设计形象，搭配衣着、领带、设计发型、整饰面容，为的是给选民留下精神焕发、可以信赖的强烈印象。

智慧 22

贲卦：树立个人形象，学会包装自我

英国前首相撒切尔夫人为了给人留下值得信任的印象，向形象专家请教，改变原来在英国政坛初露头角时又细又尖、毫不动人的声音，开始以雄浑有力的音色在国会"舌战群儒"，成为有"铁娘子"之称的女首相。

为了让自己也具有成功者的气质，我们不妨听听人际专家的建议：

1. 必须要有强烈的动机，必须对魅力有强烈的渴望。

2. 必须循序渐进，从外表开始着手。虽然说不应以貌取人，但无可否认，外表有时可以左右别人对我们的看法。

3. 学会放松，自由抒发情绪。拥有一颗开放、真诚的心，随时与人作情感的分享与交流，会让生活更有趣，而且让别人更容易接近自己。

4. 多聆听、观察别人。在人多的场合，随时注意别人谈话时的声音与表情。你不妨想象自己是大侦探福尔摩斯在办案，仔细地研究别人的一举一动，可以增加自己对他人情绪敏锐度的掌握。

5. 强迫自己与陌生人交谈。排队买票、问路、到商场购物、候车等，都是不错的时机。

6. 即兴演讲。你可以在家里对着镜子练习，最好把过程录下来，作为改进的参考。人们之所以拒绝在他人面前表达自己，多半是由于害羞及缺乏自信。如果你能随时面对各种话题不假思索地谈话，将是你提升魅力的本钱之一。

7. 尝试角色，体验生活。很多魅力人物都是生活经验丰富的人，生活帮助他们培养出开阔的眼界。以罗斯福总统为例，除了当总统以外，年轻的时候他还曾经当过牛仔、士兵、警察局长、律师、作家、新闻记者。

8. 走向人群，实际投身于各种社交场合。虽然说，你可以借着不同的观摩练习来磨炼技巧，但是，正如欧吉瑞博士强调："唯一能让你成为一流好手的最佳途径，便是直接走进球场，面对着强劲的老手捉对厮杀。"

要舍得在形象上投资

人好不好，先看相貌；商品好不好，先看包装；公司有没有实力，先看门脸。虽然人人都知道应该"透过现象看本质"，但在实际生活中，人们还是会根据表面现象得出第一印象。心理学家研究发现，第一印象 7 秒钟可以保持 7 年，一旦形成，就很难改变，由此可见其重要性。

一个人的仪表是最先被对方的感官感知的，是彼此交往中最引人注意的

《易经》
64个人生智慧

部分。别人要获悉你是怎样一个人，首先注意的就是你的仪表。心理学认为，在公众场合人们总是趋近衣着整洁、仪表大方的人，或衣着略优于自己的人。

罗蒂克·安妮塔是一个浪漫、个性独特的女人。她很漂亮，但在衣着打扮上却很随意。她觉得没有必要为迎合世俗的审美观而浪费自己的时间，直到她因此受到一次挫折后，才改变这种观念。

那时候，安妮塔已经是两个女儿的妈妈，为了养家，她跟丈夫商量，想开一家出售天然化妆品的商店——"美容小店"。

但是，美容店需要4000英镑资金，他们却没有足够的钱。安妮塔决定去向银行贷款。

这天，安妮塔上身穿一件旧T恤衫，下身穿一条洗得发白的牛仔裤，背着小女儿，拉着大女儿，闯进了银行经理的办公室。她绘声绘色地向银行经理介绍自己的创业构想以及"美容小店"的未来远景。银行经理一瞧她的衣着打扮，便估计到了她的经济状况，马上拒绝了她的贷款请求。他担心她将来没有偿付能力。

安妮塔失望而归，向丈夫抱怨那个银行经理的铁石心肠。她说："我带上女儿都没有打动他！"

丈夫比较理智，他说："我们生活在一个现实的世界，必须遵循世俗的游戏规则。银行是一个投资机构，不是救济所，在这里，T恤衫和牛仔裤是没有说服力的。"

于是，他陪安妮塔去时装店购买了西装，还请一位会计师写了一份不同凡响的可行性报告，另附有预估的损益表及一大叠文件附页，连同自家的房产证，都装在一只精美的塑料卷宗夹里。然后，他们衣冠楚楚地又去了那家银行。这回他们没费口舌就得到了贷款。

这件事使安妮塔意识到形象与事业成功的关系，于是特别注意自己的形象与商店的形象。后来，她把"美容小店"开遍了世界各地。

俗话说：人靠衣裳马靠鞍。衣服给人的印象有着不可忽视的作用。不管你是一名伟大的科学家，还是一名普通的打工仔，人们对你的第一印象首先是来自你的仪表，如果你邋邋遢遢随意，即使你是一个大人物，也会使你在人们心目中的印象大打折扣。

通常来说，人们更愿意跟实力比较强的人打交道。这不是"势利"，而

智慧 22
贲卦：树立个人形象，学会包装自我

是现实的需要。个人形象能够比较直观地反映一个人的实力：经济实力与个人素养。所以，不要埋怨别人"只认衣裳不认人"，还是好好在自己的形象上多投资一点，然后自信地站在别人面前吧！

抓住眼球就是胜利，时下流行一个词：注意力经济。在这个信息爆炸的社会，各种新奇的事物层出不穷，牵动着人们的眼球，我们被淹没在信息的洪流中，已经很少有什么东西能引起我们好奇。很多很多的新东西，还来不及引起人们的注意就被淘汰了。

从某种意义上来讲，成功的希望就在于能否跳出信息的洪流，抓住人们的眼球。企业成功靠的是注意力经济，一个人的成功靠的也是引人注意。抓住眼球就是胜利。

人们关注某个人或某件事，是受到来自这个人或这件事的信息刺激。刺激越强，注意力越强，印象越深刻。这就是为什么漂亮女人的"回头率"总是比较高，因为她们给出的刺激比较强烈嘛！

无论你在职场打工还是自己当老板，抓住别人的眼球是你成功的关键。你让尽可能多的人看见你，听见你，感觉到你，并且喜欢你，那么，你离成功就只有一步之遥了。

《易经》
64个人生智慧

智慧 23
剥卦：崇尚中庸，适可而止

【原文】
剥：不利有攸往。
象曰：山附于地，剥。上以厚下，安宅。

【解析】
剥卦：有所往则不利。

《象辞》说：上卦为艮为山，下卦为坤为地，山在地上，风雨剥蚀，这是剥卦的卦象。君子观此卦象，以山石剥落、岩角崩塌为戒，从而厚结民心，使人民安居乐业。

剥卦象征剥落。不宜有所举动。初六剥蚀大床必先损及床腿，床腿受到伤害，占问必有凶险。六二剥蚀大床已经损及床头，床头受到伤害，占问必有凶险。六三虽然处在剥蚀之中，却没有什么灾祸。六四剥蚀大床已经损及床身，势态十分凶险。六五引导后宫妃嫔鱼贯而入承受君主宠幸，无所不利。上九果实硕大却未被摘食，君子摘食将会得到大车运载，小人摘食将会剥落房屋。

凡事，取乎中

《剥卦》上说"不利有攸往"，大致意思是说，人们在做事的时候如果不能做到中庸之道，一味蛮干是不会获得好的结果的。

提倡"中庸之道"似乎有点不合时宜，因为这一思想曾一度被认为是一种处世圆滑、态度暧昧、明哲保身的处世哲学而遭受人们的大加挞伐和批判。其实，从"中庸"思想的本意看，它并不是"奸猾"，置仁义于不顾，为保全自己而明哲保身，而是一种至高无上的德行和智慧。

何谓中庸呢？孔子认为"中庸"即为"中和"。孔子说："中"是有喜怒哀乐之情而未表现出来；"和"是感情表达时合乎节度。"中"，是天下事物的根本；"和"，是天下遵循的通则。如果人们能达到中和的境界，那么，天地间的一切就会各得其所，万物也就顺其自然而生了。

智慧23
剥卦：崇尚中庸，适可而止

凡事，取乎中，是应付时代和任何事情的良方。中是不偏不倚，不左倾也不右斜的。非中则不能正，非正则不能稳，非稳则不能久。人生处世的要点，就在于"执中致和"。传说，远古时期的舜帝就是一个善于遵循"中庸之道"的智者，他不仅善于听取别人的意见，同时又能加以审视，扬其善，隐其恶，取其中，而施行于民，从而使天下化而治之。治理朝政者若能采用"中庸之道"，就可以处于无为而治的自由境地，避免过于专制，过于偏激，过于依恃，表面看似愚拙，内心里却实在是一种智慧，一种明亮。

孔子对"中庸"的评价甚高，他认为这是一种至高无上的德行，几乎没有什么东西能够超过它，若能把握中庸的道理，就达到了至高无上的境界。但是，一般人又很少能做到这一点。这是为什么呢？主要是因为："知者过之，愚者不及也。"这就是说：聪明的人过于聪明，认为它不值得去实行，而愚蠢的人又理解不了。君子和小人在这方面表现就截然不同。君子的所作所为都合乎中庸之道，而小人的所作所为都违反中庸之道。君子所以能合乎中庸之道，是因为君子能时时居于中，不过亦无不及；而小人所以违背中庸之道，是因为小人对什么都太在乎或肆无忌惮，不知也不遵循中庸的道理。孔子深知"中庸之道"不是谁都能明白的，也不是常人所能做到的。只有那些有修养的君子才能够坚守。

在市场经济条件下，价值导向容易使人们急功近利，追求表面的外在的东西。而两极对立的思维方式又容易使人们往往简单地理解矛盾的两个方面。对满足、成功、富贵、权力等，总是期望达到顶峰，人人在我脚下才好，而对空虚、失败、贫穷、低下等，则唯恐降临到自己身上。这样，他们处高位不觉得满足，处低位却一蹶不振。这两个极端都不会使人安宁和快乐，并且，对位高者而言，他们难以守成，很快会转入低下；而对位低者而言，他们欲速不达。结果是成功也好失败也罢，一切都处在不安与失意之中。他们所缺乏的正是先哲提出的并加以践行的"中庸"智慧。

大道归一

在所有的文字当中，汉字"一"是构造最简单、书写最易的一个。可以说是无人不知、无人不识、无人不会写。但是简易之中蕴含着复杂，朴素之中体现着深刻。

"一"是浑然的整体，是绝对无差别的统一；"一"是起始、原初；"一"

《易经》
64个人生智慧

是万物的根本，是事物的核心。这个"一"在老子和庄子那里被称为"道"，他们认为自然万物都是在这个"道"下生化的产物。

老子说："道生一，一生二，二生三，三生万物。""天得一以清，地得一以宁，神得一以灵，谷得一以盈，万物得一以生，侯王得一以为天下正。"这就是说一是道，是根本，分化形成万物，失去了这个一，也就背离了道，如果是这样的话，天将不能保持清明，地将不能保持宁静，神不能保持灵验，五谷不能保持丰登，万物不能保持生长，王权不能保持长久。老子与庄子就是从自然万物中体验"道"的。

孔子也是十分看重"一"，认为一个人若想贵为王者，君临天下，必须一以贯三，即天时、地利、人和同时具备。因此，他认为为人之道，贵在如"一"：心一则明，性一则洁，神一则灵，情一则真，言一则诚，德一则贞，气一则雄……大道归一，这就是"守一所以用万"。

道的分化形成万物，万物与道内在一致。所以佛家认为不必在我之外去悟道，悟道即在脚下，我自己便是路。若能悟一法，便能明了一切法。

道家、儒家、佛家，都是与哲学相通的。有位哲学家说：一滴水珠映现世界的光彩。还有位哲学家曾这样说：辩证法就在最平常最普通中。譬如，张三是人，树叶是绿的，这是人人都会说的，然而正是在这样最简单的话语中，包含了辩证法的全部要素。在张三是人这一表述中，张三是个别，人是一般，张三是人，它的法则即个别是一般。它告诉我们个别包含着一般，任何个别都是一般的，这也就是"一是多，多是一"。

任何个别经过千万次转化，与别的任何个别相联系相转化。任何纷繁复杂的社会现象和自然现象，都有其最关键、最核心的地方，这叫"统之有宗，会之有元"。复杂的事物是"多"，其关键的本质是"一"，掌握了事物的本质或关键，也就掌握了整个事物，这就是"执一御众"。

人们常说以寡制众，执简御繁，以一应万，"一"或"寡"或"简"就是道，"众"或"繁"或"多"就是具体多样的事物，只有得道者才能执一御众。善于处理事务的人，不局限于事物的细枝末节，总是迅速地把握事物的关键、根本。只有这样，才能"纲举目张"，才是"立乎其大，小者不与夺也"。得道的人，总是胸有成竹、举重若轻、善于应对、从容自如。所以，道家常讲"守一""执一"或"抱一"，儒家常讲"守一所以用万"。

智慧 24
复卦：善于总结，善于反省

> **【原文】**
> 复：亨。出入无疾，朋来无咎。反复其道，七日来复。利有攸往。
> 象曰：雷在地中，复。先王以至日闭关，商旅不行，后不省方。
>
> **【解析】**
> 复卦：通泰。出门、居处均无疾病。有朋友来而可以无灾祸。往返途中，七日可归。有所往则有所利。
>
> 《象辞》说：内卦为震为雷，外卦为坤为地，天寒地冻，雷返归地中，往而有复，依时回归，这是复卦的卦象。先王观此卦象，取法于雷，在冬至之日关闭城门，不接纳商旅，君王也不巡视邦国。
>
> 复卦象征复归。亨通顺利，或出或入都无疾病，友朋前来也无灾祸，沿着一定的规律返转复归，只须七日就是一个来回，利于有所举动。初九行而不远就适时复返，没有大的悔恨，大吉大利。六二高高兴兴地复返，必获吉祥。六三频繁地复返，必有危险，但还不至于有什么灾祸。六四居中行正，独自复返。六五敦厚诚信地复返，不会遭遇困厄。上六误入歧途又不知复返，必遭凶险，将有灾祸；兴兵征战，最终将会大败，并危及君王，前景非常凶险；以至于十年之久不能兴兵征战。

认识错误是拯救自己的第一步

《复卦》的卦辞上说"出入无疾，朋来无咎；反复其道，七日来复"——反复也不是没有方向胡乱的反复，一定要按照一定的规律反复才能获得理想的效果；上六上也说"迷复，凶，有灾眚。用行师，终有大败"——误入歧途不知悔改，必定会有凶险。

脸要经常洗，才能保持干净；地要经常扫，才不会布满灰尘。

有一个古老的故事：从前有一个人，每天要接见很多宾客，或者要出去办很多事情。晚上，他总是吹灭灯火，一个人独自坐在书房反省自己：

《易经》
64个人生智慧

今天使我敦品励行的人是谁？
今天使我增加智慧的人是谁？
今天使我浪费光阴的人是谁？
今天使我贪图享受的人是谁？
今天替我闯祸惹麻烦的人是谁？

反省可以改变一个人的命运和机缘。它在任何人身上，都会产生大效用。因为反省带来的不只是智慧，更是夜以继日的奋进态度和前所未有的干劲。

做人，与其低着头埋怨错误，不如昂起头纠正错误；与其在反省中颓丧，不如在反省中奋起。反省之后，心灵得到净化，人性得以真正流露，这时无论你做什么，都会有前所未有的热情。

比如，找一个能使你心胸开阔、心平气和的地方，像海滨、幽谷、郊外，用一整天的时间，在那儿徜徉休憩，不要读书，不要交谈，不要上网，不要听广播。等大自然把你的积郁洗净，把你的烦恼带走，便可以做省悟的功夫。

C先生是纽约市的一个年轻律师，前不久，在联邦最高法院审理一宗涉及巨款和违法的重大案件时，他出庭辩护。该律师发言时一名法官对他讲："根据军舰制造厂限制条款，您的当事人应判六年刑，难道量刑不当吗？"C先生停下来，看了法官一眼，尔后开门见山地说："尊敬的法官，这种条款是不存在的。"

事后C先生说："法庭鸦雀无声，室内温度好似突然降到了零下。我是对的，法官是错误的。于是我就向法官直言陈述了自己的观点。可您想他能同意我的观点吗？不会的。但我仍然相信自己的观点是符合法律规定的。我觉得这次辩护发言比以往任何一次都成功，但就是没有说服法官。当我向这位著名学者指出其不对时，我已经是在犯一个大错。"

"认识错误是拯救自己的第一步。"伊壁鸠鲁的这句话说得非常正确。因为一个人要是尚未认识到自己做错事，他是不会有改正错误的意愿的。

一个人如果失去反省的能力，他就看不见自己的问题，更不能自救。能常常反省，并有不责怪别人、而是承认自己错误的认识才好。

及时调整自己

只有善于在人生的各个阶段不断调整自己，才能使自己适应不断出现的

智慧 24
复卦：善于总结，善于反省

新情况，才能长久保持旺盛的战斗力。

每个人在追求成功的道路上总会碰到许多走不通的路，在这时候，你应当换个角度考虑问题，重新操作。成大事者的习惯是：如果这条路不适合自己，就立即改换方式，重新选择另外一条路。

我们形容顽固不化的人常说他是"一条路上跑到底，不撞南墙不回头"。这些人有可能一开始方向就是错误的，他们注定不会成大事。南辕北辙、背道而驰固然不行，方向稍有偏差，就会"差之毫厘，谬之千里"。还有一种可能是当初他们的方向是正确的，但后来环境发生了变化，他们不适时调整方向，结果只能失败。

我所熟悉的一位朋友，是一名作家，他对我说在某一段时期里，他会感到有着非常强烈的创作欲望，不断地写出脍炙人口的作品来。在写作时，他会觉得思路顺畅，文字像是从脑海里蹦出来一样。这时候他写的东西就会优美感人，人物形象栩栩如生，使人读起来爱不释手。可是，突然有一天，在他付出艰辛的努力终于写完一个长篇以后，他感到浑身轻松，然后预备写下一篇长篇小说。但他突然发现自己怎么也写不出东西来，尽管挖空心思，却收效不大，写出来的作品连自己也看不过去。这种情况同我们开始所述一样，作家忽然找不到感觉了，但却不明白这是什么原因。实际上，这是他的状态出现了问题。当然，这同受外界的诱惑而导致的松懈完全不同，而这种状况又往往令人不明不白，难以找到具体的原因。

但这并非绝对不可扭转的，关键是不论在何种状况下，我们都应对自己的环境、心态、工作性质及周围的人等因素有个明确的了解，适当调整自己的情绪，改变一成不变的工作方法。这样，才可能扭转颓势，使自己重新找到良好的状态，保持不断进取的势头。

这位朋友是因为太投入紧张的工作和后来突然松懈形成的反差，形成心理上的疲软和过度紧张。这时候，他只要走出家门，放松自己，去大自然走一走，在一段时间中完全不想写作上的事。再次提笔时，他会发现自己的灵感恢复如初，写作起来也异常顺利。

这是调整状态的一种方法，即转移注意力。我们在连续工作和过度紧张的情况下，就容易造成工作效率及心理情绪的低下，因此有必要转移注意力，让自己的身体和心灵都得到休息、恢复。

《易经》
64个人生智慧

　　而对于另一种人来说，情况则完全相反。这种人是在取得一定的成功后，变得自大、骄傲、自以为是，从而自然放松了进取的主动性和积极性。

　　他们满足于已经取得的成绩，认为自己用不着再像从前那样艰苦努力和辛勤劳作。因此他们开始讲究享受，个性也变得狂傲不羁，颐指气使，高高在上。但是这种日子不会持续太久，到他突然发现自己坐吃山空，需要重新创业时，他会惊慌失措，迫不及待地重操旧业。

　　显然，这时候他们已找不到当初那种劲头十足、游刃有余的感觉，做什么事都会磕磕绊绊，极不顺利。这当然是由于身心的懈怠所致。

　　善于调整自己的人不会允许自己出现这种松懈。不管取得了什么样的成就，都要正确面对，心神宁静。不要为任何的成功而骄傲自满，忘记了追求成功的艰辛和困苦，也不要为一时的挫折垂头丧气，失去了重新战斗的勇气。只有这样，才不会被历史的洪流所埋没、冲走。

智慧 25
无妄卦：不固执，多求证

【原文】

无妄：元，亨，利，贞。其匪正有眚，不利有攸往。

象曰：天下雷行，物与无妄。先王以茂对时，育万物。

【解析】

无妄卦：嘉美通泰，卜问得吉兆。行为不正当，则有灾殃，有所往则不利。

《象辞》说：上卦为乾为天，下卦为震为雷，天宇之下，春雷滚动，万物萌发，滋生繁衍，这是无妄的卦象。先王观此卦象，从而奋勉努力，顺应时令，保育万物。

无妄卦象征不妄为。大吉大利，有利于占问。不持守正道则有灾异，不宜有所举动。初九不妄为，有所作为必获吉祥。六二不耕耘而想收获，不垦荒而想有良田耕种，有利于有所举动。六三遭遇到意想不到的灾祸：有人在这里拴了一头耕牛，路人把它顺手牵走据为己有，邑中人家将遭受缉捕之祸。九四可以占问，没有灾祸。九五患了意想不到的疾病，无须用药治疗就自会痊愈。上九不妄为，行事却有灾祸，没有什么好处。

太过固执，永远找不到出路

《无妄卦》所说的"无妄"指的是没有虚妄，要求我们在行为上不轻举妄动，在语言上以低姿态示人说话，否则必遭"无妄之灾"。

当你与对方的意见不一致时，你的第一反应往往是对方错了，这也就是你的固执造成了你的偏见。

你是不是一味坚持走直路，宁可硬碰硬也不肯跨上通往目的地的那座桥？

在日常生活中，你是不是一字不漏地遵从专家的指令盲目地生活？

其实，如果一切都不是你自动自发的，一旦专家忘了发号施令，那么，你的人生也将到此结束！

有一天，东郭先生派了三个弟子到襄阳去。

《易经》
64个人生智慧

当东郭先生送他们到路口时，说道："从这儿往南走，全是畅通的大道，你们沿着这条道路走就对了，别走岔路啊！"

这三个弟子分别是左野、焦苕和南宫无忌，他们三个人向南走了五十多里时，却遇上了一条大河流，横在老师指示的正前方。他们左右观察了一下，发现沿河走半里左右，便有一座桥可行。

这时，南宫无忌说："那儿有座桥，我们从那儿过河吧！"

但是，左野这时却皱着眉头说："这怎么行？老师要我们一直往南走啊！我们怎么能走弯路呢？这不过是个水流罢了，没什么可怕的。"

说完之后，三个人互相扶持，一起涉河而过，由于水流相当湍急，好几次他们都险些葬身河底。

虽然全身都湿透了，但也总算安全地过河了，他们继续赶路，又往南走了一百多里时，再次遇上了阻碍。

这回，他们遇到一堵墙，挡住了前进的道路。

这次，南宫无忌不再听其他两个人的意见了，他坚持地说："我们还是绕道走吧！"

但是，左野和焦苕却固执地说："不行，我们要遵循老师的教导，绝不违背，因为我们一定能无往不利。"

于是，焦苕和左野朝着墙面撞去，只听见砰的一声，两个人猛烈地弹倒在地上。

南宫无忌恼怒地说："才多走半里路而已，你们干吗不考虑呢？"

东野说："不，我就算死在这里也不后悔，与其违背师命而苟且偷生，不如因为遵从师命而死！"

焦苕也附和地说："我也是，如果违背老师的话，就是背叛者。"

两个人话一说完，便相互搀扶，奋力地往墙面撞了上去，南宫无忌想挡也挡不住，于是他们两个人就这么撞死在墙下了。

在人际交往的过程中，思维不能变通与转弯的人，只会陷在死胡同中，永远找不到自己的出路。

不知变通的人，不仅无法宽容别人，更糟糕的是还会害人又害己。现实生活中的应对进退之道也是如此，若不想让故事中的蠢事发生，那么面对难缠的人的时候就多绕几个圈，别老是钻牛角尖。

智慧 25
无妄卦：不固执，多求证

别把自己的脑子加上了大锁，多以开放的心来接纳外界的信息，才能彼此互动，激荡出创意的火花。

走自己的路也要听听别人怎么说

很多人，尤其是年轻人，比较欣赏这句豪言壮语：走自己的路，由别人去说吧。

有这种想法的人，往往社会阅历还不够丰富，摔的跤还太少，伤得还不够重。一旦栽了几个大跟头，就会发现，多听听别人的意见，是避免受伤的最好办法。

在复杂多变的世界面前，我们都是那个寓言故事中的瞎子，摸一头大象——摸到一条大腿，便以为是一根柱子，摸到一只耳朵，便以为是一把蒲扇。

然则，假如有谁知道"大象"是一根"柱子"或一把"蒲扇"，已经算得上一个高山仰止的大天才，通常我们只是用指尖接触到一点，然后凭想象解释真相，难免错谬百出。正如一位哲人所说："我们不是看到事实，而是对我们看到的东西进行解释并称之为事实。"

也就是说，我们根本无法正确认识世界，无法正确认识我们周围的任何人和任何事。一方面，我们无法随时接触到事实的真相——不是每一个瞎子都有机会去摸一头大象；另一方面，我们的智力非常有限，根本无法认清真相。

还有一个更重要的方面：我们的情绪会影响我们对真相的认识。面对同一件事情，心情不同，我们的看法便截然不同。做错了事情，挨父母的批评，没有问题，因为我们爱父母；挨老师的批评，问题不大，因为我们尊重老师；若是一个陌生人对我们说三道四，那就有问题了，非得争个方圆长短不可，打上一架也无所谓。

同样是做错事情，同样是挨批评，为什么我们的反应大不一样呢？无非是心情不同罢了！

所以，我们不得不承认：我们对事物的所有认识都有偏见，我们的所言所行都离正确相去甚远。所以，当我们发现别人的意见跟自己不一样时，我们不要急于下结论：我是对的，错的是别人。要时刻牢记，我们自己也可能犯错。这样，我们就不会一门心思考虑如何说服对方，就会认真倾听对方的见解，并随时准备被对方说服。

《易经》
64个人生智慧

　　一意孤行有害无利——感情用事不会有好结果。有些人能在任何事情上都挑起事端，干什么事都想证明自己和征服别人。一旦有人向他们的所谓"正确意见"发出挑战，他们便恼羞成怒。他们因此一无所获。他们无法消化所有的烦恼，别人却因他们的腹痛而感到快乐。他们的判断力，甚至有时包括他们的心灵，都受到了损害。

　　一个人，如果戴着有色的眼镜看世界，他以为世界就是什么颜色，即使你告诉他真相，他也不会认同，因为他绝不肯承认自己的亲眼所见居然是一个错误；一个人，如果坐井观天，他觉得天很小，如果别人告诉他天空很大，是你所见太小了，他也不肯相信，因为他固执己见，所以不能见到井口外面的天空。

　　有个瞎子，经过一条干涸了的小溪时，不慎失足掉落桥下，所幸他两手及时抓着桥旁的横木，大喊"救命"。路人告诉他不要怕，尽管放手，底下便是地面。瞎子不信，抓着横木，仍然大哭大喊，直到力气用尽，失手掉在地面，这时他才相信明眼人说的话，桥下的确没有水，可是自己却无端受了多少的惊吓和辛苦。固执己见、执着陋习的人，常常就像过河的瞎子，总要吃一些亏，才能学一些乖，却不肯在别人的意见中获得认知，这又何苦呢！

智慧 26
大畜卦：敢于选择，敢于放弃

【原文】

大畜：利贞，不家食，吉。利涉大川。

象曰：天在山中，大畜。君子以多识前言往行，以畜其德。

【解析】

大畜卦：吉利的征兆。不食于家，食于朝廷，吉利。筮遇此卦，有利于涉水渡河。

《象辞》说：内卦为乾为天，外卦为艮为山，太阳照耀于山中，万物摄取阳光雨露，各遂其生，这是大畜的卦象。君子观此卦象，从而广泛地了解古人的嘉言善行，来培养自己的德行。

大畜卦象征大有积蓄。有利于占问。不求食于家，而食禄于朝，必获吉祥。宜于涉越大川巨流。初九有危险，宜于暂时停止前行。九二车身与车轴分离。九三骏马奔驰，利于占问艰难之事，终日练习车马防卫技能，宜于有所举动。六四在无角小牛头上拴一根横木，至为吉祥。六五把小猪拴在木桩上以防止它跑掉，可获吉祥。上九何其畅通的通天大道！亨通顺利。

放弃并不代表丢人

《大畜卦》中"大畜"除了有积蓄、畜养之意外，还有一种放弃、停止的意思。

莉莎和男朋友分手了，处在情绪低落中，从他告诉她应该停止见面的那一刻起，莉莎就觉得自己整个被毁了。她吃不下睡不着，工作时注意力集中不起来。人一下消瘦了许多，有些人甚至认不出莉莎来。一个月过后，莉莎还是不能接受和男朋友的关系已经结束这一事实。

一天，她坐在教堂前院子的椅子上，漫无边际地胡思乱想着。不知什么时候，身边来了一位先生。他从衣袋里拿出一个小纸口袋开始喂鸽子。成群的鸽子围着他，啄食着他撒出来的面包屑，很快飞来了上百只鸽子。他转身

《易经》
64个人生智慧

向莉莎打招呼,并问她喜不喜欢鸽子。莉莎耸耸肩说:"不是特别喜欢。"他微笑着告诉莉莎:"当我是个小男孩的时候,我们村里有一个饲养鸽子的男人,那个男人为自己拥有鸽子感到骄傲。但我实在不懂,如果他真爱鸽子,为什么把它们关进笼子,使它们不能展翅飞翔,所以我问了他。他说:'如果不把鸽子关进笼子,它们可能会飞走,离开我。'但是我还是想不通,你怎么可能一边爱鸽子,一边却把它们关在笼子里,阻止它们要飞的愿望呢?"

莉莎有一种强烈的感觉,老先生在试图通过讲故事,给她讲一个道理。虽然他并不知道莉莎当时的状态,但他讲的故事和莉莎的情况太接近了。莉莎曾经强迫男朋友回到自己身边。她总认为只要他回到自己身边,就一切都会好起来的。但那也许不是爱,只是害怕寂寞罢了。

老先生转过身去继续喂鸽子。莉莎默默地想了一会儿,然后伤心地对他说:"有时候要放弃自己心爱的人是很难的。"他点了点头,但是他说:"如果你不能给你所爱的人自由,你并不是真正地爱他。"

这是一个发人深省的道理——爱是不能勉强的。我们应该给予自己所爱的人自由,不然我们并不比那个饲养鸽子的人好多少。如果我们爱什么人,应该给他自由。让他们自由地决定任何事情,自由自在地按照他们自己的意愿去生活,而不要把自己的愿望强加给他们。放走自己所爱的人通常不那么容易,但实际上你也没有其他路好走。即便你一时勉强地把他留下,最终自食恶果的还会是你。你将得到更深的痛苦,更多的悲伤。

人类天性需要一个空间。在坏情绪中人们也需要自由,不然很快他们会感到被禁锢起来了。当我们纠缠自己的内心时,我们会使自己感到难以呼吸。通常我们这样做是出于想不开,缺乏自信或是害怕孤单,而不是解放自己。如果你爱自己,应该给自己以自由。

一个灵魂对老天爷说:"您派给我一个最好的形象,我将永远崇拜您。"

老天爷仁慈地回答:"好,你准备做人吧,这是世界上最好的形象。"

灵魂问:"做人有风险吗?"

"有,勾心斗角、残杀、诽谤、夭折、瘟疫……"

"另换一个吧!"

"那就做马吧。"

"做马有风险吗?"

智慧 26
大畜卦：敢于选择，敢于放弃

"有，受鞭笞，被宰杀……"

"唉，请再换一个吧。"

"老虎。"

"老虎！"灵魂乐了，"老虎是兽中之王，它一定没风险。"

"不，老虎也有风险，有时被猎人杀，有一种小兽也是它的克星。"

"啊，老天爷，我不想当动物了，植物总可以吧。"

"植物也有风险，树要遭砍伐，有毒的草被制成药物，无毒的草人兽食之。"

"啊，恕我斗胆，看来只有您老天爷没有风险了，我留下，在您身边吧。"

老天爷哼了一声："我也有风险，人世间难免有冤枉事情，我也难免被人责问，时时不安。"说着，老天爷顺手扯过一张鼠皮，包裹了这个灵魂，推下界来，"去吧，你做它正合适。"

生活中应该学会满足，若不知足有时就连起码的东西都得不到。

人往往是很贪婪的，这也想要，那也想要，舍不得放弃任何东西，这也是视角狭隘的表现。在通往成功的道路上，我们必须懂得有所选择，有所舍弃。

做人更是如此。什么都想要，却又不能什么都要，这样活着岂不很累？不如干脆放弃一些东西，你会得到更多。

今天的放弃是为了明天的得到

据说，东南亚一带有一种捕捉猴子的方法非常有趣。当地人将一些美味的水果放在箱子里面，再在箱子上开一个小洞，大小刚好让猴子的手伸进去。猴子经不住箱子中水果的诱惑，抓住水果，手就抽不出来，除非它把手中的水果丢下。但大多数猴子恰恰不愿丢掉到手的东西，以致当猎人来到的时候，不需费什么气力，就可以很轻易地捉住它们。

其实，人又能比猴子高明多少呢？现实生活中许多人无法抗拒诸如金钱、权力、地位的诱惑，沉迷其中而不能自拔。

诱惑是个美丽的陷阱，落入其中者必将害人害己，无法自救；诱惑又是一枚糖衣炮弹，无分辨能力者必定被击中；诱惑还是一种致命的病毒，会侵蚀每一个缺乏免疫力的大脑。

经不住金钱诱惑者，信奉金钱至上，金钱万能，说什么"金钱主宰一切"，

《易经》
64个人生智慧

"除了天堂的门，金子可以叩开任何门"等等。他们视金钱为上帝，不择手段去得到它。他们一边用损坏良心的办法挣钱，一边又用损害健康的方法花钱。钱越多的人，内心的恐惧越深重，他们怕偷、怕抢、怕被绑票。他们时时小心，处处提防，惶惶不可终日，寝食难安。恐惧的压力造成心理严重失衡，哪里有快乐可言？其实，钱财乃身外之物，生不带来死不带走，应该取之有道，用之有度。金钱也并非万能，健康、友谊、爱情、青春等都无法用金钱购买。金钱是一个很好的奴隶，但却是一个很坏的主人，我们应该做金钱的主人，而不应该沦为它的奴隶。

落入权势诱惑之陷阱者，终日处心积虑，热衷于争权斗势，一朝不慎就会成为权力倾轧的牺牲品，永生不得翻身。结党营私，各树党羽，明争暗斗，机关算尽，到头来，算来算去算自己。过于沉迷权势的人，为了保住自己的"乌纱帽"，处处阿谀奉承，事事言听计从，失去了做人的尊严，更不用说有什么做人的快乐了！

经不住美色诱惑者，流连忘返于脂粉堆中，醉生梦死于石榴裙下。古往今来，不知有多少王侯将相的前程断送在声色之中。君不见，李隆基因了一个杨玉环，终日不理朝政，最终导致权奸作乱，好端端一个开元盛世顷刻间土崩瓦解。吴三桂为了一个陈圆圆，冲冠一怒为红颜，引清兵入关，留下千古罪名。

你不可能什么都得到，所以你应该学会放弃。生活有时会逼迫你，不得不交出权力，不得不放走机遇，甚至不得不抛下爱情。放弃，并不意味着失去，因为只有放弃才会有另一种获得。

要想采一束清新的山花，就得放弃城市的舒适；要想做一名登山健儿，就得放弃娇嫩白净的肤色；要想穿越沙漠，就得放弃咖啡和可乐；要想有永远的掌声，就得放弃眼前的虚荣。梅、菊放弃安逸和舒适，才能得到笑傲霜雪的艳丽；大地放弃绚丽斑斓的黄昏，才会迎来旭日东升的曙光；春天放弃芳香四溢的花朵，才能走进累累硕果的金秋；船舶放弃安全的港湾，才能在深海中收获满船鱼虾。

放弃是一种智慧，放弃是一种豪气，放弃是真正意义的潇洒，放弃是更深层面的进取！

你之所以举步维艰，是你背负太重；你之所以背负太重，是你不懂放弃。

智慧 26
大畜卦：敢于选择，敢于放弃

功名利禄常常微笑着置人于死地。你放弃了烦恼，你便与快乐结缘；你放弃了利益，你便步入超然的境地；如果你能连放弃都放弃了，那你便更伟大了，你已与圣人无异。

今天的放弃，是为了明天的得到。干大事业者不会计较一时的得失，他们都知道放弃，如何放弃，放弃些什么。

学会放弃吧，放弃失恋带来的痛楚，放弃屈辱留下的仇恨，放弃心中所有难言的负荷，放弃浪费精力的争吵，放弃没完没了的解释，放弃对权力的角逐，放弃对金钱的贪欲，放弃对虚名的争夺……凡是次要的、枝节的、多余的该放弃的都应放弃。

放弃，是一种境界，是自然界发展的一种必由之路。

同样道理，漫漫人生路，只有学会放弃，才能轻装前进，才能不断有所收获。一个人倘若将一生的所得都背负在身，那么纵使他有一副钢筋铁骨，也会被压倒在地。

昨天的辉煌不能代表今天，更不能代表明天，过去的成就只能让它过去，只能毫不痛惜地放弃。

什么时候学会放弃，什么时候便学会了成熟。

《易经》
64个人生智慧

智慧27
颐卦：节俭是幸福的开始，节欲是快乐的源头

【原文】

颐：贞吉。观颐，自求口实。

象曰：山下有雷，颐。君子以慎言语，节饮食。

【解析】

颐卦：占卜得吉兆。研究颐养之道，在于自食其力。

《象辞》说：上卦为艮为山，下卦为震为雷，雷出山中，万物萌发，这是颐卦的卦象。君子观此卦象，思生养之不易，从而谨慎言语，避免灾祸。节制饮食，修身养性。

颐卦象征颐养。占问则必获吉祥。观察事物的颐养现象，应当明白颐养之道是自谋口中食物。初九舍弃你卜得的龟兆，而观看我隆起的两腮，必有凶险。六二两腮不停地颠动，违逆事理；向高处寻求颐养，兴兵征战必有凶险。六三违逆颐养之道，占问则有凶险，十年之内不可施展才能，否则将没有什么好处。六四两腮不停地颠动，可获吉祥。像猛虎那样双目圆睁眈视一切，急欲不断地得到食物，必无灾祸。六五虽然违逆事理，但占问安居之事，可获吉祥。不可涉越大川巨流。上九从两腮看虽有危险，但仍会获得吉祥，利于涉越大川巨流。

君子以慎言语，节饮食

《颐卦》的卦象上说"君子以慎言语，节饮食"，这里的"节饮食"同样也是提倡慎奢节欲。

一个男人在20世纪70年代早期，在一家电脑公司得到一份工作。由于他施行了储存足够的积蓄策略，所以可以毫无所惧地接受这份工作，包括相当少的基本薪水和一大堆公司股票，以及自由买卖指定股票的权力。他没有任何顾虑。如果这项冒险成功了，那就太棒了。如果没成功，至少也是一个宝贵的经验。不过，这个人并非这项工作的第一人选。别人才是第一人选。

智慧 27
颐卦：节俭是幸福的开始，节欲是快乐的源头

可是那个人没有任何积蓄。他极度聪明又有才气，还有一份高薪。可是，就像大多数人，他的生活完全仰赖薪水支票。他有一大笔房屋贷款，他和他的妻子都开豪华的车子，他们喜欢精致的餐厅，四个小孩都上私立学校。他们花掉了大部分的收入。虽然这份工作机会听起来好像是他这一生中最好的机会，他还是决定婉拒——太冒险了！他太担心了。事后回想起来，他说："如果我早年有足够存钱的话，我就没有后顾之忧。我肯定会接受那份工作。"

接受这份风险的那个人在十年内累积了巨大财富。他冒险的心理能力把他变成了千万富翁。另一个人，那个也想要这份工作可是太担心的仁兄，至今六十好几了只好靠着退休金过日子。他的机会因忧虑而大大受限。

这个故事的教训显而易见。除非你极端幸运，想要创造财富通常需要冒一些风险。不过，如果你绝对、彻底依赖一份安全、固定的薪水过日子，如果你少了一个月的薪水就会恐慌，你必然错过许多大好机会。

试着节省生活费用，从表面上看来，建议你节省一年或几年生活费，似乎跟这本书的信息——不要忧虑——恰好相反。毕竟，节省是为了预防万一，岂不也是建筑在忧虑和恐惧上吗？这全看你怎么想。

有一位超级成功的财经专家解释，他曾经在致富前为自己做过的最重要一件事，就是存下两年的生活费。虽然，这需要极大的牺牲、纪律、辛勤工作和耐心——他足足花了五年才存下这么多钱——却回收到莫大的红利，尤其是在心理方面。基本上，这么做给了他极大的安心，如果没有这项财经保障，他很难得到他所需要的冒险自由。道理很简单，攒下几年生活费，让他免去了忧虑，可以追求梦想和有趣的机会。

现在就开始节俭吧：减少假期；开一辆比较便宜的车、住比较便宜的房子、节省衣物开销；少进城去玩几个晚上；还有许多奢侈品，甚至必需品——就可以换来银行中的两年生活费积蓄。惊人的是，当你的生计无须仰赖日复一日的努力时，你会更有创造力——适当的进取心，以及实验新的或不寻常机会的意愿。所以，从今天开始，储蓄未雨绸缪的生活基金。几年后你就可以花用它——或者送掉它。事实上，你大概可以随心所欲，做你想做的任何事。

知足者常乐

做人要知足，要懂得在恰当之时功成身退。过分自满，不如适可而止；

《易经》
64个人生智慧

锋芒太露，势难保长久；金玉满堂，往往无法永远拥有；富贵而骄奢，必定自取灭亡。而功成名就，急流勇退，将一切名利都抛开，这样才合乎自然法则。因为无论名或利，在达到顶峰之后，都会走向其反面。

所以不妨放弃虚名，在欲望面前采取退让与放弃的态度，这才是一个智者的行为。

东晋的陶渊明是在几次起落之后才决定做隐士的。他出身于豪门士族，走着与此种家庭出身的人大体相同的读书、入仕做官的道路。他年轻时即胸怀大志，希望有朝一日能施展才华，大济苍生，建立丰功伟业。但此时陶家日趋衰落，陶渊明无依无靠，迟迟得不到入仕机会，直到29岁才出任江州祭酒。尽管这个职位对初入仕者来说已不算太低，但陶渊明天生刚直耿介，向往无拘无束的田园生活，对官场上的种种禁忌规矩难以忍受；同僚们尔虞我诈、谄上欺下的种种丑态又让他从心眼里感到厌恶。他觉得置身这样的泥潭中不仅抱负无从施展，连洁身自好都很难做到。与其在是非之地周旋，不如回家躬耕田园。没多久，陶渊明便辞官回家了。

过了几年，桓玄反对专擅朝政的司马道子，士人纷纷归附，陶渊明也投其帐下当了幕僚，希望能干一番事业。可桓玄是个野心家，以讨逆为名招兵买马，为篡夺帝位做准备，这使陶渊明深感失望。第二年，正逢母亲去世，陶渊明便趁机辞职回乡了。陶渊明虽然归耕田园，但内心深处仍涌动着儒家济世救民的思想，渴望功成名就，再找机会一试身手。

不久，东晋局势再度变化，刘裕讨伐桓玄，恢复晋室，陶渊明以为晋室由此可获中兴，便第三次出仕，做了刘裕的参军。但他很快发现刘裕与桓玄不过是一丘之貉，便又离开刘裕，到江州刺史刘敬宣手下做参军。

不久，陶渊明当了彭泽县令。当年冬天，州里派人来彭泽巡查政务，陶渊明身为县令，当亲自迎接。他本来讨厌这些殃民之徒，便穿便服去应酬，一个老于世故的县吏深知官场规矩，赶忙提醒他"当束带见之"。陶渊明实在不愿屈就逢迎，便说道："我岂能为五斗米折腰事乡里小儿！"随即挂冠而去。直到这时，他才对官场认识清楚，对仕途和抱负也看淡了，绝望了。

陶渊明是很聪明的，但又有些书生气，所以总想入仕有所作为，只是在屡次碰壁之后才认清了官场的本质，抱定了不合作的超然态度，发出了"误入尘网中，一去三十年"的感叹。"晤以往之不谏，知来者之可追"，对以

智慧 27
颐卦：节俭是幸福的开始，节欲是快乐的源头

后怎么做总算明白了，从此过起"采菊东篱下，悠然见南山"的大自然中的神仙生活。这也是人生一大快事吧。

我们并不主张那种消极避世、无所为的人生态度，但当欲求之途已无路可进，抱负已无从施展之际，恰到好处地退隐确确实实是一种明智之举。

《易经》
64个人生智慧

智慧 28
大过卦：盲目导致灾祸，冒进陷入泥潭

【原文】

大过：栋桡。利有攸往，亨。

象曰：泽灭木，大过。君子以独立不惧，遁世无闷。

【解析】

大过卦：屋梁压得弯曲了。有所往则有利，通泰。

《象辞》说：上卦为兑为泽，下卦为巽为木，上兑下巽，泽水淹没木舟，这是大过的卦象。君子观此卦象，以舟重则覆为戒，领悟到遭逢祸变，应守节不屈，稳居不仕，清静淡泊。

大过卦象征大有过越。大梁弯曲，利于有所举动，亨通顺利。初六用洁白的茅草铺地以陈放祭品，没有什么灾祸。九二枯槁的杨树发出新枝嫩芽，年迈的老汉娶了个年轻的娇妻，无所不利。九三大梁弯曲，必有凶险。九四大梁隆起，可获吉祥。但是如果发生意外情况，则行事必定艰难。九五枯槁的杨树开出新花，年迈的老太婆嫁了个年轻的美丈夫，虽然没有什么灾祸，但是也得不到称誉。上六盲目涉水过河，大水淹没了头顶，将有凶险，但最后会遇救而没有什么灾祸。

做事切不可急于求成

《大过卦》中对于"过"有看法，这一卦说，过分的刚强而毫无借重，强调的是过于自负将得不到辅佐，往往会招致危险，也就是我们所说的盲目致祸。而要避免这样的"过"，就要以柔来辅，以刚用柔。

做事切不可幻想立竿见影、马到成功。有时必须学会等待。当然，这等待不是消极无为、听天由命，而是积极准备，蓄势待发，放开长线钓大鱼。

唐代武则天时，湖州别驾苏无名以善于侦破疑难案件而闻名朝野。一次，他到神都洛阳，恰巧碰到武则天的爱女太平公主的一批宝物被盗，武则天诏令破案。

智慧 28
大过卦：盲目导致灾祸，冒进陷入泥潭

原来，一次武则天赏赐给太平公主各种珍贵宝器共两盒，价值黄金千镒。太平公主收到母亲这批赐物，即带回家中密藏了起来。但是，一年之后宝物不翼而飞。这是圣上御赐的宝物，太平公主不敢隐瞒，立即告诉了武则天。

武则天知道后，认为有损她的脸面，恼羞成怒，立即召来洛州长史，诏令他两日内破案，如限期之内不能缉盗归案，则以渎职、欺君问罪。

洛州长史恐惧万分，急忙召来州属两县主持治安和缉盗的官员，向他们投下制签，下令两日之内破案，否则处以死罪。两县的缉盗官员们无力破获这样的大案，只是依照长史的做法，召来一班吏卒、游徼，严令他们在一日之内破案，否则也是处以死罪。一件疑难大案的侦破任务，便如此一层一层地推了下来。

无法再往下推的吏卒和游徼们手中拿着上司的死命令，一时慌了手脚，只得来到神都大街上碰运气，恰好，他们碰上了进京的苏无名，于是便一拥而上将这桩"御案"告诉了他。苏无名听完后，便同他们一块来到衙门，胸有成竹地对缉盗官说："你我立即去见洛州府长史。见了长史，你只需告诉他，御案由我湖州别驾苏无名来主持侦破即可。"

缉盗官依了苏无名的主意，带他前往洛州府。长史一听破案有了指望，立即行礼迎接苏无名，感激涕零地拉着苏无名的手说道："今日得遇明公，是苍天有眼，赐我一条生路啊！"

说完，洛州府长史屏退左右，向苏无名征询破案的妙策。苏无名依然是不急不忙地说："请府君带我求见圣上。在圣上玉旨之下，我苏无名自有话说！"洛州府长史急于破案交差，立即上疏朝廷荐举苏无名破案。

武则天看过洛州府长史的上疏后，立即召见苏无名。武则天问："你果真能为朕捉到盗宝的贼人吗？"

苏无名答道："臣能破案！如果圣上委臣破案，请依臣三事：一、在时间上不能限制；二、请圣上慈悲为怀，宽谅两县的官员；三、请圣上将两县的吏卒、游徼交臣差使。如依得臣下所请三事，臣下将在两个月内，擒获此案盗贼，交付陛下。"

武则天应允了他的条件。谁知苏无名奉旨接办御案之后，没有动静，一晃就是一个多月的光景过去了。一年一度的寒食节又来临了，终于这天，苏无名召集两县大小吏卒、游徼会于一堂，准备破案。他吩咐，所有破案人员

《易经》
64个人生智慧

全部改装为寻常百姓，分头前往洛州的东、北二门附近巡游侦查。无论哪一组，凡是遇见胡人身穿孝服，出门往北邙山哭丧的队伍，必须立即派人跟踪盯上，不得打草惊蛇，只须派人回衙报告即可。

这边苏无名刚刚坐定，就见一个游徼喜滋滋地赶了回来。他告诉苏无名，已经侦得一伙胡人，其情形正如苏无名所说，此刻已在北邙山，请苏无名赶去定夺。苏无名听后，立即下令衙役备马，与来人赶往北邙山坟场。到达之后，苏无名询问盯梢的吏卒："胡人进了坟场之后表现如何？"

吏卒回报说："一切如别驾大人所料，这伙胡人身着孝服，来到一座新坟前奠祭，但他们的哭声没有哀恸之情，烧些纸钱之后，即环绕着新坟察看，看后似乎在相互对视而笑。"苏无名听到这里，大喜击掌，说道："窃贼已破！"立即下令拘捕那批志哀的胡人，同时打开新坟，揭棺验看。随着棺盖缓缓开启，棺内尽是璀璨夺目的珠宝。检点对勘之后，证实这些正是太平公主一月前所失的宝物。

苏无名一举侦破太平公主的失窃大案，震动了神都洛阳。武则天下旨再次召见苏无名，问他是如何断出此案的。苏无名应诏进殿，对道："臣下并没有什么特殊的神谋妙计，只是在来神都汇报工作的途中，曾在城郊邂逅了这批出葬的胡人。凭借臣下多年办案的经验，当即断定他们是窃贼，只是一时还不知他们下葬埋藏的地点，只得放长线钓大鱼，耐心等待。寒食节一到，依民俗，人们是要到墓地祭扫的。我料定这批借下葬之名而掩埋赃物的胡盗，必定会趁这机会出城取赃，然后相机席卷宝物逃走。因此臣下差遣两县吏卒、游徼便装跟踪，摸清他们埋下宝物的地点。据侦查的吏卒报告，他们奠祭时不见悲切之情，说明地下所葬不是死人；他们巡视新坟相视而笑，说明他们看到新坟未被人发觉，为宝物仍在坟中而高兴。因此我决定开棺取证，果然无误！"

苏无名继续说道："假如此案依陛下两天之限，强令府县去侦破，结果必因风声太紧，窃盗们狗急跳墙，轻则取宝逃亡，重则毁宝藏身。那么，在证毁贼逃的情况下，再去缉盗追宝，就势必事倍功半了。所以陛下急破之策不宜行，急则无功。现在，官府不急于缉盗，欲擒故纵，盗贼认为事态平缓，就会暂时将棺中宝物放在那里。只要宝物依然还在神都近郊，我破案捕盗就轻如囊中取物！"

智慧28
大过卦：盲目导致灾祸，冒进陷入泥潭

苏无名的一番话，说明这样一个道理，做什么事都不能急于求成，必要时敢于放弃，然后善于收手。耐心等待、不急不躁、伺机而动才能把事理层层剖析清楚之后步步为营，稳操胜券。

在人生路上，既要健步如飞，又需稳妥前行。脚踏实地地坚持不懈，机会总会垂青于你。

切勿急功近利

俗话说："欲速则不达。"做人做事还需忍耐，步步为营。凡是成大事者，都力戒"浮躁"二字。只有踏踏实实地行动才可开创成功的人生局面。急躁会使你失去清醒的头脑，在你奋斗过程中，浮躁占据着你的思维，使你不能正确地制订方针、策略而稳步前进。所以，任何一位试图成大事的人都要扼制住浮躁的心态，只有专心做事，才能达到自己的目标。

古代有个叫养由基的人精于射箭，且有百步穿杨的本领。据说连动物都知晓他的本领。一次，两个猴子抱着柱子，爬上爬下，玩得很开心。楚王张弓搭箭要去射它们，猴子毫不慌张，还对人做鬼脸，仍旧蹦跳自如。这时，养由基走过来，接过了楚王的弓箭，于是，猴子便哭叫着抱在一块，害怕得发起抖来。

有一个人很仰慕养由基的射术，决心要拜养由基为师，经几次三番的请求，养由基终于同意了。收为徒后，养由基交给他一根很细的针，要他放在离眼睛几尺远的地方，整天盯着看针眼，看了两三天，这个学生有点疑惑，问老师说："我是来学射箭的，老师为什么要我干这莫名其妙的事，什么时候教我学射术呀？"养由基说："这就是在学射术，你继续看吧。"

这个学生开始还好，能继续下去。可过了几天，他便有些烦了。他心想，我是来学射术的，看针眼能看出什么来呢？这个老师不会是敷衍我吧？养由基教他练臂力的办法，让他一天到晚在掌上平端一块石头，伸直手臂。这样做很苦，那个徒弟又想不通了，他想，我只学他的射术，他让我端这石头做什么？于是很不服气，不愿再练。养由基看他不行，就由他去了。后来这个人又跟别的老师学艺，最终没有学到射术，空走了很多地方。

其实，如果他能脚踏实地，不好高骛远，甘于从一点一滴做起，他的射术肯定会有很大的进步。

《易经》
64个人生智慧

　　秦牧在《画蛋·练功》文中讲道："必须打好基础，才能建造房子，这道理很浅显。但好高骛远、贪抄捷径的心理，却常常妨碍人们去认识这最普通的道理。"从处世谋略上讲，"是技皆可成名天下，唯无技之人最苦；片技即足自立天下，唯多会之人最劳"。

　　若什么都只是浅尝辄止，不肯钻研却又想马上取得成效，是不可能的。好高骛远者并非定是庸才，他们中有许多人自身有着不错的条件，若能结合自己的实际，制订切实可行的行为方针，是会有光明的前途的。如果一味追求过高过远的目标，就会成为高远目标的牺牲品。

　　现在有许多年轻人不满意现实的工作，羡慕那些大款或高级白领人员，不安心本职工作，总是想跳槽。其实，那些人大多看似风光，但其中的艰苦搏杀也非一般人所能承受。没有十分的本领，就不应做此妄想。我们还是应该脚踏实地，做好基础工作，一步一个脚印地走上成功之途。

　　到达顶峰没有什么捷径，成功之路绝非坦途，急功近利可能会竹篮打水一场空。

智慧 29
坎卦：用勇气征服挫折，以信念走出困境

【原文】

坎：习坎，有孚，维心亨，行有尚。

象曰：水洊至，习坎。君子以常德行，习教事。

【解析】

习坎卦：抓获俘虏，劝慰安抚他们，通泰。途中将得到帮助。

《象辞》说：坎为水，水长流不滞，是坎卦的卦象。君子观此卦象，从而尊尚德行，取法于细水长流之象，学习教化人民的方法。

坎卦象征重重险难。具有诚信之德且能维系于心，亨通顺利，行事必获奖赏。初六面临重重险难，又落入陷穴深处，必有凶险。九二在陷穴中遭遇险难，从小处谋求脱险必能得逞。六三来来去去都处在险难之中，陷穴既险又深。一旦落入陷穴深处，暂时不宜施展才能。六四把一樽薄酒、两筐淡食用瓦罐盛起来，并通过窗口接收信约，最终不会有什么灾祸。九五陷穴尚未满盈，到需要安定时则险难自平，没有灾祸。上六用绳索把犯人捆绑起来，并囚置于荆棘丛中，三年不得解脱，必有凶险。

任何时候都没有理由退缩

《坎卦》的"坎"，是灾难、危险，这一卦主要讲的就是如何脱困、脱险。其实，面对人生的挫折，最重要的是有足够的勇气和坚定的信念。

所有的成就都是历史，而所有的失败也属于过去，而不属于我们。此刻的我们孑然一身，所以我们没有任何理由退缩，没有任何理由放弃，因为我们一无所有。我们只有勇敢地爬起，继续前进。跌进失败之谷，不要祈求上帝的怜悯，也不要希望真主的赐福。能够帮助自己的神，就是我们自己站起来，抓住那可以通向成功的藤条，去前进。把失败交给过去，而把成功留给自己。

下面我们来讲一个故事。

从前，有一头老驴，一天它不小心掉到了一个废弃的陷阱里，很深，根

《易经》
64 个人生智慧

本爬不上来,主人看它是老驴,懒得去救它了,让它在那里自生自灭。那头驴一开始也放弃了求生的希望。每天还不断地有人往陷阱里面倒垃圾,按理说老驴应该很生气,应该天天去抱怨,自己掉到了陷阱里,它的主人不要它,就算死也不让它死得舒服点,每天还有那么多垃圾扔在它旁边。可是有一天,它决定改变它的人生态度,它每天都把垃圾踩到自己脚下,从垃圾中找到残羹来维持自己的生命,而不是被垃圾所湮没,终于有一天,它重新回到了地面上。

不要抱怨你的专业不好,不要抱怨你的学校不好,不要抱怨你住在破宿舍里,不要抱怨你没有一个好爸爸,不要抱怨你的工作差、工资少,不要抱怨你空怀一身绝技没人赏识你,现实有太多的不如意,就算生活给你的是垃圾,你同样能把垃圾踩在脚底下,登上世界之巅。

这个世界只在乎你是否到达了一定的高度,而不在乎你是踩在巨人的肩膀上上去的,还是踩在垃圾上上去的,踩在垃圾上上去的人更值得尊重。永远没有失败,永远不要说失败。只要你能超越它,成功就在前面等着你。

莎士比亚曾在一部戏剧中写道:"希望往往会落空,并且在最有希望之时。"

的确,每每在我们为一步步的前进而欣慰,在我们为不久后的成功而暗自庆幸之时,失败就突然降临。这时我们会很苦闷,觉得自己一无是处,甚至自暴自弃。但是我们忘了,没有一条通向成功的道路是平坦的,它必然是迂回曲折的。而在这道路上的失败不是拦路虎,而是磨炼意志的磨刀石。

有人说,当命运将你抛进了失败的低谷时,也给了你向上攀登的藤条。而问题在于你能不能将它抓住。

每个人的性格不同,对同一事物的感觉和态度也各不相同。身处在同一环境之中,有人全身不自在,有人却如鱼得水,悠游自在。那么当你面对困境的时候,是抱怨叹息还是慢慢使自己适应环境呢?当然应该选择后者。

曾经看过一部电视剧,剧中的主人公是一位出身文人家庭的公子。他的老师每天让他读《论语》《诗经》等一些大家之作,他觉得十分厌烦。

一天,他的老师问他:"你是不是觉得这些书枯燥乏味,充满说教意味,甚至有些篇章让人根本无法理解?"

这位公子回答说:"弟子的确是这样认为的。"

"那你可曾留意到书中也不乏令人感动的故事,还有很多警醒人的词句

智慧 29
坎卦：用勇气征服挫折，以信念走出困境

呢？为师不只是在教你作学问，更重要的是在教你如何做人啊！"

听了老师的话后，公子开始静下心来细细品味每篇文章。一段时间之后，他发现书中发人深省的语句不胜枚举。从此这位公子改变了以往的观点，学到了"寻找乐趣的艺术"，不但在读书时津津乐道，在日常生活中也变得开朗起来，无论他面对什么样的环境，都能以笑脸应对。

如果你能用这位公子的方法和态度处世的话，就可使人生整个蜕变，脱颖出全新的人生观，从而使你的生活充满乐趣和希望。这种寻找乐趣的方法，能使你很快适应环境，接受环境，融入环境，从而使你重整旗鼓，振作精神，发挥能动性，创造更好的天地。

在绝境中要看到希望

当一个人处于生死交界时刻，大多数人想的都是如何活下去，我要活下去。如果可能的话，给那些自杀的人一次重新选择的机会，我相信他们会选择更好地生存。当你面对失败时想开点，不要绝望。时刻充满希望，幸运的女神早晚会站到你这一边。

1973年6月6日，乔克尔恩与其他5个建筑工人，爬上一幢小房子的屋顶做些异常棘手的工作。乔克尔恩在一个木架上工作时他的主管叫他递过一件工具。在乔克尔恩伸手去取工具的时候，忽然，一根木条因不能承托他的重量，断了，他踩了个空。

乔克尔恩160磅重的身躯是头先着地，这一跌对于他来说可是非同小可。他后来回忆说："我的头先坠地，跟着身躯下压，使我的前额像扭扭棒一样扭曲地顶住我的胸膛。我一想起那背脊骨碎裂，令人欲呕声时，就心寒。在那一刻，我知道我的脚已没有知觉了。

"我把头转向左方，看见离我几寸的地方有一对扭曲得变形，但还穿着皮靴的腿。那多么像我的腿！我想：这太奇怪了，我的腿不是伸直的吗！但事实并非如此，这一醒悟实在太恐怖了。恐惧、愤怒、完全的绝望在那几秒之内接二连三地攻击我，我强撑起身来已是无望了，只是我的头仍听从大脑的指挥。我听见同伴在上面叫道：'乔克尔恩掉下去了！'我又祈祷又诅咒。

"我觉得我的头颅与身躯，就只有一根线般连着。当我感觉到痛楚时是有人把我的头放在枕头上时，我叫他们把枕头移走因为那痛楚越来越厉害。

《易经》
64个人生智慧

每次我把头稍做移动,痛楚就会加剧。我以为那根线快要断了,我的头颅也要与身体分家了。我挣扎着要保持清醒。

"不久,救援队来到了,可是我仍然对这行动非常害怕,因为我的痛楚已非常难耐了,他们还要把担架放在我的身躯下。不过,医生不断地安慰我,他们也以利落的专业手法移动我,使我的痛苦不至大大增加。

"在救护车内,知道不久就有专家来照顾我了,我稍微放松了一下。我以前虽然也经历过痛苦,但这次的经历真是令我毕生难忘。医院里,脑科专家把我移上CT机,然后把我的头移到最佳位置。不久,我的CT报告证实了我的椎骨在第五和第六节之间折断了。我忆起在孩提时学习过祈祷,那一刻,我再次祈求上苍给我力量去面对前面的一切,祈求上苍能让我活下来。

"那一夜在我既痛苦又迷糊的时候,我记起罗斯福总统的话,'我们需要害怕的,就是害怕本身。'随后,我振作起来,我仍然可以回到属于我自己的生活,我仍有生命气息去面对前程。我要活下去。我要凭着渴望、意志活下去。我要激发求生的意志,并要撑下去,我要去医治,我要发挥自己的潜能。我要专心培养这些信念,而决心必会使我成功。我永不放弃!

"第二天当我醒来后,看到我头部两旁的支架,我知道了自己是在何方。我的床沿挂满了各式各样的器械,而一个似乎是无所不在无所不能的护士,总是在关键的时刻出现。我觉得自己胸口以下像木乃伊一样缠裹着。这种感觉非常恐怖,因为这意味着我已完全失去了知觉。不久我发觉,我愈减少活动,痛苦就会愈少。真正的斗争还在后头,以后几周,一切的测试都证明我已终身残疾。但我仍抱有希望,希望会有奇迹发生——我的脊梁骨会愈合,为大脑传递信息。我并没有向人问及自己的情况,因为从两个护士的对话中,我已知道自己四肢瘫痪了。我全心全意去找寻怎样做才可以使自己复原。"

8年后的今天,乔克尔恩虽要整日坐在轮椅上,但他仍说他的生命是美好的。

"我认识到我所遇到的意外是逃避不了的事,它会一生如影随形地跟着我。但假若我应用'可能思想',这累赘就会成为我的里程碑!我愿如此!我已学会接受现在的我,而非我所期望的我。我深信憎恨只会带来破坏。我要带着爱去生活,虽然我的身躯伤残,但我的心仍保存着功能。在我的生命之中,我不会让自责、埋怨和憎恨占有任何位置。有时在超级市场坐着电动

智慧 29
坎卦：用勇气征服挫折，以信念走出困境

轮椅在货架中穿行时，小朋友会瞪着好奇的眼睛望着我，但我只要向他们笑笑或眨一下眼就可以应付了。有一次，一个小朋友还对我说：'哇，你真勇敢啊！'"

乔克尔恩今天有自己的生意——为附近的酒店安排专业的保姆服务，并且又在水晶大教堂的"新希望"电话辅导中心当义工。乔克尔恩可以为失意的人灌注新希望，因为他找到了新的希望。

《易经》
64个人生智慧

智慧30
离卦：从容镇定，稳中求胜

【原文】

离：利贞，亨。畜牝牛，吉。

象曰：明两作，离。大人以继明照于四方。

【解析】

离卦：吉利的占问，通泰。饲养母牛，吉利。

《象辞》说：今朝太阳升，明朝太阳升，相继不停顿，这是离卦的卦象。贵族王公观此卦象，从而以源源不断的光明照临四方。

离卦象征运行不息。有利于占问，亨通顺利。畜养母牛，必获吉祥。初九办理事务谨慎郑重，态度恭敬，必无灾祸。六二黄色附着于物，大吉大利。九三太阳将要落山，垂垂悬附在西天，若不击瓦而歌，将有老暮穷衰之嗟叹，必遭凶险。九四不孝之子突然返回家中，家人就将他焚烧，治死，抛弃。六五洒下的泪水如大雨滂沱，忧伤嗟叹，但终将获得吉祥。上九君王用兵出征，有令嘉奖折服首恶之人，捕获的即使不是其同伙，也没有什么灾祸。

从容不迫才是高手

《离卦》劝谏我们做人、做事一定要从容镇定、戒急躁，则不会失败。因此，稳中求胜的重要性就越发突出了。伟大人物在任何时候都显得那么从容不迫。因为他们懂得，"慌乱"对解决问题毫无意义。

培养从容不迫的习惯是非常重要的，这样，我们在任何场合就都能应对自如。

惊慌失措不仅会使自己无法正常思考，而且会让周围的人慌作一团。我们经常会看到这样一个场面，面对突然变故，一些核心人物总会大喝一声："慌什么？"这句话一半是提醒别人，另一半则是在暗示自己。惊慌容易使人失去正常的思考能力，使人丢三落四，语无伦次。遭遇惊慌，要有意放慢你动

智慧 30
离卦：从容镇定，稳中求胜

作的节奏，越慢越好，并提醒自己说："不要慌！不要慌！"这样，你就会慢慢地变得镇静，从而恢复大脑正常的思维，以应付突变。

如果你从未在大场面露过面，那么，你一到人多的场所，尤其是在讲话或作报告时，就会浑身不自在。克服这种情况是要在心理上把所有的人都当作朋友，向他们点点头，大声地打招呼，他们也会向你致意，这无疑会拉近你们之间的距离，尽管他们可能永远也想不起曾经在哪儿见过你，但你却因此而摆脱了紧张的心理。只要有机会你就主动站出来当众讲话。这是一种简便易行的锻炼方法。自我锻炼，有意识地锻炼，你就会养成从容不迫的习惯。

下面用洛克菲勒的一件事情，来说明控制好自己的情绪，让自己从容不迫是多么的重要。

当年，洛克菲勒在某案件中受审时，因为在面对对方激情的询问时，保持了一种平和克制的态度，而且，在回答问题时也不动声色，从而赢得了那场官司。当时，对洛克菲勒提出质问的那个律师在态度上似乎明显地怀着某种恶意，如果按我们一般的想法，洛克菲勒即使发火、生气，甚至拍案而起，大发雷霆，都是情有可原的。但是，洛克菲勒没有那样做，他很好地控制和处理了自己的情感。

"洛克菲勒先生，我要你把某日我写给你的那一封信拿出来！"那个律师用一种非常粗暴的口气说。

那一封信是质问关于美孚石油公司的许多事情，而这些事情那个律师在法律上并没有权利去质问。

"洛克菲勒先生，这封信是你接的吗？"法官问洛克菲勒。

"我想是的，法官先生。"洛克菲勒平静地说。

"你回那封信了吗？"

"我想没有。"

然后，那个律师又拿出了许多别的信来，也照样宣读了。

"洛克菲勒先生，你说这些信件都是你接的吗？"

"我想是的，先生。"

"你说你没有回复那些信吗？"

"我想我没有，法官先生。"

"你为什么不回复那些信件？你认识我，不是吗？"那个律师咄咄逼人。

《易经》
64个人生智慧

"当然！我从前是认识你的！"

洛克菲勒所回答的这句话的用意是那么地明显，以至于那个律师气得差不多快要开始发疯了。法庭上一片寂静，大家都毫无声息地坐着，静听着法庭上的唇枪舌剑。而洛克菲勒坐在那里纹丝不动。

这就是从容不迫的力量！这就是控制自己情绪的力量！

那些有过辉煌的人物，那些天才的大人物，都曾经驾驭过别人，都有战胜一切阻碍其发展的力量，但是，他们最先战胜的是自己的情绪，因为战胜了自己的情绪，他们就在关键时刻显得从容不迫，接下来的一切都变得简单了起来。

要成为一个成功的人士，就必须先成为一个从容不迫的人。

遇事要有几分镇定

在市场经济的大潮中，败军之将，可以言勇。经营者一走上市场，都想发家致富、赚钱发财，但变幻莫测的市场上，任何经营者不可能总是十分顺利，都有失败的时候。因此，要有失败的心理准备，以自己的安定、镇静来应付竞争对手的喧哗和失败的打击。这是一种很高明的谋略。

当失败不期而至时，令人震惊，有些人马上慌了手脚、乱中添乱，如雪上加霜，其结果只能走向更大的失败。一个企业的负责人若被失败吓昏了头脑，那么就谈不上组织有效的反败为胜之策，本来可以好好利用的力量也无法形成一个整体，一盘散沙自然抵挡不住来势汹汹的洪流，手足无措之中，未经细细思索，拿不出切实可行的应付方法，失败就如同滚雪球，越滚越大。

一旦面临危机、遭受失败，无论影响有多么严重，都要正视现实。应该说，危机与失败对人的心理冲击往往是很强烈的。商家面对危机与失败的第一个考验就是对心理冲击的承受力的考验。据心理学家分析，人在遭受挫折打击的时候，常见的心理包括震惊、恐惧、愤怒、羞耻、绝望等。这些都是极为不利的心理因素，如果陷于心理挫伤的泥坑里不能自拔，那就会在失败中越陷越深，以致走向毁灭。所以，要警惕这些失败心理的影响。面对危机与失败，要有正确的认识和健康的心理。

面对危机最重要的是要保持沉着冷静，处变不惊。古人说"安静则治，暴疾则乱"。如果心里先慌了，那么行动必然要乱。只有冷静沉着，才有可

智慧 30
离卦：从容镇定，稳中求胜

能思考出对策，转危为安。

在印度一家豪华的餐厅里，有一天突然钻进一条毒蛇。当这条毒蛇从餐桌下游走到一个女士的脚背上时，这女士虽然感到了是一条蛇，但她未慌乱，而是一动不动地让那条蛇爬了过去。然后她叫身边的侍童端来一盆牛奶放到了开着玻璃门的阳台上。

一位一起用餐的男士见此情景大吃一惊。他知道，在印度把牛奶放在阳台上，只能是引诱一条毒蛇。他意识到餐厅中有蛇，便抬眼向房顶和四周搜寻，没有发现。他断定蛇肯定在桌子下面。但他没有惊叫着跳起来，也没有警告大家注意毒蛇，而是沉着冷静地对大家说："我和大家打个赌，考一考大家的自制力。我数300下，这期间你们如能做到一动不动，我将输给你们50比索。否则，谁动了，谁就输掉50比索。"

顿时，大家都一动不动了，当他数到280个数时，一条眼镜毒蛇向阳台那盆牛奶游爬去。他大喊一声扑上去，迅速把蛇关在玻璃门外。客人们见此情景都惊呼起来，而后纷纷夸赞这位男士的冷静与智慧，如果不是这一招，此间肯定有不少人的脚要乱动，只要碰到眼镜蛇，后果便可想而知了。

但男士笑指那位女士说："她才是最沉着机智的人。"

这个故事中的女士和男士很值得我们商家学习。当商战中面临危机的时刻，同样需要这种沉着冷静的心理品质。人在危急时容易恐惧、紧张、惊慌失措。而一旦冷静下来，你的智慧就会"活转"起来，帮你寻找到摆脱危机的办法。

要做到沉着冷静，就要摆脱和消除面对危机而产生的急躁不安、焦虑、紧张的情绪。混乱和捉摸不定以及缺乏驾驭局面的自信心，是引发焦躁的原因。所以，要摆脱焦躁的方法就是认清危机情势，找到解决办法，强化心理素质。

经商是一项充满风险的事业。在创业的过程中，事事如意、样样顺心的情况是罕见的。事实上，逆境多于顺境，失败、挫折和打击，常常伴随着你。逆境不可怕，可怕的是你被困境所吓倒，从此一蹶不振。

"疾风知劲草，岁寒见松柏。"作为一名精明的老板，在身处逆境之际，能经得起暴风雨的袭击，然后冷静地分析周围，认识自己，进而重整旗鼓，以达到东山再起的目的。

《易经》
64个人生智慧

智慧 31
咸卦：成就别人也就成就自己

【原文】

咸：亨，利贞。取女吉。

象曰：山上有泽，咸。君子以虚受人。

【解析】

咸卦：通达，吉利的贞卜。娶女，吉利。

《象辞》说：下卦为艮为山，上卦为兑为泽，山中有泽，山气水息，互相感应，是咸卦的卦象。君子观此卦象，取法于深邃的山谷、深广的大泽，从而虚怀若谷，以谦虚的态度，接受他人的教益。

咸卦象征感应。亨通顺利，有利于占问。娶此女为妻，可获吉祥。初六交相感应在脚拇指，它因势而动。六二交相感应在小腿肚，必有凶险；但是如果居家不出，则可获吉祥。九三交相感应在大腿，执迷盲从追随他人，有所举动则行事艰难。九四占问可获吉祥，困厄将会消亡；虽然你心意不定、思绪不绝，但朋友最终会顺从你的想法。九五交相感应在脊背，则不会遭遇困厄。上六交相感应在口舌，牙床、面颊、舌头都因势而动。

帮助别人也是一种快乐

《咸卦》的"咸"在这里做"感"讲，感应的"感"。唇齿之间是相互感应的，它们之间有着一荣俱荣、一损俱损的关系。因此，人们才有"唇亡齿寒"的论断。

人际关系的成功与你能否善待别人有很大的关系。一个乐于助人，愿意帮助别人的人，人们都愿意与之交往做朋友，自己也能从中受益。

可是天底下的人们绝大多数只注意自己的需要，不会善待他人，不知道给予别人什么，只提及自己不同的需求。这是多么幼稚、荒唐。不错，你注意的当然是自身的需要，但除了你自己，可能再也没有人对你感兴趣了。

善待他人就是善待自己。这在没有这种觉悟的人看来，这明明是帮别人，

智慧 31
咸卦：成就别人也就成就自己

自己并没有从中受到什么恩惠。其实，一个人在帮助别人时，无形之中就已经投入了感情，别人对于你的帮助会永记在心，只要一有机会，他们会主动报答的，这是你所希望的最好的人际互动。

在一个寒冬的夜晚，一对中年夫妇带着个受伤的小孩子到一个小客店投宿。在这天寒地冻的夜晚，找房是相当困难的。这间小旅店早就客满了。"这已是我们寻找的第十六家旅社了，这鬼天气，到处客满，我们怎么办呢？"这对中年夫妇望着店外阴冷的夜晚发愁地说。店里的小职员看在眼里急在心里，怕他们被冻坏，便建议说："如果你们不嫌弃的话，今晚就住在我的床铺上吧，我自己在店堂里打个地铺。"这对夫妇非常感激，第二天要照店价付客房费，小职员坚决拒绝了。临走时，中年夫妇开玩笑地说："你将来必能成大器。"

"那是我追求的梦想，谢谢您。"他随口答应着，并坚持送他们一家三口走出很远。

三年后的一天，小职员的柜台上放着一封发自纽约的信函，信中夹有一张往返纽约的双程机票，信中邀请他去拜访当年那睡他床铺的三口之家。小职员来到繁华的大都市纽约，中年夫妇把小职员引到第五大街和三十四街交会处，指着那儿的一幢摩天大楼说："这是一座专门为你兴建的星级宾馆，现在我们正式邀请你来当总经理。"

年轻的小职员因为一次友善的助人行为，实现了自己的梦想，这就是著名的奥斯多利亚大饭店经理乔治·波菲特和他的恩人威廉先生一家的真实故事。

能设身处地为他人着想，了解别人心里想些什么的人，永远不用担心未来。任何一种真诚而博大的爱，都会在现实中得到应有的回报。你铺就的良好人缘，将会给你以莫大的帮助。

卡耐基曾在最新的演讲中有这样一个动人的故事：

一个穷苦的小男孩，身着单薄的衣衫被冻得瑟瑟发抖，他为了攒学费不得不每天这样上街推销商品。劳累了一整天的他此时感到十分饥饿，但摸遍全身，却只有一角钱，怎么办呢？他决定向下一户人家讨口饭吃，当一位美丽的女孩打开房门的时候，这个小男孩却有点不知所措了，他没有要饭，只乞求给他一口水喝。这位女孩看到他很饥饿的样子，就拿了一大杯牛奶给他。

《易经》
64个人生智慧

之后，小男孩问这需要多少钱，小女孩则回答说，妈妈教育我要对人施以爱，不必付一分钱。小男孩十分感激地说："请接受我由衷的祝福吧！"说完男孩离开了这户人家。此时，他不仅感到自己浑身是劲儿，也感到自己将有美好的未来。他放弃了本来退学的念头，要把书继续念下去，一定要取得成绩。

转瞬间数年过去了，那位美丽的女孩得了重病，她被转到大城市由专家们会诊治疗。

当年的那个小男孩如今已是大名鼎鼎的霍华德·凯利医生了，他也参与了医治方案的制定。当看到病历上那女孩的来历，他若有所感，他又转身去了病房，凯利医生一眼就认出床上躺着的病人就是那位曾帮助过他的恩人。他回到自己的办公室，决心一定要竭尽所能来治好恩人的病。经过他严格而精心的治疗，小女孩奇迹般地康复了。

凯利医生要求把医药费通知单送到他那里，在通知单的旁边，他签了字。当医药费通知单送到这位特殊的病人手中时，她不敢看，因为她确信，治病的费用将会花去她的全部家当。最后，她还是鼓起勇气，翻开了医药费通知单，旁边的那行小字引起了她的注意，她还轻声读了出来：

"医药费——满杯牛奶。霍华德·凯利医生"她叫起来，"原来是他——数年前的小男孩。"

在现实生活中这种所谓的"因果报应"，只不过是心存感激的受惠者对施惠者的一种报偿而已。善待他人，就是善待自己，这会使别人和你更加幸福美满。

你付出什么，就会得到什么

有一天深夜，轮到乘警值班。巡逻时，乘警发现一个小偷正将手伸进一位熟睡乘客的口袋，乘警大喊一声，立即追了过去。小偷向餐车方向逃跑。乘警知道，火车正在飞奔，小偷是不敢跳车的，除非他是疯子。乘警渐渐放慢了脚步，开始用对讲机和餐车那头的乘警联络。可正在这时，火车突然停了。只见小偷迅速地跃上一个敞开的窗口。当时乘警心想，完了，这家伙要逃掉了。正在他准备跳下去的时候，听到一个孩子——一个蓬头垢面在餐车里捡酒瓶的男孩子的尖叫声。回头一看，孩子头上鲜血直流，是急刹车时一头撞在了车厢上。小偷犹豫了一下，从窗口上跳了下来，一把抱起小男孩奔往医务室。

智慧 31
咸卦：成就别人也就成就自己

小偷被乘警抓到了，可乘警说这个小偷真是太幸运了。乘客们不解地问：为什么？乘警的回答使乘客们浑身一颤：因为火车当时所在的地方，两边是万丈深渊。

帮助别人是一种快乐，人的一生离不开别人的帮助。有时因为帮助别人，自己却得到了意想不到的回报。

据说，在抗美援朝时期，在一场异常激烈的战斗中，一架敌机正飞速地向阵地俯冲下来，正当班长准备卧倒时，突然发现离他四五米远处有一个小战士还在那儿直愣愣地站着。班长顾不上多想，一下子扑了过去，将小战士紧紧地压在身上。一声巨响过后，班长站起身来拍拍落在身上的泥土，正准备教育这位小战士，回头一看，惊呆了：刚才自己所处的那个位置被炸成了一个大坑。

故事中的小战士是幸运的，但更加幸运的是故事中的班长，因为他在帮助别人的同时也帮助了自己。

在人生的漫漫长河中，肯定会遇到许许多多的困难，我们所见到的某人现在的遭遇，极有可能是你以后某个遭遇的一次提前彩排。但我们是不是都知道，在前进的路上，搬走别人脚下的绊脚石，有时恰恰就是为自己铺路？帮助别人，有时就是帮助我们自己。

《易经》
64个人生智慧

智慧 32
恒卦：人贵有恒，锲而不舍

【原文】

恒：亨，无咎，利贞。利有攸往。

象曰：雷风，恒；君子以立不易方。

【解析】

恒卦：通达，没有过失，吉利的卜问。有所往则有利。

《象辞》说：上卦为震为雷，下卦为巽为风，风雷荡涤，宇宙常新，这是恒卦的卦象。君子观此卦象，从而立于正道，坚守不易。

恒卦象征恒久。亨通顺利，没有灾祸；有利于占问，利于有所举动。初六有所追求，持续得过于恒久，占问必有凶险，没有什么好处。九二筮得此爻，困厄将会消亡。九三不能恒久地保持美德，有时会蒙受耻辱，占问则行事艰难。九四打猎没有捕获禽兽。六五恒久地保持美德，占问妇人之事，或获吉祥；而占问男人之事，则有凶险。上六振动不安，变化无常，不能持恒守德，必有凶险。

坚持到底就是胜利

《恒卦》重点揭示的就是"恒"，持之以恒的"恒"。九三上说"不恒其德，或承之羞"，认为不能持之以恒地保持美德，便会受辱、蒙羞。

同样，坚持到底就是胜利。但真正做到坚持到底并不容易，宋朝诗人杨万里有诗曰："莫言下岭便无难，赚得行人空喜欢。正入万山圈子里，一山放过一山拦。"人在奋斗的过程中，由于条件有限，必然困难重重，也会存在种种干扰。这些困难干扰就像一座座山横亘在我们前进的道路上，是望山止步，还是翻山而行？

成功者在身处逆境的时候，不是被困难吓倒，选择退却，而是迎难而上，以顽强的毅力，泰然接受挫折的洗礼，再攀登成功的顶峰。

传说，为了让妻子起死回生，俄耳浦斯用琴声感动了地府的守门官，他

智慧 32
恒卦：人贵有恒，锲而不舍

被允许带领妻子重返人间，但条件是他必须有恒心，在走出阴曹地府之前，不能为苦所惧、为情所动，不能回头看妻子一眼。俄耳浦斯历经千难万险之后，气喘吁吁，力倦神疲，在即将踏上人间土地的时候，他停了下来，禁不住回头看了看妻子，结果一切努力顷刻间付之东流，他那可爱的妻子又不得不被带回了冥国，俄耳浦斯的努力因缺乏恒心而功亏一篑。

任何人在向理想目标前进的过程中，都难免会遭遇到各种阻力和重重困难，在这种情况下持之以恒则是最难能可贵的。

所谓"持之以恒"，是在做某件事情时，不朝秦暮楚，不被面前的困苦吓倒，不半途而废，不浅尝辄止，不功亏一篑。持之以恒是一种毅力，一种精神。

世界上没有任何东西能够替代恒心。才干不能，有才干的失败者多如过江之鲫；天才不能，"天才无报偿"已成为一句俗语；教育不能，被遗弃的教养之士到处充斥着。唯有恒心才能征服一切。

美国前总统尼克松堪称持之以恒的典范。众所周知，由于"水门事件"，尼克松被迫辞职。从辞职到他逝世前的 20 年中，他经历了巨大的精神折磨。在1974年被迫辞职后的一段时间里，他可谓一蹶不振，突然降临的失落与忧愤，媒体的穷追猛打和冷嘲热讽，熟人朋友们的避之不及，使 62 岁的尼克松患上了内分泌失调和血栓性静脉炎，医生说他基本上是一个废人。

这以后，尼克松连续撰写并出版了《尼克松回忆录》《真正的战争》《领导者》《不再有越战》《1999·不战而胜》《超越和平》等一系列畅销全球的著作，以在野身份继续关心和介入美国内政外交，直到生命的终点。

"水门事件"后，尼克松虽然受到了极大的挫折，可他面对挫折表现出来的坚韧不拔和对国家的强烈忠诚，战胜人性弱点重新攀上人生巅峰的勇气，却受到世人的钦敬。尼克松说他不怕失败，因为他知道还有未来。他说："失败固然令人悲哀。然而，最大的悲哀是在生命的征途中既没有胜利，也没有失败。"他以一种积极的健康的心态去面对自己的人生，从不自怨自艾，挫折、忧愤使尼克松成为一个深怀智慧的人，而坚持不懈、持之以恒则使尼克松又达到了人生的巅峰。

做一个强者，首先是要做一个精神上的强者

纵观古今中外的历史，凡是取得巨大成就的人，都是和尼克松一样勇于

《易经》
64个人生智慧

坚持到底,有恒心、有毅力的人。

晋代左思花费十年时间收集素材,酝酿构思,以顽强不息的精神写出了令洛阳纸贵的《三都赋》;马克思用几十年的时间,在大英博物馆里"啃"书本,把博物馆里的水泥地都磨出了一个洞,写出了给人类历史带来新世纪曙光的《资本论》;丁肇中博士坚持做原子轰击实验,终于发现了J粒子。他们的成功雄辩地证明:只要具备了排难而进、坚持到底的精神,无论办什么事情都能取得成功,否则,则会半途而废,功败垂成。

德国科学家席勒在研究X射线即将看到曙光时,失去信心,罢手却步,遂将成功的喜悦奉送给了伦琴;牛顿晚年故步自封,坚持机械观点,以致晚年一事无成。

19世纪的英国作家福楼拜说得好:"顽强的毅力可以征服世界上任何一座高峰。"不错,只要拿出顽强的毅力,持之以恒,坚持到底,事业的成功将成为一种必然。当年宋庆龄在称赞张学良将军时曾说道:"有超乎常人的毅力,必有超乎常人的抱负。"恒心、毅力都是相对于人生旅途上的坎坷和挫折而言的。

生活常常这样:在你向目标挺进的过程中,突如其来的打击,一次又一次的失败,莫名的痛苦和烦恼……如影随形地跟着你,很难彻底摆脱。于是,人们便有了勇敢和懦弱、坚定和犹豫、洒脱和痴迷、勤奋和懒惰、廉洁和贪欲之分——一句话,有了强弱之别,有了坚持到底和中途沉迷的差异。

做一个强者,首先是要做一个精神上的强者,做一个坚韧不拔、威武不屈的人。世间不存在人无法克服的艰难和困苦,在你面临绝境行将没顶时,在你气喘吁吁甚至精疲力竭时,你只要再坚持一下,奋力拼搏一下,困难就会被你征服了,你就坚强了许多。

历史上有成就的人大多在追求成功的过程中,经受住了巨大的风险和舆论压力,他们没有退缩,而是坚韧不拔。10世纪英国福音传播者怀特费耳德就是一个典型。在他追求事业成功的过程中,经历了许多舆论的谴责和世俗的刁难,甚至有人威胁要杀掉他。他的敌对者把他逐出教会,关闭他的教堂,甚至逼迫他离开所住的城镇。但他依旧在流浪的路途中传道。敌对者雇佣一些人穿上魔鬼的衣服去嘲弄他,向他扔烂泥、臭鸡蛋、烂番茄和切成碎片的死猫肉,并且不止一次地向他扔石头,把他砸得头破血流……同时代的许多

智慧 32
恒卦：人贵有恒，锲而不舍

名流都对他大加鞭挞和嘲讽。每天，他大概要经历十数次这样的"挫折和失败"，但是，所有的这一切均未能阻止怀特费耳德继续他的传道事业。因为，他知道他的事业是有益于大众的。

终于，成千上万的信徒涌到伦敦郊外的田野上听他的传道。他给威尔士和苏格兰的矿工讲道，为孤儿院募捐。他成了最有传奇经历的、最有魅力的传道者。

坚持是导向成功的"临门一脚"。历史上很多成功者用自己的现身说法证明了这一成功定理。日本著名企业家土光敏夫说过，一旦把要做的事情决定下来，就一定要以必胜为信念，以坚韧不拔的精神干到底。人没有努力的界限，所欠缺的往往是坚定不移的意志……面前遇到墙壁，就要决心穿过去，即使失败了，只要紧紧盯住目标，最终就不会倒下去。即使倒下去，爬也要往前爬。歌德用激励的语言这样描述坚持的意义："不苟且地坚持下去，严厉地驱策自己继续下去，就是我们之中最微小的人这样去做，也很少不会达到目标。因为坚持的无声力量会随着时间而增长，到没有人能抗拒的程度。"

爱迪生为找出能做电灯泡灯丝的金属，试验了1200次才成功。所以说，没有持之以恒的精神便一事无成。

《易经》
64个人生智慧

智慧 33
遁卦：当隐则隐，当退则退

【原文】

遁：亨。小利贞。

象曰：天下有山，遁。君子以远小人，不恶而严。

【解析】

遁卦：通达。小有利之占问。

《象辞》说：上卦为乾为天，下卦为艮为山，天下有山，天高山远，是遁卦的卦象。君子观此卦象，从而不用以恶报恶的方法对付小人，而是采取严厉的态度，挂冠悬笏，自甘退隐，远离小人。

遁卦象征退避。亨通顺利，利于柔小者占问。初六退避不及，落在后边，必有凶险，暂时不宜有所举动和施展才能。六二被黄牛皮绳捆绑，没有人能够解脱。九三心中有所系恋，迟迟不能适时退避，将染上疾患，必有危险；而畜养男女奴婢，则可获吉祥。九四虽然心中怀有恋情，但是已经适时退避，这一点唯有君子才能做到，小人则做不到，所以君子可以获吉，小人则不吉利。九五选择最佳时机，及时退避，占问可获吉祥。上九高飞远走，彻底退避，无所不利。

隐藏自己不等于埋没自己

勇往直前固然勇气可嘉，然而智力不足，必然会造成严重的后果。《遁卦》的"遁"就是退避、躲避之意。倘若心中有所挂牵，迟迟不能适时避退，将会有危险。这样的人就如同马嘉鱼一样，最终会受到伤害。

南宋时，岳飞的部将董先奉命去迎击南侵的金兵。金兵有上万人，而岳家军只有几千人。怎样以寡击众、以少胜多呢？董先想出一条妙计。

他首先纵兵深入，但一与金兵交锋便全身而退，一日退百里，连退三日，手下的兵士越退越少。有些部将极不满意，说与其现在接连退却，还不如先前战死疆场。一直到第三天，董先眼见大家的愤慨之情都已被激发起来，这

智慧 33
遁卦：当隐则隐，当退则退

才告诉大家到了拼死作战的时候了。于是，全军上下齐心协力，一鼓作气打反击，压迫敌人步步后退。

当溃不成军的金兵退到唐州的牛蹄、白石二地的时候，正想放下兵器吃饭，谁知董先两天前纵兵深入时埋伏在此地的军队猛地掩杀出来，大败金军。

毛主席有过一句名言：拳头收回来，是为了更有力地打出去。董先是依靠隐藏而取得胜利的，但如果没有最后的反击，他的隐藏有什么意义？

可见，隐藏自己并不等于埋没自己，不是与世无争，更不是逆来顺受任人宰割。大清朝与西方列强相比，绝对称得上是谦谦君子，也绝对锋芒内敛宽宏大量，但人家可不领这个情，不吃这一套。先是鸦片，后是炮舰，大清皇帝也不再顾虑丧权辱国有失面子，割地赔款签条约，直把大好河山弄了个支离破碎，民不聊生。

《易经》上说："君子藏器于身，待时而动。"隐藏也是如此，关键在一个"动"字上。它不是单纯地为了藏而藏，而是为了更好地表现，为了取得更大的成绩、获取更大的成功而藏的。正是从这个意义上说，隐藏，作为提升生命境界的技能和手段，所追求的是和这个生命境界相应的辉煌。

所以说，我们不仅要知道藏什么，更需要知道为了实现我们的目的怎么去藏。

"藏"是手段，不是目的，是为了更好地表现，是为了取得更大的成功。

人毕竟是羔羊所不能比拟的，于是有人说："人情反复，世路崎岖。行去不远，须知退一步之法，行去远，务加让三分之功。"确实，这种做法明为退，实为进，是一种比较圆熟的做法。一条道路本就狭窄，再加上拥挤更是无处下脚，若是自己退一步让人先走，那么自己也就相当于有了两步的余地，可以轻松走路。两相对照，自然是应选择有利于自己的做法。

有一位留美的计算机博士，毕业后在美国找工作，结果好多家公司都不录用他，思来想去，他决定收起所有的学位证明，以一个普通身份再去求职。

不久他就被一家公司录用为程序输入员。这对他来说简直是"高射炮打蚊子"，但他仍干得一丝不苟。不久，老板发现他能看出程序中的错误，绝不是一般的程序输入员。这时他亮出学士证，老板就给他换了个更高级的职位。

过了一段时间，老板发现他时常能提出许多独到的有价值的建议，远比一般的大学生要高明，这时，他又亮出了硕士证，老板见后又提升了他。

《易经》
64个人生智慧

再过了一段时间，老板觉得他还是与别人不一样，就对他"质询"，此时他才拿出了博士证。此时，老板对他的水平已有了全面的认识，毫不犹豫地重用了他。

人不怕被别人看低，怕的恰恰是人家把你看高了。看低了，你可以寻找机会全面地展现自己的才华，让别人一次又一次地对你"刮目相看"，你的形象会渐渐地高大起来。可被人看高了，刚开始让人觉得你多么的了不起，对你寄予了种种厚望，可你随后的表现让人一次又一次地失望，结果是越来越被人看不起。

不善进退者，自然是败者

不善进退者，自然是败者。我们知道过于急进者，常会自以为聪明至极，从而在某一天突然遭到大败。因此，进是基于摸准对方心理的行为——只有摸准对方，才能进行有效的行动，这是人际交往的基本道理。有头脑的人在这方面做得很出色，即摸透对手的弱点，以退为进，把"退功"发挥得淋漓尽致。

身处各种角逐场中的人，常会遭到意想不到的危机。我们从历史上看到，李斯得到秦始皇的信任，却死于秦二世手里；贾谊得到汉文帝的赏识，却遭到一批老臣的排挤。有赤诚之心者，如比干、如屈原尽忠而死者比比皆是；有狡猾手段的如赵高，如秦桧之流，虽然曾经一时得势，终究不能长久，也常常有大祸临头的时候。

进退之道是一种在不得已的情况下，解决问题的最稳妥的办法。也许，对于那些有头脑的人来说，暂时的退是为了下一次更猛烈的进。

退步有时是为了获得更大的进步，就像体育运动中的跳远一样，为了跳出好成绩，退几步是必需的。许多人对后退常常不理解，认为是一种倒退。事实上，在前进中，双方对峙势均力敌的时候，干耗不是出路。当有一方出现异常而后退时，他的目的很明显：打破僵局，争取最大的冲击力。同样，生活和学习也是一样，在走进犄角而不能摆脱时，我们把问题先放下，做一些其他的事情，在经过一段时间的精神松弛后，原本复杂的难题此时也许会变得非常简单，这就是以退为进、调换思维的结果。

身处弱势者，一定要巧妙避开对方的锋芒，从对方弱处找机会，寻找以

智慧 33
遁卦：当隐则隐，当退则退

退为攻的机会。

屈伸相对，屈可为退，伸可为进，合为躲闪之功。在较量的各种场合，都不能不注意屈伸，否则就会掉进悬崖。有人说，屈伸有度，进退自如行天下，这是明白人熬过难关的智举。

在长期的军事斗争生涯中，朱元璋非常注意斗争策略，从不凭匹夫之勇蛮冲蛮打，鲁莽行事。有时候，敌人的力量相对强大，朱元璋能够保持清醒的头脑，不冒险攻击敌人，甚至做出某些让步，从长计议，以免吃眼前之亏。他很清楚，在军事斗争中，只贪一时之功，图一时之快，解一时之恨，危害是非常大的，有时还可能导致全军覆没，前功尽弃。只有具备了长远眼光和全局观念，有屈有伸，善于斗争，才有可能得到发展，夺取最后的胜利。

上例讲战事中的攻守屈伸，做人办事也应当如此，因为人生的硝烟不亚于战场。应该善于把握时机，屈伸有度，熬过难关。

《易经》
64个人生智慧

智慧 34
大壮卦：过强则易折，过刚则易断

【原文】

大壮：利贞。

象曰：雷在天上，大壮。君子以非礼弗履。

【解析】

大壮卦：吉利的卜问。

《象辞》说：上卦为震为雷，下卦为乾为天，天上鸣雷是大壮的卦象。君子观此卦象，以迅雷可畏，礼法森严，从而畏威知惧，唯礼是遵。

大壮卦象征刚大盛壮。利于占问。初九脚趾盛壮，出征必有凶险；此时应当以诚信自持。九二占问则获吉祥。九三小人凭持盛壮以逞刚强，君子则盛壮而不妄用，占问必有危险，有如公羊强抵藩篱，羊角必然被绳索缠绕。九四占问则必获吉祥，困厄将自行消亡，犹如藩篱撞开了裂口而羊角却不被缠绕，又似大车轮辐盛壮适用。六五在田边丢了羊，不会遭遇困厄。上六公羊抵触藩篱，既不能后退，也不能前进，没有什么好处，预示经受艰苦磨难则可获吉祥。

软绳子捆得住硬柴火

《大壮卦》九三上说："小人用壮，君子用罔。"意思是只有没有文化教养的人才会凭借蛮力来征服别人，而君子则不会。

生活中，我们难免会碰到强大的对手，这时候，你准备如何对付他们呢？是针尖对麦芒以硬碰硬，还是斗智不斗力，不战而屈人之兵呢？我想答案无疑是后一种。

其实，人生有时候就像砍柴，当一大堆柴火堆在那里，与其费尽周折把它们都掰成小段，然后拿麻袋装回去，还不如找根绳子把它们捆起来背回去，简单而又轻而易举。

楚庄公率部队攻打郑国。郑国的国力弱小，如果与楚国硬拼，无异于以

智慧 34
大壮卦：过强则易折，过刚则易断

卵击石。坐以待毙更不可取，必然导致国破家亡。聪明的郑国国君采取了一个令人拍案叫绝的对策：他袒胸露臂赤手空拳领着子民们在路上欢迎楚庄王。楚庄王看到这样的场景只好说："郑国国君，一定会礼贤下士，老百姓们会拥护他，会为他拼死效命。"于是便撤军回去。

这便是《左传》里记载的"肉袒相迎"的故事。在那个时代，两军交战是非常讲求礼节的，尽管是春秋无义战，但人们都极为崇尚礼与道德，如果楚军继续和郑人打仗，即使他们费九牛二虎之力把仗打赢了，也会是在众人面前失礼的，所以郑军以其道义战胜了楚军。

炼铁冶钢，须用柔火才能将钢烧熔。立身处世，也最忌用强。倘若对方跟你以强对强，必然出现杀敌一千自伤八百两败俱伤的局面，要是碰上善于以柔克刚的高手，恐怕更要败个稀里糊涂。

孟获是三国时南方少数民族的首领，率众起兵反叛，诸葛亮奉命率兵去平定。当诸葛亮听说孟获不但作战勇敢，而且在南中各个地区的部族人民中很有威望时，便想到如果把他争取过来，就会使蜀国有一个安定的大后方。于是，下令对孟获只许活捉，不得伤害。

当蜀军和孟获的部队初次交锋时，诸葛亮授意蜀军故意败退，引孟获追赶。孟获仗着人多势众，只顾向前猛冲，结果中了蜀军的埋伏，被打得大败，自己也做了俘虏。当蜀军押着五花大绑的孟获回营时，孟获心知此次必死无疑，刁钻使横，破口大骂。谁知一进蜀军大营，诸葛亮不但立即让人给他松了绑绳，还陪他参观蜀军营寨，好言劝他归降。孟获野性难驯，不但不服气，反而倨傲无礼，说诸葛亮使诈。

诸葛亮也不气恼，放他回去，二人相约再战。

孟获跑回去之后，重整旗鼓，又一次气势汹汹地进攻蜀军，结果又被活捉。诸葛亮劝降不成，又一次把孟获送出大营。孟获也是个犟脾气，回去又率人来攻并同时改变进攻策略，或坚守渡口，或退守山地，却怎么也摆脱不了诸葛亮的控制。一次又一次遭擒，一次又一次被放。到了第七次被擒，诸葛亮还要再放，孟获却不肯走了，他流着泪说："丞相对我孟获七擒七纵，可以说是仁至义尽，我打心眼里佩服，从今以后，我绝不再提反叛之事。"

孟获回去之后，说服各个叛乱部落全部投降，南中地区重新归属蜀汉控制。自此，蜀国的大后方变得稳定，南方各族人民也得以休养生息，安居乐业。

《易经》
64个人生智慧

孟获的硬石头碰到了诸葛亮的软棉花，有劲没处使，除了臣服别无选择。

常言说，事不过三。忍让一次两次都可以，再三再四就有些按捺不住。可是诸葛亮却为了自己后方的稳定而对孟获捉了放，放了捉，耐着性子忍下去，并没有因为孟获的行为而放弃。诸葛亮之所以这样做，就是想以德服人，使孟获心悦诚服，下定决心不再叛乱。这就能够使自己获得一个稳固安定的大后方，使国内人民免于战乱之苦，同时也能逐渐积蓄力量以对付魏、吴的觊觎和侵略。如果诸葛亮对孟获的傲慢失礼和不识时务无法忍耐，抓住之后一刀杀掉，那也就只能出一时之气，反而会激起其他族人的敌忾，竞起效仿，那么他不但会对此疲于应付，而且会因无暇他顾而使曹魏和东吴有机可乘，丢了大局。

学会用软绳子去捆硬柴火，才能在人生中春风得意，才能在竞争中游刃有余。在行动中，有时候，反其道而行之没准是一种最好的选择。

学会暂时妥协

暂时妥协是人生的一大策略，暂时交出或放弃，是在这一过程中等待时机，创造条件，以求扭转乾坤，以图东山再起。

"妥协"就其词义来说，是用让步的方法避免冲突或争执，从词性上看，并无褒贬之分。暂时的或者说必要的妥协，乃是人生一大策略。

《老子》上有这样几句话："将欲翕之，必固张之；将欲弱之，必固强之；将欲去之，必固与之；将欲夺之，必固予之。"后人把老子的这一思想概括为"取予之计"。将欲取之，必先予之，成为我国古代军事上的一种暂作妥协、待机索取的常用策略。

东周时期，在著名的"三家分晋"之战中，魏国国君等就成功地运用了这一策略。当时正值春秋末期，晋国的命运掌握在智、韩、赵、魏"四家"手中，其中智伯最强。他不满四家共享的局面，而欲独占晋国。于是，智伯打着加强公室的幌子，要三家各拿出一部分土地和庶民给晋君，实则是扩充自己的地盘。他先去威逼韩国国君康子。

康子本想拒绝，宰相段规说："智伯贪得无厌，假君命以削吾地，若用兵，是抗君也，彼将借以罪我，不如与之。"

段规建议，接受智伯的要求，割地后见机而行。

智慧 34
大壮卦：过强则易折，过刚则易断

智伯又袭用逼韩之法，向魏国索要土地。魏君桓子认为他欺人太甚，欲加拒绝，宰相任章劝说道："君子之地，智伯必骄而轻敌，邻邦必惧而相亲。以相亲之兵，待轻敌之国，则智伯之命不长矣。"

结果正如任章所料，智伯终被韩、魏、赵三家所灭。

战争中往往有这种情况：在条件不具备时，要想夺取或保存某种东西，必须暂时交出或放弃它，在"交出"或"放弃"的过程中，等待时机，创造条件，最后把它再夺回来。这种"将欲取之，必先予之"的策略，屡被后代兵家所推崇。

历史小说《袁崇焕》中，谈及"取予之道"，给人启发，也令人感叹。袁崇焕是明末著名军事家，官至兵部尚书。他屡次击退清军的进攻，战功卓著，结果却是含冤被杀。小说中说，辽东战役时袁崇焕曾想以暂时的妥协换取准备的时间。他认为，当军事上准备没有充分之时，暂时与外敌议和以争取时间，历史上不乏先例。汉高祖刘邦曾与匈奴议和，争取时间来恢复、蓄养国力、兵力，等到汉武帝强盛时才大举反击；唐太宗李世民曾代父皇李渊做主，与突厥议和，等到兵马齐备，军队训练有素时，才派李靖北伐，大杀突厥犯敌。（顺便提及，第二次世界大战史上，外国政治家、军事家因某种需要而暂时妥协者也有实例。）同是妥协议和，秦桧与前金的议和，同诸葛亮与孙权周瑜的议和，有着天壤之别，前者是屈膝投降，而后者是暂时退让，这种妥协是为将来的进攻做策略上的准备，不可同日而语。然而，袁崇焕当时的委曲求全的妥协策略，难以让人理解，其为社稷计忍辱负重、行举世嫌疑之事，实属不易，此不多论。

的确，有进攻必有退守，有冲突也应有妥协。大至军国之重，小至家务琐屑之争，带兵打仗，为官从政，做人处世，必要的妥协往往是不可少的。

小不忍，则乱大谋。对于一个血气方刚的人来说，隐忍、妥协，有时并不意味着胆小、怯懦。含辱妥协，既要战胜自我，消除受辱的复仇心理，又要战胜别人，不顾世俗的猜疑、歧视，这又何尝不是一种勇敢呢！

暂时的妥协，必要的妥协，的确是一种重要的为政之道、军事之道、人生之道。大道通了，至于邻里纠纷、兄弟失和、夫妻斗嘴之类的日常矛盾，便不难用"妥协"来化解了。学会妥协，学会放弃，实则是人生一大课题。

《易经》
64个人生智慧

智慧 35
晋卦：先予后取，积极做事

【原文】

晋：康侯用锡马蕃庶，昼日三接。

象曰：明出地上，晋。君子以自昭明德。

【解析】

晋卦：康侯用成王赐予的良马来繁殖马匹，一天多次配种。

《象辞》说：上卦为离为日，下卦为坤为地。太阳照大地，万物沐光辉，是晋卦的卦象。君子观此卦象，从而光大自身的光明之德。

晋卦象征进长。尊贵的公侯用天子赏赐的良马来繁殖马匹，并在一天之内多次配种。初六进长一开始就受到阻碍，但是占问却能获吉祥。不能取信于人而宽容处之，则无灾祸。六二进长之时忧心忡忡，占问可获吉祥，将要从祖母那里承受宏大的福泽。六三获得众人的信任，困厄将会消亡。九四进长如大鼠无一技之长，占问必有危险。六五困厄消亡，无须再为得失而忧虑，有所举动必获吉祥，无所不利。上九进长至极，有如高居兽角角尖，宜于征伐邑国以建功立业，即使有危险而最终可获吉祥，不会遭遇灾祸，但是由于进长已至极顶，占问却会得到行事艰难的征兆。

先播种后秋收

《晋卦》六二讲道"晋如愁如，贞吉"，认为居安思危必会获得庇护。

做人做事不能急功近利。马上就想得到回报是难成大器的。做了一点工作很快就要报酬，那只能给人当员工；做了一点好事就想有好报，那只能到街头打零工。想成大事的人，喜欢长线投资，追求未来的更大回报。

美国可口可乐公司，为了打开中国市场，不是一开始就向中国倾销商品，而是采取"将欲取之，必先予之"的办法。先无偿向中国提供价值400万美元的可乐灌装设备，花大力量在电视上做广告，提供低价浓缩饮料，吊起你的胃口，使你乐于生产和推销美国的可乐，而一旦市场打开，再要进口设备

智慧 35
晋卦：先予后取，积极做事

和原料，他就要根据你的需要情况来调整价格，抬价收钱了。

10年来，美国的可口可乐风行中国，生产企业由一家发展到八家，销量、价格也成倍增长。美国商人赚足了钱，无偿给中国设备的投资早已不知收回几倍，这就是先让你尝到些甜头割舍不掉，然后再实施自己的计划，这种欲擒故纵之术，在商场中比比皆是。

岛村芳雄年轻时在东京一家材料店当店员。后来他独立创业，经营绳索业务。他认为自己毫无业务基础，只能靠诚意招徕客户。

他从冈山的麻绳厂家以每条0.5日元的价格买进麻绳，又按同样的价格卖给东京一带的纸袋工厂。这样不但无利，反而损失了若干运费和业务费。

亏本生意做了一年后，"岛村的绳索确实便宜"的名声远扬，订货单像雪片一样飞来。这时，岛村拿着进货单据找订货客户，要求提高价格。他说："到现在为止，我一毛钱也没赚你们的。如果让我继续这样为你们服务的话，我只有破产一条路可走了。"客户们既惊讶又感动，主动把每条麻绳的订货价格提高为0.55日元。

岛村又到冈山找麻绳厂商商量："您卖给我的绳索，我一直是照原价卖给别人的，因此才得到现在这么多的订单，希望您适当降价。"冈山的厂商一看他开给客户的收据存根，都大吃一惊，一口答应将单价降到每条0.45日元。这样，一条绳索的差价就有0.10日元。岛村每天的成交量有1000万条，也就是说，每天的毛利润高达100万日元。

两年后，岛村芳雄已名满天下。现在，他已是多家产业公司和物业公司的老板。

《道德经》说："将欲取之，必先予之。"这种方法用到生意上，也很有效。因为世界上任何事情都像是一种交易，有付出必有收获，有收获必有付出，"一手交钱，一手交货"。只不过有时也会发生"失之东隅，收之桑榆"的意外事情。而且，先交钱还是先交货，也有一定讲究。作为商人，本是做交易的，在交易观念不够强的顾客面前，当然应该先予后取。如果你这样做，生意自然会找上门来。

做事是生存的根本

不论你承不承认，劳动确实创造了人本身。

《易经》
64个人生智慧

于是，人要想生存，就注定了必须要以劳动为根本。多劳多得，少劳少得，不劳不得，不管是人还是动物，不做事，你无法生活。

寒号鸟是以懒惰而出名的。在寒冷的天气里，它躲在石头缝里"哆罗罗，哆罗罗"地叫，发誓一定要在第二天垒窝。但只要第二天的天气稍稍变好一点，它就会懒洋洋地蹲在一个背风的地方晒太阳，并不断地给自己寻找各种不用垒窝的理由。最终的结果大家都知道，它不得不吞下自己种下的苦果，接受冻死的命运。人世间也是这样，勤劳的不一定能致富，但懒人绝大多数都是贫穷的。不做事，你不可能得到实实在在的东西，当一个人连最起码的衣食住行都保障不了的时候，所谓做人的尊严、地位就更加不必奢望了。在这种情况下，即使他仍旧能够在这个世界上苟延残喘，也不过是个行尸走肉，生和死对于他而言，已经没有什么太大的区别了。

寒号鸟的故事差不多人人皆知，可并不是所有的人都能明白"做"的重要性。譬如说"网吧"，现代家庭对它已经没有多少好感了，因为在那里演绎了太多的"青少年悲剧"，网吧在许多人的心目中，已经成为学生和青少年们不作为的罪魁祸首。但这不是网吧的错，是人的错。如果说这些青少年还太过年轻，他们的不务正业尚情有可原的话，我们身边那些已经参加工作，却整天不思进取、慵懒无比的人可真的有些悲哀了。有些人在浑浑噩噩中由天才变成了傻子，有些人不得不在"失业，择业，再失业，再择业"怪圈中耗费人生。这样的人永远不可能成为竞争中的胜利者，也永远得不到享受美好人生的权利和机会。

自然界的生存竞争，其意义是物种的进化。物竞天择，适者生存，不适者被淘汰。即使没有人类的破坏，也同样会有许多物种因为不能适应自然规律而自然消亡。人类社会也存在激烈的竞争，但这种竞争淘汰的不是人类或哪一个人，它淘汰的是不适应社会进步所需要的生存方式。如果一个人固守那种生活方式，始终不愿意松手，他必将成为这种生活方式的陪葬品。不愿意"做"的人，就时刻面临着这样的危险。

很少有人能够因彩票中注而一夜之间暴富，大多数的我们都极其平凡，没有殷实的家底，没有强大的靠山，我们所有的东西都是通过努力而得到的。因而，我们生存的过程从本质上说，应该是个"打江山"而不是"坐江山"的过程。那么，既然是在"打江山"，"做"就非常重要，就是根本。

智慧 35
晋卦：先予后取，积极做事

作为一个明智的人，我们应该具有如下理念：

1. 天下没有免费的午餐。活下去、活得好需要很多东西，获得它们最根本的途径是做事，是拼搏。

2. 一颗平常心至关重要。做事是辛苦的，所以你除了要具备足够的勇气、毅力外，拥有一颗平常心至关重要。

3. 抓紧一切时间和机会提高做事的能力。很多事情都是难者不会、会者不难。世界就像严格按点运行的列车，从来都是你追它，它永远都不可能等你。

《易经》
64个人生智慧

智慧 36
明夷卦：韬光养晦，锋芒不露

【原文】

明夷：利艰贞。

象曰：明入地中，明夷。君子以莅众，用晦而明。

【解析】

明夷卦：卜问艰难之事则利。

《象辞》说：内卦为离为日，外卦为坤为地。太阳没入地中，是明夷的卦象。君子观此卦象，治民理政，不以苛察为明，而是外愚内慧，容物亲众。

明夷卦象征光明伤损。利于占问艰难之事。初九光明受到伤损时有如飞鸟低垂着翅膀，仓皇疾行，又如君子匆忙出行，三天没有吃饭。一旦有所举动，便遭主人责备。六二光明受到伤损，伤及左边大腿，若用强壮的良马拯济伤损，可获吉祥。九三光明受到伤损时到南郊狩猎，却得到一匹踏雪马，象征此爻不可占问疾病之事。六四退处左方腹地，察知光明受到伤损的内中情状，于是毅然出门远行。六五若能像箕子被囚而佯狂自保，则利于占问。上六天空晦暗不明，起初登临天上，最终坠落地下。

趋势避祸的智慧

《明夷卦》中的"明夷"从字面上看，是光明受到损害的意思。在这里暗指主人受到伤害。怎样才能化解这样的危险呢？《明夷卦》上给出了答案："君子以莅众，用晦而明。""君子"只有深明此"道"，内心保持独立、自信，用一种难得糊涂的"晦"来保身，才能躲过劫难和危险。

萧何是中国历史上著名的丞相，汉初"三杰"之一，沛县丰邑人。他不论在战争期间，还是在汉初恢复时期，都表现出了中国古代杰出政治家的风度和治国才能，几千年来都被人们所称颂。

汉高祖十一年（公元前196年），陈豨谋反，刘邦亲自率兵出征，到了邯郸，

智慧 36
明夷卦：韬光养晦，锋芒不露

还没等罢兵，淮阴侯韩信谋反关中，吕后采用萧何的计谋，诛杀了韩信。刘邦听说韩信被诛杀后，便派使者来拜萧何为相国，同时加封五千户，并派了五百名士兵和一名都尉作为萧何的侍卫队。当天，一些官员前来祝贺，萧何在府中摆酒款待他们，喜气洋洋的。突然有一个名叫召平的人，穿着白衣白鞋，进来吊丧。萧何见状大怒。召平却不慌不忙地对萧何说："相国，我是来给您提醒的，您的大祸就要临头了。"萧何大惊，忙问："我又没有犯什么过错，没犯什么法，怎会有什么大祸？相反的是，当今皇上还对我恩宠有加，你难道不知道皇上对我的赏赐吗？"这人说："我当然知道，可是，你仔细想一下，您现在身为相国，功列第一，还能有比这更高的封赏吗？况且您一入关就深得百姓的爱戴，到现在已经十多年了，百姓都拥护您，您还在想尽办法为民办事，以此安抚百姓。皇上在外风餐露宿，而您长年留守在京城，并没有冒被弓箭射中的危险，却加官晋爵，添置卫队，这并不是宠爱你。韩信起兵谋反，刚刚被镇压下去，皇上对您的忠心也产生了怀疑，皇上赏赐你，不是为了奖赏你的功劳，而是为了试探你。希望您不要接受皇上的封赏，并且把全部家产献出来用以资助军队。这样才能消除皇上对您的疑心。"萧何听从了他的建议，刘邦见萧何如此谦逊，非常高兴。

同年秋天，黥（英）布谋反，汉高祖又率兵出征，但是他身在前方，每次萧何派人输送军粮到前方时，刘邦都要问："萧相国在长安做什么？"使者回答，萧相国爱民如子，除办军需以外，无非是做些安抚、体恤百姓的事，就像皇上从前讨伐叛子陈豨时所做的那样。刘邦听后总默不作声。使者回来后告诉萧何，萧何也没有识破刘邦的用心。

有一次，萧何偶然和一个门客谈到这件事，这个门客忙说："这样看来您不久就要被满门抄斩了。丞相，您想想，现在皇上带兵在外打仗，他之所以几次问您的起居动向，就是害怕您借关中的民望而有什么不轨行动啊！如今您何不贱价强买民间田宅，发放一些低利息的贷款以玷污自己的声誉，故意让百姓骂您、怨恨您，制造些坏名声，这样皇上一看您也不得民心了，才会对您放心。"萧何长叹一声，说："我怎么能去剥削百姓，做贪官污吏呢？"门客说："您真是对别人明白，对自己糊涂啊！"萧何又何尝不知道这个道理，为了消除刘邦对他的疑忌，只得故意做些侵夺民间财物的坏事来自污名节。不多久，就有人将萧何的所作所为密报给刘邦。刘邦听了，像没有这回事一样，

《易经》
64个人生智慧

并不查问。当刘邦从前线撤军回来,百姓拦路上书,说相国强夺、贱买民间田宅,价值数千万。刘邦回长安以后,萧何去见他时,刘邦笑着把百姓的上书交给萧何,意味深长地说:"你身为相国,竟然也和百姓争利!你就是这样利民啊?你自己向百姓谢罪去吧!"

刘邦表面让萧何自己向百姓认错,补偿田价,可内心里却窃喜,对萧何的怀疑也逐渐消失。

辩证法告诉我们:矛盾是推动事物发展的动力,矛盾的双方既相互依赖又在一定条件下可以相互转化。要善于看到由福到祸和由祸到福的相互转换,并采取相应的对策,使事情向有利于自己的方向发展。

"福兮祸之所伏;祸兮福之所倚。"福来之时不必过喜,要能恰如其分地承受;祸来之时也不必沮丧,要学会及时适当地自救,注意看透它们所有或即将有的过渡转化,推动事情向有利于社会大众、有利于自己的方向发展。

低头无妨做大事

忍让求成有一种表现形式,即吃亏。俗话说:"好汉不吃眼前亏。"这是指聪明人能见机行事,避开暂时的不利势头,以免吃亏受辱。中国人向来提倡"以忍为上""吃亏是福",这是一种玄妙的处世哲学。常言道:识时务者为俊杰。所谓俊杰,并非专指那些纵横驰骋如入无人之境、冲锋陷阵无坚不摧的英雄,而且应当包括那些看准时局、以忍求成者。

现实生活是残酷的,很多人都会碰到不尽如人意的事情。残酷的现实有时需要你对人俯首听命,这样的时候,你必须面对现实。要知道,敢于碰硬不失为一种壮举,可是,胳膊拧不过大腿,硬要拿着鸡蛋去与石头斗狠,只能算作是无谓的牺牲。这样的时候,就需要用另一种方法来迎接生活。

不妨拿出一块心地,单搁不平之事,闭起双眼,权当不觉。还是那句话:忍!大丈夫要能屈能伸,人在矮檐下,一定要低头。

我们不妨做这样一个假设:你和别人开车时相撞,对方的车只是"小伤",甚至可以说根本不算伤,你不想吃亏,准备和对方理论一番,可对方车上下来四个彪形大汉,个个横眉怒目,围住你索赔,眼看四周荒僻,也无公用电话,更不可能有人对你伸出援手。请问,你要不要吃"赔钱了事"这个亏呢?

你当然可以不吃,如果你能"说"退他们,或是能"打"退他们,而且

智慧 36
明夷卦：韬光养晦，锋芒不露

自己不受伤。

如果你不能说又不能打，那么看来也只有"赔钱了事"了。你说他们蛮横无理也罢，欺人太甚也罢，但你应该明白，在人性丛林里，是不太说"理"这个字的。优胜劣汰，适者生存，哪有什么理可说呢。因此，眼前亏不吃，换来的可能是一顿拳打脚踹或是车子被砸坏。报警？人都快被打死了，还报警？报警也不一定来得及。由此可见，"好汉不吃眼前亏"的目的是以吃"眼前亏"来换取其他的利益，是为了生存和实现更高远的目标，如果因为"不吃"眼前亏而蒙受巨大的损失，甚至把命都丢了，哪还谈得上未来和理想！

《易经》
64个人生智慧

智慧 37
家人卦：以爱心获得和睦，用理解获得幸福

【原文】

家人：利女贞。

象曰：风自火出，家人。君子以言有物，而行有恒。

【解析】

家人卦：卜问妇女之事吉利。

《象辞》说：外卦为巽为风，内卦为离为火，内火外风，风助火势，火助风威，相辅相成，是家人的卦象。君子观此卦象，从而省悟到言辞须有内容才不至于空洞，德行须持之以恒才能充沛。

家人卦象征一家人。有利于女人占问。初九持家而能预防不测之灾，困厄将会消亡。六二事功无所成，在家主持炊事，占问可获吉祥。九三家人经常受到家长严厉训斥，处境艰难而危险，如此反常激励举家戒惧勤勉，从而获到吉祥；而妇人、孩子终日嬉闹调笑，不加管束，最终必然导致家艰难。六四家人共同增富其家，大吉大利。九五君王驾临其家，无须忧虑，因为可获吉祥。上九心存诚信，威严持家，最终必获吉祥。

家庭是幸福的摇篮

《家人卦》说的就是如何使家庭美满。而"家和"则是"兴家"的前提。我们不难想象一个时常充满了吵架、摔东西声的家庭，与一个处处充满着欢笑、相敬如宾的家庭有着多么大的差距。如果把工作比作人生拼搏的战场前线，那家庭就是你坚实的后盾。家庭没有管理好，你就等于在自家的后院放了一把火，又怎能在战场上前赴后继呢？相反，家庭是孕育一切甜蜜情感的温床，把家庭经营好了，看什么都是彩色的。是家庭，把你的成功与人生呵护长大，家庭是你幸福的摇篮。

结了婚的人们以勇气和豪情组成了自己的家庭。他们把自己的生命、未来及所有财富作为赌注，以博取一生的幸福快乐。因此，我们要向每一个家

智慧 37
家人卦：以爱心获得和睦，用理解获得幸福

庭的组成者欢呼致意。既然组成了家庭，我们就应该用全身心来爱对方。结婚，并不只是把一枚戒指套在对方的手指上，而是在往后的每一个日子里都让对方知道：你是多么高兴与他/她生活在一起。

丈夫们往往在结婚以后，就忘记了如何去爱。他们对于开口说"我爱你"，觉得十分难为情，忘了在人群中与她的眼光相接触、看电影的时候轻握住她的手、出乎意料的拥抱、温柔体贴等等。太太常常觉得婚前那么热情求取欢心的丈夫，婚后却判若两人。既然组成了家庭，最好由爱她开始做起，并让她知道你的爱。

男性也许会急忙这么解释：他们必须承担起大部分的家庭经济负担，因此他们必须把大部分精力用来改进自己的工作能力，而不是如何做丈夫这类问题。但是，妇女并非只靠面包生活，婚姻也不能只靠面包来维持。经济能力只是男性责任的开端，而不是终了，更不是全部。男性在扮演丈夫或父亲的角色时，常常是业余性的。

也不要寻求对方难以捉摸、理解的借口。人们会说："男性用的是直流电，女性用的是交流电。"因此双方无法达成协调的地步。大家都宁愿相信这种说法，因为如此可以省去许多麻烦，不用去尝试各种解决方法，花费另外的努力。在此，我想告诉大家：谁都不是什么从太空来的怪物，无法让人理解。虽然我们性别不同，但仍然是人，而不是什么神秘怪物。只要你花了心思，就一定可以尝到甜美的果实。自人类伊始，原始社会的时候，家庭便是最基本的团体组织。它不但维系人类目前的实际需要，也是将来的期待。它负起保护、养育及教导的功能，是人类最神圣的要塞。像这么重要的制度，其维护工作应该由男性与女性共同来负责。请记住：家庭并不仅是一个提供吃喝、睡觉或喂养小孩的地方，家庭还提供许多其他的东西，因而使得家庭更重要、更具有价值。这些东西包括：温情、彼此关爱、喜怒哀乐的分享，等等。

"婚姻是我们是否成熟的最好试金石。"德鲁大学的人际关系教授大卫·梅斯曾如此写道："你若不想关心别人，最好是自己独处。但你若想与另一个人极亲密地生活在一起，便必须具有关爱别人的能力……这才是成熟的表现。婚姻能有两种结果：一是使我们变得成熟；一是使我们尝到不成熟的苦果。"

好好经营你的婚姻和家庭吧，这是你幸福的起点与终点。

一对相爱的男女结了婚，然后生儿育女，接下来应该是"从此以后，就

《易经》
64个人生智慧

过着幸福快乐的生活"了，现实情况却不完全是这样。其实，家庭也是需要"经营"的，而且需要用心地"经营"，否则便没有幸福可言。

幸福家庭应当如何"经营"呢？

1. 家庭和睦的先决条件是夫妻恩爱。在家庭中，有不少关系类别，如夫妻关系、父子关系、婚姻关系等等。每一种关系都很重要，但是各类关系的主轴是夫妻关系。有人认为妻子可以再嫁，丈夫可以再娶，但他们的父母却不能再换，所以为了孝顺而舍弃夫妻之情。可到头来，也许最后还是苦了自己的父母，实属不智。有人为了子女的将来，不惜夫妻两地分居，最后导致家庭破裂，此举更属愚拙。其实，夫妻关系是任何亲情关系都不可取代的。

2. 家庭无可取代。分析目前很多家庭不幸福的主要原因，是夫妻双方认识不到家庭的重要性。不少人认为工作比家庭重要，结果夫妻感情日渐枯竭；不少人认为客户比子女优先，结果亲子关系横逆日生；不少人认为赚钱比婚姻重要，结果家庭关系濒于破裂。而那些深谙家庭重要性的人，则想方设法都要留出更多的时间给家里人，他可能因此而失掉不少赚钱的机会，但得到的是全家人的欢乐相聚。

3. 扮演好各自的角色。西方先哲曾说过："做妻子的要爱自己的丈夫……做丈夫的也要爱妻子……做儿女的要孝敬父母……做父母的要爱护儿女……"这些话看似老生常谈，却都是维系家庭关系的重要原则。当然，在这个原则之下，还应该讲究一些技巧。更重要的是，大家应有"角色互补"的概念。比如丈夫应该体谅妻子，这里不存在什么面子的问题；而妻子也应学会对丈夫放手，这是聪明女人的做法。须知，当一个人因深深地爱着对方而不作无谓的计较时，对方也就会更乐意精心扮演好自己的家庭角色。这些小道理中包含着大学问。

4. 用"心"来"经营"家庭。幸福的家庭不是凭空而来的，这需要家庭中所有成员的共同努力。因此，应当安排出彼此沟通的时间，使夫妻间能够敞开心扉、诉说衷肠、共度美好时光。为达到此目的，有必要考虑制订一些"家规"，我们姑且将其称之为家中的"仪式行为"，如全家人尽可能在一起吃晚餐，家庭成员中如有人过生日应尽量到齐，每天有固定的"圆桌"时间，全家人坐在一起吃吃水果、聊聊天。这些由家庭成员共同遵守并参与的"家庭仪式"，可以使家庭氛围更加浓厚，使人真正体验到天伦之乐。

智慧 37
家人卦：以爱心获得和睦，用理解获得幸福

5. 培养良好的情绪。培养良好的情绪，目的不是不许家人发脾气、闹情绪，而是要让每个人学会在何时哭，何时笑，如何哭，如何笑。拥有幸福家庭的人通常活得很轻松，可是却不放肆；谁都可以发泄情绪，却不能沦为"情绪化"，因为极端的"情绪化"很容易造成人身攻击。如果家庭中出现了矛盾，大家可以坐下来讨论，不妨让一个人先讲3分钟，然后另一个人再讲。若是其中一方情绪正处于激动状态，应待稍微冷静后再谈，以免在"火头"上彼此恶语相加。

以上几个原则有利于家庭的稳定与和睦，夫妻双方均应做出自己的努力，不断沟通、相互礼让，这样才能使"家"更像个家，使更多的人们拥有美满幸福的家庭。

学会运用赞赏和理解

结婚、组成家庭这个理由，虽然足以说明自己是如何爱对方，但却不足够让对方受用一辈子。人们往往有点痴狂，喜欢有人不时肯定他们的行为，尤其是女士。通常，男士们比较容易知道自己的定位。假如他们工作表现不好，上司很快就会提醒他们；假如他们做成了一笔大生意，也很快就会晋升、加薪或在同事之间得到表扬。但女士们便不同了，她们更看中生命中的另一半告诉她、肯定她，家人的感谢和赞美是自己唯一的奖励。当你拥有一个舒适的家庭，有情爱、有乐趣、食物可口的时候，这都来自于你温暖的家庭，所以，我们更需要时时全心全意地感谢对方、赞美对方。

适时的赞赏是储蓄感情的良方。大凡有矛盾的家庭，都是表扬严重不足的。正因为表扬的欠缺，才会常常自我表扬。自我表扬在女士身上，又往往以絮叨为表现形式,在男士的沉默或暴躁中结束；男士的自我表扬多闷在心里，急了时会千言万语归为一句话："我还不是为了这个家！"

表扬不是人事鉴定，更多的是一种感受性的东西，是对对方价值和付出的肯定、认可和尊重，可以起到"一句好话三冬暖"的效果，化怨气为力气。仅在心里记着对方的好是没用的，还得表现在口头上，落实在行动中。要记住，如果你想赞赏对方，任何小事都会有闪光之处。

纽约的专栏作家罗伯·普洛先生，娶了一位美丽聪慧的太太，很多男士都羡慕他。但太太珍妮却认为只有罗伯才是世界上最好的丈夫，因为罗伯知

《易经》
64个人生智慧

道如何让珍妮有这种骄傲的感觉。每当他有什么新书要出版，总不会忘记在首页写上"献给珍妮——我的妻子、我生命的全部"。这些题字比起支票上的数字当然有意义得多，这表示她平日的工作是如何成功、如何受到赞赏。

哪怕是一件小事，你也可以让对方感到你的欣赏与感激。比如，下次她煲汤煲得很好，你就这样告诉她，使她知道你欣赏她的手艺，并且对此很依赖。当你做出这样的表示时，不要怕她知道，她对你的快乐是如何的重要。因为她们都喜欢被人这样。法国上等社会的男子都要接受训练，对女人的衣帽表示赞赏，而且一晚不止一次。英国政治家狄斯瑞利曾经在访问中说："我沾光于我夫人的多于世上其他任何人。我在儿童时，她是我最好的朋友，她帮助我勇往直前。在我们结婚以后，她节省每一镑钱，然后进行再投资，她为我储存了一个家当。我们有五个可爱的孩子。她一直为我建造一个美丽的家庭，如果我有成就应归功于她。"对于这种表扬，他从不羞于出口。

有一位歌唱家西尔维亚，她为了丈夫麦格拉而放弃了灿烂的舞台事业。但她事业上的牺牲并没有使之失去他们的快乐。"她失掉了来自舞台成功的鼓掌称赞，"麦格拉说，"但我已尽力使她完全感觉到了我的鼓掌称赞。如果一个女子完全要在她丈夫那里求得快乐，她必须在他的欣赏与真诚中得到。如果那欣赏与真诚是实际的，那她的快乐也就得到了答案。"

人人都把家看成自由的港湾，爱说什么就说什么。在单位，领导是万万不能得罪的，同事也是一团和气你好我好他也好，客户也是得罪不起的。憋了一天，回到家终于可以彻底放松了，脾气也就上来了。但很少有人想到，最影响你生活质量的恰恰是身边的那个人，最不能伤害的也是你的另一半。要知道，爱恨多由小事生。寻常夫妻吵架就像小虫啃噬树根一样，吵多了，伤人的话难免会说出口，天长日久会影响夫妻感情。

学会倾听对男士尤为重要。女人爱唠叨，那是天性。其实她在说今天谁如何如何了，工作不顺心了，菜价涨了，交通堵了，天要下雨了，都是一种表达惯性，只要你给个耳朵听，作认真听讲并思考状就行了。多数时候，女性要的是一种"你关心我"的态度，而不是你提供的答案。这是一个感情体贴与否的问题。日本的一项调查发现，大凡爱听妻子唠叨的家庭，夫妻和睦，且妻子大都身体健康（调查没说丈夫是否健康）。聪明的丈夫会在认真听（起码是显得认真）之后，适时地发出"嗯""啊""唉""是吗"，然后巧妙

智慧 37
家人卦：以爱心获得和睦，用理解获得幸福

地引出别的话题或吃饭看电视，于是天下太平。

最有效的交流，应该是让你的话走进对方的心。虽说是良药苦口利于病，但心理学早就证明，人在接受负面信息时会产生自我防卫心理。说话者认为是真理的东西，到了听话者耳中就变了味儿。聪明的做法是，把苦口的良药包上糖衣喂给对方。

人际关系专家指出，夫妻之间可以讨论，但不能争论。争论是人际关系的一个陷阱，在争论中是没有赢家的，对夫妻来说更是如此。

在交流中应注意的方面还很多，如说话要看场合及对方心态，在朋友面前要互留面子；增强反馈意识，及时了解对方内心感受；注意男女有别，避免交流失误；说话的态度和情绪有时比说话的内容还要含义深刻；等等。

《易经》
64个人生智慧

智慧38
睽卦：求同存异，互相尊重

【原文】

睽：小事吉。

象曰：上火下泽，睽。君子以同而异。

【解析】

睽卦：筮遇此卦，小事吉利。

《象辞》说：上卦为离为火，下卦为兑为泽。上火下泽，两相乖离，是睽卦的卦象。君子观此卦象，从而综合万物之所同，分析万物之所异。

睽卦象征违逆隔膜。占问小事必获吉祥。初九困厄将会消亡。丢失良马不必到处追寻，因为它自会返回；谦谨地对待与自己对立的恶人，不会招致灾祸。九二在小巷中不期而遇碰见主人，没有什么灾祸。六三看见大车拖拖拉拉艰难前行，驾车人的牛受到了牵制无法前行，驾车人也受了墨刑和劓刑。虽然起初历尽艰难，但是最终将有美好结局。九四寂寞孤独之际遇到善人，胸怀诚信之心与之交往，即使会有危险，也没有灾祸。六五困厄将会消亡。他与宗族之人一同吃肉，有所举动，还会有什么灾祸呢？上九寂寞孤独之际看见一头丑猪满身污泥，一辆大车满载恶鬼飞驰而过，先是张弓欲射，后又放了下来，原来来人不是贼寇，而是求婚的佳偶。有举动，遇到大雨可获吉祥。

理解是一缕精神阳光

《睽卦》的"睽"是违逆隔膜之意。解决"睽"的方法，就是卦象上说的"君子以同而异"。

要做到求同存异，"尊重"是基础，还需要有耐心，能包涵，心胸开阔。如果能将这一条与取长补短和开诚布公协调运用，你就会感到既表达得舒畅，又能从他人不同的见解中不断学习新东西。

理解是一缕精神阳光，借助这缕"阳光"，可以澄清我们的思路，净化

智慧 38
睽卦：求同存异，互相尊重

我们的心灵，使我们在工作、学习和生活中显得更充实、更自在和更快乐。

日常生活中，人与人交往难免会有不同见解，而不同的见解会使人与人之间言行举止有异，这些本是很正常的事情。如果多些理解，就不会因他人与己见不同而生出隔阂，进而产生矛盾。

但是，实际生活中却往往少了许多理解，将他人与自己对事物见解的不同误认为是与自己过不去，小肚鸡肠地斤斤计较，没完没了地打"肚皮官司"，结果必然是使自己与他人产生隔阂，渐渐由小至大，最终成为矛盾双方，水火不相容。

只要不是原则性极强的大是大非问题，理解就应成为对不同见解的最好诠释。有人这样说："理解是一缕精神阳光，它可以照亮我们的心扉，敞开我们的胸怀，让我们在一生一世都受益匪浅。"对此，我是十分赞同的。试想，人与人之间的不同见解存在，方使得我们这个世界有朝气。许多新生事物的诞生，正是由于在不同见解之中产生不同的结果。退一步说，个人与他人的不同见解存在，也才会使得自己去从另一个角度思考问题。也许自己固有的见解原本就是错的，不科学的，正是由于他人的不同见解使自己反省，从而纠正自己错误的认识与观点，并获得新的进步。因此，正确对待不同见解，不仅不是理亏，反而就是一种理智的态度。而要做到这点，所需要的就是"理解"。理解他人，理解环境，理解我们所处时代的方方面面；不固执，不偏激，不斤斤计较，更莫要为小事而跟他人打"肚皮官司"，弄得自己心神不安，伤神又伤心。

要让"理解"成为一缕精神阳光，一是遇事要心平气和，要一分为二，要实事求是。二是要有宽人之量。即使是他人故意与自己过不去，在一定时间内能够做到"忍让"也是勇敢者的表现。古人云"退一步风平浪静，忍一时海阔天空"，"宰相肚里能撑船"。三是要形成一种严于律己、宽以待人的严谨作风。对待不同见解，首先冷静思考自己的认识是对是错，错则必改之，不固执己见。如果是对方错了，也不必过分争论，因为时间是衡量是非的最好尺子，随着时间的推移，人的思想是会转变的。

郑板桥有句名言"难得糊涂"，这句话的内涵其实就是"贵在理解"。人们相聚在一起，因为年龄、文化水平、个人修养、脾气、家庭与生活环境的不同，对一些事物的认识肯定有差距，这些都是正常现象，无需过分自扰，

《易经》
64个人生智慧

应给予更多理解。其实，在理解他人的同时，不仅避免了不必要的冲突和矛盾，更是一种心灵上的自我释放、自我解脱。

尊重他人的习惯

在生活中，最珍贵的礼物是尊重和理解。当一个人收到这个礼物时，就会感到幸福，他的自豪感就会得到增进；而馈赠这个礼物的人，也会感到同样的幸福和充实，因为他在尊重和理解他人的同时，自己的精神境界会变得更为崇高，他的人格会变得更为健全。因此，可以说内在的真善美是有待于你去发掘的宝藏。

在现在这个日新月异的时代，社会发展的车轮滚滚向前。但是所有的朴实的人生道理就像滚滚黄沙中的黄金，它不会因为黄沙的存在而消失，黄金永远是黄金。

在很多人的生活习惯中，我们都可以看到蕴含在这些习惯中的每一个人的个性。当然，有一些不好的习惯，我们不会学习和效仿，但是我们没有理由去嘲弄和取笑。尊重别人就是尊重自己。在这个广阔的世界上有足够的地方让自己生活也让别人生活，大家大可和平相处。

作家楚布拉德说，如果一个人种下遮阴树的同时明确知道自己绝不会在这些树下乘凉，那么他在发现人生意义方面就至少有了一个开端。在生活中，我们每一个人都会拥有自己的生活习惯和思维方式，当然我们无法保证所有的思维和习惯都是对的，但是当我们用谅解和尊重去面对别人的习惯时，不就是栽下了供人乘凉的大树了吗？

对别人的生活习惯强加指责之词的人，就像肩负沉重的包袱，这只能使他变得苍老，步态蹒跚。我们用宽广的心灵去包容别人的举止，用善良的心灵去感悟别人的行为，用宽容的胸襟去善待别人的言行，这样在尊重他人的时候，我们是不是也获得了一些生命之中最美好的东西呢？

生活就好像一条五彩斑斓的河，这条河里因为有了形形色色的人而充满生命的活力，充满生活的欢歌。让我们用善良的笑容，融合到这条美丽的生命之河中去吧！

智慧 39
蹇卦：知难而退，能屈能伸

【原文】

蹇：利西南，不利东北。利见大人，贞吉。

象曰：山上有水，蹇。君子以反身修德。

【解析】

蹇卦：筮遇此卦，利西南行，不利东北行。利见贵族王公，获吉祥之兆。

《象辞》说：上卦为坎为水，下卦为艮为山，山石嶙峋，水流曲折，是蹇卦的卦象。君子观此卦象，悟行道之不易，从而反求诸己，修养德行。

蹇卦象征行事艰难。出行宜于向西南方向去，而不宜于往东北方向走；有利于大德大才之人出世，占问必获吉祥。初六有所举动，虽然行事艰难，但是归来必获荣誉。六二君王的臣子历尽艰险，奔走济难，并非为了自身的私事。九三与其有所举动而外出遭遇艰难，不如及早返回家园。六四有所举动而外出遭遇艰难，返回时艰难之事又接连不断。九五行事十分艰难，友朋纷纷前来相助。上六外出遭遇艰难，归来则可建大功；十分吉祥，有利于大德大才之人出世。

大丈夫就应当能屈能伸

《蹇卦》九三上说"往蹇，来反"，意思是说倘若明知前进会遇到危险，还不如知难而退。耐心是等待时机成熟的一种成事之道，反之，人在不耐烦时，往往易变得固执己见，粗鲁无礼，而使别人感觉难以相处，更难成大事。当一个人失去耐心的时候，也失去了明智的头脑去分析事物。所以，做任何事，都要抱有一份耐心，先打好基础，筹划好资本，然后再着手行动。

大丈夫就应当能屈能伸。在山穷水尽之时，忍辱负重，守静待时；在柳暗花明之时，持力而为，繁荣人生。

勾践念念不忘会稽山之耻，想要在此山建城郭，重立都城，就把这事情交给范蠡去办。范蠡日察地理，夜观天文，在会稽规造新城，将会稽山也包

《易经》
64个人生智慧

括在内。西北方在卧龙山上立了飞翼楼，示为天门；又在东南方挖了漏石窦，示为地户。外郭绵延十数里，却单独留了西北一个豁口，称道"已臣服于吴，不敢壅塞贡献之道"，表现出服软姿态，其实是为了异日进取姑苏之便。

勾践迁入新都，对范蠡道："我实不德，竟然失国亡家，为吴奴役，如果不是大人相助，又怎会有今日？"范蠡道："此乃大王之福，非我之功，只要大王时时不忘石室之苦，终有一日越国当兴，吴仇得报。"勾践大喜，封了范蠡为相国，又授了大将军，专治军旅；再封文种和计然二人为大司马，辅治国政，尊贤礼士，敬老恤贫。越国上下一片欢呼。

勾践急切要复仇，苦身劳心，夜不倦卧。他命人采集了大批柴薪，积成丈高，每天晚上就睡在上面，不用床褥，又命人在屋里挂了一只苦胆，他不时会尝尝苦胆的味道。这还不止，勾践自己每次出去巡视，一定在车后放置饭菜，遇到年幼的小童，取饭菜亲自喂他吃饭，问他的姓名。到了农耕的时节亲自下田耕地，夫人也亲自织布，与民同苦。七年不收赋税，衣食都很节俭。

二十年后，在勾践如此的忍辱负重、励精图治下，越国渐渐强大起来，有了称霸的资本，于是向吴国大举兴兵复仇。一天夜里，范蠡悄悄带了右军，在离吴营不足十里处伏下；文种带了左军，溯江而上五六里以待吴兵；勾践自率了中军，鼓声震天，袭击吴营。

结果吴国大败，吴王投身烈火自尽。

这个"卧薪尝胆"的著名故事向来被当作"韬光养晦"的案例来讲。其实这里面也蕴含着欲速则不达的道理。

为人处世，巧遇机会是非常重要的。忍住性情，慢慢筹划资本，等待时机成熟再出手才是智者的选择。

以小步的退却换取大踏步的前进

有一条大河，河水波浪翻滚。河上有一座独桥，桥很窄，仅用一根原木搭成。

有一天，两只小山羊分别从河两岸走上桥，到了桥中间两只山羊相遇了。但因桥面太窄，谁也无法通过，而这两只山羊谁也不肯退让。结果，两只山羊在桥上用角顶撞起来。双方互不示弱，拼死相抵，最终双双跌落桥下并被河水吞没了。

这则寓言很简单，但蕴含着深刻的道理：在狭窄的路口处，不妨让别人

智慧 39
蹇卦：知难而退，能屈能伸

先行，自己退让一步。表面看来，自己吃亏，但实际上，如果彼此都不相让，势必会两败俱伤，倒不如稍作退让，免去麻烦。

小华是一个化妆品公司的推销员，小华的公司几次想与另一个化妆品公司合作都未如愿。经过小华的不懈努力，该公司终于答应与小华的公司合作，但有一个要求：要在其化妆品广告词中加上该公司的名字。小华公司的老总却不同意，认为这是花钱替别人打广告，协商又陷入僵局，合作公司限小华的公司两天内回话。

小华听到这个消息，直接找到老总，让他赶紧答应，否则会错失良机。老总不乐意地说："我坚决不妥协，他们这是以强欺弱。"

小华认为把产品和一个著名的品牌绑在一起是有利的，经他的劝说，老总终于同意了合作的条件。事情像小华预料的一样，公司的生产蒸蒸日上，销售额直线上升，小华也因此被提升为业务总经理。

实际上，退后一步是通往成功的道路，是在冷静中窥见时机，然后准确出击。

《菜根谭》中说："经路窄处，留一步与人行；滋味浓的，减三分让人尝。此涉世一极安乐法。"妥协从退让开始，以胜利告终，表相是以对方利益为重，真相是为自己的利益开道。以小步的退却换取大踏步的前进，何乐而不为呢？人生的算法不是一加一等于二那么简单的事情。不合时宜的进，其实是在大踏步地后退，积极巧妙的退，却有可能是实际意义上的前进。

《易经》
64个人生智慧

智慧40
解卦：用宽恕之心对待，以理解之心通融

【原文】

解：利西南。无所往，其来复吉。有攸往，夙吉。

象曰：雷雨作，解。君子以赦过宥罪。

【解析】

解卦：利于西南行，但是，若没有确定的目标，则不如返回，返回吉利。如果有确定的目标，则宜早行，早行吉利。

《象辞》说：上卦为震为雷，下卦为坎为雨，雷雨并作，化育万物，是解卦的卦象。君子观此卦象，从而赦免过失，宽宥罪人。

解卦象征纾解。有利于西南之地；无须继续前往行事，返回原地安居其所则可获吉祥。如果有所举动，就及早前往，如此，可获吉祥。初六没有灾祸。九二打猎时捕获三只狐狸，又得到黄色箭矢，占问可获吉祥。六三身负重物而乘车出行，必然招致贼寇前来打劫，占问则行事艰难。九四像解开被缚的拇指一样摆脱小人的纠缠，朋友才会心怀诚信前来相助。六五君子被缚又得以解脱，必获吉祥。能够以诚信感化小人。上六王公用利箭射杀高城上的大隼，一箭射中，捕而获之，无所不利。

宽人人宽，三尺道路六尺宽

宽恕是什么？《解卦》的卦象上说"君子以赦过宥罪"，君子以理解通融之心去看待别人的过失，来化解矛盾。当然我们所说的宽恕并不表示已发生的事不重要，而是表示自己放弃惩罚或报复别人而已，它是希望借此让别人认识到错误，知耻而后勇。

古希腊神话中有一位大英雄叫海格里斯。一天他走在坎坷不平的山路上，发现脚边有个袋子似的东西很碍脚，海格里斯踩了那东西一脚，谁知那东西不但没有被踩破，反而膨胀起来，加倍地扩大着。海格里斯恼羞成怒，操起一条碗口粗的木棒砸它，那东西竟然长大到把路堵死了。

智慧 40
解卦：用宽恕之心对待，以理解之心通融

正在这时，山中走出一位圣人，对海格里斯说："朋友，快别动它，忘了它，离它远去吧！它叫仇恨袋，你不犯它，它便小如当初，你侵犯它，它就会膨胀起来，挡住你的路，与你敌对到底！"

我们生活在茫茫人世间，难免与别人产生误会、摩擦。如果不注意，在我们轻动仇恨之时，仇恨袋便会悄悄成长，最终堵塞了通往成功之路。所以我们一定要记着，在自己的仇恨袋里装满宽容，那样我们就会少一份烦恼，多一分机遇。宽容别人也就是宽容自己。

学会宽容，对于化解矛盾，赢得友谊，保持家庭和睦、婚姻美满，乃至事业的成功都是必要的。因此，在日常生活中，无论对子女、对配偶、对同事、对顾客等等都要有一颗宽容的爱心。

法国19世纪的文学大师雨果曾说过："世界上最宽阔的是海洋，比海洋宽阔的是天空，比天空更宽阔的是人的胸怀。"此句不但浪漫，且具有现实意义。

拿破仑在长期的军旅生涯中养成宽容他人的美德。作为全军统帅，批评士兵的事经常发生，但每次他都不是盛气凌人的，他能很好地照顾士兵的情绪。士兵往往对他的批评欣然接受，而且充满了对他的热爱与感激之情，这大大增强了他的军队的战斗力和凝聚力，使之成为欧洲大陆一支劲旅。

在征服意大利的一次战斗中，士兵们都很辛苦。拿破仑夜间巡岗查哨。在巡岗过程中，他发现一名巡岗士兵倚着大树睡着了。他没有喊醒士兵，而是拿起枪替他站起了岗，大约过了半个小时，哨兵从沉睡中醒来，他认出了自己的最高统帅，十分惶恐。

拿破仑却不恼怒，他和蔼地对他说："朋友，这是你的枪，你们艰苦作战，又走了那么长的路，你打瞌睡是可以谅解和宽容的，但是目前，一时的疏忽就可能断送全军。我正好不困，就替你站了一会，下次一定小心。"

拿破仑没有破口大骂，没有大声训斥士兵，没有摆出元帅的架子，而是语重心长、和风细雨地批评士兵的错误。有这样大度的元帅，士兵怎能不英勇作战呢？如果拿破仑不宽容士兵，那后果只能是增加士兵的反抗意识，丧失了他本人在士兵中的威信，削弱了军队的战斗力。

宽容是一种艺术，宽容别人不是懦弱，更不是无奈的举措。在短暂的生命里学会宽容别人，能使生活中平添许多快乐，使人生更有意义。正因为有了宽容，我们的胸怀才能比天空还宽阔，才能容尽天下难容之事。

《易经》
64个人生智慧

志当高远，鸿鹄安与小雀争

宽容是一种修养，一种气度，一种德行。如果我们每个人都具有宽容忍让的心态，那么这个社会肯定会变得更加美好，人与人之间的关系也将变得更加和谐。

在与他人相处中，一些人常为一些鸡毛蒜皮的小事争得面红耳赤，谁都不肯甘拜下风，以致大打出手，事后静下心来想想，当时若能忍让三分，自会风平浪静，小事化无，言归于好。事实上，越是有理的人，如果表现得越谦让，越能显示出他胸襟坦荡，富有修养，反而更能得到他人的钦佩。

汉朝时有一位叫刘宽的人，为人宽厚仁慈。在南阳当太守时，小吏、老百姓做了错事，他只是让差役用蒲鞭责打，表示羞辱，深得民心。刘宽的夫人为了试探他是否像人们所说的那样仁厚，便让婢女在他和属下集合办公的时候捧出肉汤，把肉汤泼在他的官服上。要是一般的人，必定会把婢女责打一顿，即使不如此，至少也要怒斥一番。但是刘宽不仅没发脾气，反而问婢女："肉羹有没有烫着你的手？"由此足见刘宽为人宽容之肚量确实超乎一般人。

还有一次，有人曾经错认了他驾车的牛，硬说牛是他的。刘宽什么也没说，叫车夫把牛解下给那人，自己步行回家。后来，那人找到自己的牛，便把牛送还刘宽，并向他赔礼道歉。刘宽反而安慰那人。

这就是有礼让三分的做法，刘宽的肚量可谓不小。他感化了人心，也赢得了人心。

人人都有自尊心和好胜心，在生活中，对一些非原则性的问题，我们为什么不显示出自己比他人有容人雅量呢？

俗话说，人无完人，每个人都难免会偶有过失，因此每个人都有需要别人原谅的时候。不过很奇怪，每个人对待自己的过错，往往不如看他人的那样严重。大概是因为我们对自己犯错的背景了解得很清楚，对于自己的过错就比较容易原谅，我们常把注意力集中在人家的过错上。即使有时不得不正视自己的过错，也总觉得是可以宽恕的，这是因为无论我们自己是好是坏，我们总是能够容忍自己。

问题是轮到我们评判他人的时候，情形就不一样了。我们用另外一副眼光，百般挑剔地去发现他们的不对。例如：假使我们发现了他人说谎，我们将会

智慧 40
解卦：用宽恕之心对待，以理解之心通融

严厉地谴责对方的不诚实，可是谁又敢于保证自己从没说过一次谎？

大部分人一旦陷身于争斗的漩涡，便不由自主地焦躁起来，不仅是为了面子，有时也是为了利益，因此一旦自己得了"理"，便不饶人，非逼得对方鸣金收兵或竖白旗投降不可。然而"得理不饶人"虽然让你吹着胜利的号角，但这也是下次争斗的前奏。因为这对"战败"的对方也是一种面子和利益之争，他当然要伺机"讨"还。

在这种时候，我们为什么就不能像刘宽那样，即使自己有理，也让别人三分呢？其实，有些时候给他人留下台阶，也是为自己留下一条后路。

宽以待人，要有主动"让道"的精神，宽容让人。在与他人交往中常常会因为对信息的意义理解不一，个性、脾气、爱好、要求的不统一，价值观念的差异产生矛盾或冲突，此时我们应记住一位哲人的话："航行中有一条规律可循，操纵灵敏的船应该给不太灵敏的船让道。我认为，这在人与人的关系中也是应遵循的一条规律。"

因此，做一个肯理解、容纳他人的优点和缺点的人，才会受到他人的欢迎。相反，那些只知道对人吹毛求疵，又批评又说教没完没了的人，哪里会拥有亲密的朋友呢？人们对他只有敬而远之！

在提及宽广的胸怀时人们往往以大海作比，海能广纳百川，也不拒暴雨和冰雹；也有人把忍耐性比作弹簧，具有能伸能屈的韧性。有人说过这样一句话："谁若想在困厄时得到援助，就应在平时待人以宽。"就是说，相容接纳、团结更多的人，在顺利的时候共奋斗，在困难的时候共患难，进而增加成功的力量，创造更多的成功机会。反之，相容度低，则会使人疏远，减少合作力量，人为地增加阻力。

宽以待人，要将心比心，推己及人。推己及人，是以自己为标尺，衡量自己的举止能否为人所接受，其依据是人同此心，心同此理，将心比心，设身处地。还可以用角色互换的方法，假设自己站在对方的位置上，想一想对方会有什么反应、感觉，从而理解他人，体谅他人。懂得了这点，当别人理短时宽容他人，他人才会在自己理短时容让自己，以此建立相互宽容的人际关系。

《易经》
64个人生智慧

智慧41
损卦：控制情绪，避免冲动

【原文】

损：有孚，元吉，无咎，可贞。利有攸往。曷之用？二簋可用享。

象曰：山下有泽，损。君子以惩忿窒欲。

【解析】

损卦：筮遇此卦，将有所俘获，大吉大利，没有灾难，是称心的卜问。而且所往将获利。将有人送来两盆食物，可享口福。

《象辞》说：上卦为艮为山，下卦为兑为泽，山下有泽是损卦的卦象。君子观此卦象，以泽水浸蚀山脚为戒，从而制止其愤怒，杜塞其贪欲。

损卦象征减损。有所俘获，大吉大利，没有灾祸，可以占问，宜于有所举动。用什么来体现减损之道？用两筐淡食祭祀神灵、奉献尊者就足够了。初九停下自己的事情，赶快去协助别人，则没有灾祸，但要酌情量力。九二利于占问，但是兴兵出征则有凶险，不要减损，而要增益。六三三人同行，由于难于同心协力必将有一人离去；一人出行，由于专一求合，则可得到友朋。六四减轻疾病的事要尽速办理，如此，便可获得喜庆，而没有灾祸。六五有人进献价值十朋的宝龟而不违逆推辞，大吉大利。上九不要减损，而要增益，如此则没有灾祸，占问可获吉祥，宜于有所举动，又能得到一位没有家室的贤臣的辅佐。

用理性控制暴躁

《损卦》取"损"为名，有损失、受伤害之意。它的卦象上说"君子以惩忿窒欲"——倘若一个人不能抑制自己冲动、偏激的行为，必然会遭受损失与伤害。这句话现在已演绎成一种量力而行的智慧。

这是一个真实的故事：在临近高考还有23天的那天早上，在一个时常洋溢着欢乐笑声的班集体里，同学们正在全神贯注地填着志愿表。一切都是那么地平静，谁也不敢相信暴风雨会光速般地向他们袭来……

智慧 41
损卦：控制情绪，避免冲动

小雨，全级师生公认的一匹"黑马"，拥有无限的前程。但他做事很冲动，只要情绪一来就根本不知道什么是冷静，什么是君子动口不动手。其实他并不想伤害别人，更不想毁了自己的前途。那是理智与他无缘呢，还是他自己放弃了对理智的索求？

这一次，待他冷静下来后，他才发现自己不想发生的一切已成了现实。他把一位同学的双眼给打瞎了，年满18岁的他将要面临严厉的刑事处罚。他在彷徨中收拾好书包离开了教室。从那以后同学们再也没有见过他……

太不理智、太不成熟啊！很多人如是慨叹。

什么是成熟？

成熟意味着由复杂走向简单。就像一位少女不必像所有的少女的婚期一样，举行那种繁琐的仪式，而是选择简单的方式，用一个电话就把所有的繁文缛礼都省略了，然后轻松地上路，把真正属于自身的快乐独自享受，而蜜月的路途便会变得很长。

成熟意味着一种从容。就像去超市购物，你可以让成熟的购物成为一种好心情。不必再把任何一项购买的意向构思得如此缜密才去实施，而几乎是在游览般的欣赏中，就完成了过去要有不少的心智才能作出的决定。

成熟者有许多不同于常人的心理特征，如能主动、直接地将自己推延到自身以外的兴趣和活动中；具有对别人表示同情、亲切或爱的能力；能够接纳自己的一切，好坏优劣都如此；能够准确、客观地知觉现实和接受现实；知道自己的现状和特点；能着眼未来，行为的动力来自长期的目标和计划。然而，有一点我们绝对不可以忘记——那就是冷静。

是的，冷静是成熟者应有的特质。冷静不只在于能够控制自己的情绪，它更在于一个人如何给自己准确定位，如何面对各种复杂的局势，如何处理生活中、事业上突如其来的变化。

每个人都渴望走向成熟，那么，让我们先保持冷静吧。

俗话说：天有不测风云。生活中每个人都可能遇到许多不尽如人意之处。比如：你在外面做生意失败了；回到家中突然遇到父母不幸去世；太太被老板炒了鱿鱼；孩子踢球把邻居家的玻璃打碎了，人家找上门来；等等。面对上述情形，你会有"发疯"的感觉吗？其实生活中有许多人，就是因为在突发情况下的不理性，而使事情恶化，使自己成了受害者。

《易经》
64个人生智慧

在生活当中，理性地面对社会百态，才能使我们的生活提升至较高品位。理性处事，是为人的素质体现，也是情感的睿智反映。韩信肯受胯下之辱，非但不是怯懦，恰恰体现了他过人的理性。刘邦与项羽决战在即，正要韩信出兵相助之时，韩信提出要刘邦封他为"假齐王"，刘邦勃然大怒。然而一经张良提醒，马上恢复冷静，转而骂道，大丈夫要当王须当个真王，怎么可以要求封为假齐王？遂当即封韩信为齐王，从而使韩信出兵，打败了强敌项羽，最终夺得了天下。如果当时刘邦不能理性地分析局势，那天下最终属谁所有，尚是未知数。

生活里有太多的逆境，它是生活中的偶然，但在理智面前偶然会转化为令人快慰的必然，偶然与必然尽管有理论上的反差，但它可在理性和智慧中达到完美的统一。以理性面对社会，有利于顺境与逆境的反思，可既利社会又利自己；以理性面对生活，有利于苦乐中的洗练，可尽享人生中的惬意；以理性面对他人，有利于善恶中的辨识，可近君子而远小人；以理性面对名利，有利于道德上的不断完善，可提高人品和素质；以理性面对坎坷，有利于安危中的权衡，可除恶保康宁。理性使我们大度、理智、无私和聪颖。

理性是知识、智慧的独到涵养，更是理智、大度的深刻感悟。我们面对着一个高速发展的物质世界，我们必须具有人性的成熟美。否则，就是成功送到我们面前，还是难免在毛躁中失之交臂。

消解自己的怒气

在生活中，人与人之间难免为了工作发生矛盾和争吵，产生怨气和怒气。不管因为什么原因，都会使你一天之中高兴不起来。经常情绪焦虑伤人又伤己，不仅影响人际关系，也影响身心健康。下面是一些化解愤怒情绪的小办法。

1. 意念控制法

在发火时，心中念念有词：别生气，别跟他一般见识，有什么天大的事要发这么大的火呢？

2. 回避矛盾法

如果与同事刚发生了激烈的争吵，大家都在气头上，容易引起进一步的争吵，最好暂时回避他，这样可以做到眼不见，心不烦，怒气自消。

智慧 41
损卦：控制情绪，避免冲动

3. 转移思想法

生气时，如果始终想着生气的事情，会越想越生气，越想越难过。相反，如果通过其他途径有意识地转移自己的思想，做一些自己喜欢的事情，比如逗孩子玩、去商场购物，就可以转移大脑的兴奋点，让怒气在不知不觉中消失。

4. 主动释放法

把心中的不快找你的好朋友或亲人诉说一番，亲朋好友的理解和关心让你如沐春风，化解了心中的不良情绪，而你的不良情绪也不会传染给他人。

5. 文字排遣法

朋友和亲人都在忙自己的事情，一时找不到可靠的人诉说，可以把发怒的地点、原因和经过详详细细地写下来，描绘那个惹你生气的人的百般丑态，你会发现他并不如你想象中的那么可恶，甚至居然还有一些可爱之处，从而消解了怒气。

6. 自我超脱法

自己提出的工作方案，可能会遭到半数以上的人的反对，包括上司和同事。也许是对你期望值太高，也许是认为你工作能力差，这都是正常的现象，不必忧虑和生气。

7. 积极沟通法

当争吵双方都心平气和的时候，利用午休时间聊聊天，谈谈各自的爱好，或许你会发现你们之间并没有什么重大的"阶级"仇恨。另一方面，大家都是为了工作，不要把工作中的矛盾延续到生活之中。

8. 提高修养法

平时多做一些提高修养的事，种种花草，养养鱼，学学书法，练练画，为人会变得谦和有礼，不容易暴躁和动怒。

《易经》
64个人生智慧

智慧42
益卦：吃亏是福气，有失必有得

【原文】

益：利有攸往，利涉大川。

象曰：风雷，益。君子以见善则迁，有过则改。

【解析】

益卦：筮遇此爻，利于有所往，利于涉水渡河。

《象辞》说：上卦为巽为风，下卦为震为雷，风雷激荡，是益卦的卦象。君子观此卦象，惊恐于风雷的威力，从而见善则从之，有过则改之。

益卦象征增益。利于有所举动，宜于涉越大川巨流。初九利于大有作为，大吉大利，没有灾祸。六二有人进献价值十朋的宝龟，不违逆推辞，占问长久之事可获吉祥；君王以此祭享上天，必获吉祥。六三把增益用于救助凶险之事，不会有什么灾祸。心怀诚信，持守中正之道谨慎行事，时刻像手持玉圭向王公告急求助一样恭谨。六四持守中正之道谨慎行事，得到王公信从，有利于借此完成迁都益民大业。九五胸怀诚信仁爱之心，不必占问就知道至为吉祥，天下人必将以仁爱之心报答你的仁爱之德。上九没人增益于他，就会有人攻击他，再加上自身立心不恒，必有凶险。

失去焉知非福

《益卦》中所讲的是"增益"，但往往所得和所失是一体的。

有一个福祸双至的故事。故事说，很早很早以前，有一个年轻人，愿上天能赐予他最大的幸福。他日复一日虔诚地向神佛祈祷。他的诚心终于感动了上天。一天夜里，他听到有敲门声，当他把门打开时，看到一位美丽的姑娘，她的声音非常美妙，犹如黄莺出谷一般："我是负责管理幸福的女神，是吉祥天神。"

年轻人不禁喜出望外，立刻邀请她进屋里坐。吉祥天神含笑对他说："请等一等，我还有一个妹妹，她跟我是形影不离的！"随即将站在其身后暗处

智慧 42
益卦：吃亏是福气，有失必有得

的妹妹介绍给年轻人。

当年轻人看清妹妹的面孔后，不禁大惊失色，心想，世界上怎么会有如此丑陋的人？

他疑惑地问吉祥天神："这位姑娘真的是你的妹妹吗？"

吉祥天神严肃地回答："她就是我的妹妹，叫黑暗天神，是掌管不幸的女神。"

年轻人听了连忙恳请："只要你进来就行了，叫黑暗天神留在门外好吗？"

吉祥天神回答道："你的要求恕我无法接受，因为我和我的妹妹从小到大都是形影不离的。"年轻人听了深感苦恼，而迟迟不能决定。

这时，吉祥天神说话了："如果你还是难以决定，那我俩就告辞了。"当年轻人还在犹豫不决时，她们很快就消失了。

老子说："祸兮，福之所倚；福兮，祸之所伏。"在灾祸里面，未必不隐藏着幸福，而在幸福之中，未必不隐含着祸患的根源。人常说，天有不测风云，人有旦夕祸福。

福与祸是一体的两面，是分不开的。福也好，祸也罢，有时发生在瞬间，仅仅就是一念之差。人生在世如果不懂得其中的道理，就会受到福祸的捉弄，即使幸福来临，也会失去。

在荆棘密布的人生旅途上奔波忙碌了许久，血肉之躯的凡人，总少不了几多困惑，几丝烦恼，几多无奈，而人的这些烦恼和无奈也往往源于自己本身，因为总是高标准、严要求自己，令自己陷于"活给别人看，看着别人活"的迷宫而不能自拔。同样的半杯水，消极者说："我只剩下半杯水。"积极者说："我还有半杯水。"也就是说，怎样看同一个问题，心态起着决定性作用。

冷眼看世态，名苦利苦是非苦；欢颜向人生，你乐我乐大家乐。只有快乐，取悦了自己，高兴了别人，何乐而不为呢？要知道天下没有免费的午餐，也无不散的筵席。无奈多于喜悦，所以我们要练就承受得起多种挫折与磨难的基本功，拥有乐观、豁达的个性和精神面貌，凡事以一颗宽恕心态去对待，以健全奋发向上的积极心态去对待。朋友们只有这样，遇到不顺心的事和面对挫折时，才能使自己从"山重水复疑无路"的阴影中，步入"柳暗花明又一村"的境界。

所以，当"祸"降临时，我们不要沮丧，因为风雨过后才会有更美丽的天空；

《易经》
64个人生智慧

而当"福"来临时,我们也不要得意,因为大海里汹涌的波涛都隐藏在平静的海面下。凡事都以宽恕心态看待,你会发现,生活对于每一个人都是公平的。

吃亏是福,不必计较

在中国传统思想中,有"吃亏是福"一说。这是中国哲人所总结出来的一种人生观。它包括了愚笨者的智慧、柔弱者的力量,领略了生命含义的旷达和由吃亏退隐而带来的安稳宁静。

唐代的两位智者寒山与拾得(他们二人实际上是一种开启人心灵的解脱智慧的象征)的对话从某种意义上来说对我们很有启发:

一日,寒山谓拾得:"今有人侮我、笑我、藐视我、毁我、伤我、嫌恶恨我、诡谲欺我,则奈何?"拾得曰:"子但忍受之,依他、让他、敬他、避他、苦苦耐他、不要理他。且过几年,你再看他。"

那个高傲不可一世的人结局就可想而知了,而我们也一定可以想象得出拾得的胜利的微笑——尽管这可能是一种超脱圆滑者的微笑。不过,它的确会给我们的生活带来一些好处。

所以,如果我们知道福祸常常是并行不悖的,而且福尽则祸亦至,而祸退则福亦来的道理,那么,我们就真的应该采取"愚""让""怯""谦"这样的态度来避祸趋福。所以"吃亏是福"不失为人生一种特殊的处世哲学,"吃亏是福"也是一种生活的艺术。

"吃亏"大多是指物质上的损失,倘使一个人能用外在的吃亏换来心灵的平和与宁静,那无疑获得了人生的幸福。记不清哪位哲人曾写下下面这段令人拍手叫绝的文字,的确是对"吃亏是福"的最好的诠释:

人,其实是一个很有趣的平衡系统。当你的付出超过你的回报时,你一定取得了某种心理优势;反之,当你的获得超过了你付出的劳动,甚至不劳而获时,便会陷入某种心理劣势。很多人拾金不昧,绝不是因为跟钱有仇,而是因为不愿意被一时的贪欲搞坏了长久的心情。一言以蔽之:人没有无缘无故的得到,也没有无缘无故的失去。有时,你是用物质上的不合算换取精神上的超额快乐。也有时,看似占了金钱便宜,却同时在不知不觉中透支了精神的快乐。所以先哲强调:吃亏是福。就是这样一个道理。

智慧 42
益卦：吃亏是福气，有失必有得

现实生活中，很多人以低调的姿态做着各种各样的好事，在不同的程度上，他们当然就是我们常说的"圣人"。

吃亏是福，生命中吃点亏算什么？吃亏了能换来非常难得的和平与安全，能换来身心的健康与快乐，吃亏又有什么不值得的呢？况且，在吃亏后和平与安全的时期之内，我们可以重新调整我们的生命，并使它再度放射出绚丽的光芒。

"吃亏是福"的信奉者，同时也一定是一个"和平主义"的信仰者。林语堂在《生活的艺术》中对所谓"和平主义者"这样写道："中国和平主义的根源，就是能忍耐暂时的失败，静待时机，相信在万物的体系中，在大自然动力和反动力的规律运行之上，没有一个人能永远占着便宜，也没有一个人永远做'傻子'。"

大智者，常常是若愚的。而且，唯有其"若愚"，才显其"大智"本色。

人最难做到的，即"吃亏是福"的前提，一个是"知足"，另一个就是"安分"。"知足"则会对一切都感到满意，对所得到的一切，内心充满感激之情；"安分"则使人从来不奢望那些根本就是不可能得到的或根本就不存在的东西。没有妄想，也就不会有邪念。所以，表面上看来"吃亏是福"以及"知足""安分"会予人以不思进取之嫌，但是，这些思想也是在教导人们成为对自己有清醒认识的人，做一个清醒正常的人。因为，一个非常明白的事实——即不需要任何理论就可以证明的是，一切的祸患，不都是在于人的"不知足"与"不安分"，或者说是不肯吃亏上吗？

《易经》
64个人生智慧

智慧43
夬卦：当断则断，果断坚定

【原文】

夬：扬于王庭，孚号，有厉。告自邑，不利即戎，利有攸往。

象曰：泽上于天，夬。君子以施禄及下，居德则忌。

【解析】

夬卦：在君王的朝廷上显扬出来，有诚信而呼号有危险，从封邑前来告知，不适宜出兵作战，适宜有所前往。筮遇此爻，出外旅行则吉利。

《象辞》说：上卦为兑为泽，下卦为乾为天，可见泽水上涨，浇灌大地，是夬卦的卦象。君子观此卦象，从而泽惠下施，不敢居功自傲，并以此为忌。

夬卦象征决断。在君王的朝廷之上发表言论，竭诚疾呼将有危险。告诫自己封邑的人众，此时不宜于立即兴兵征战，如此，利于日后有所举动。初九脚趾前端受伤，贸然前往不能取胜，反而会招致灾祸。九二惊惧呼号，因为深夜发生战事，但是没有危险，所以不必忧虑。九三脸面受伤，必有凶险。君子决然前行，独自遇雨受淋，雨水淋湿衣裳，虽然愠怒在所难免，却不会有什么灾祸。九四臀部无皮，行走趑趄难进；若能牵羊而行，困厄将会消亡。无奈听了此话无人信从。九五细角山羊决然健行，只要居中行正，必无灾祸。上六不必大哭小叫，因为凶险最终难以逃避。

该出手时决不犹豫

俗话说："当断不断，必受其乱。"《夬卦》的"夬"是决断之意。在决断的问题上，一定不能优柔寡断，要当断则断。优柔寡断的性格必然会带来许多祸患。

《致富时代》杂志上，曾刊登过这样一个故事。有一个自称"只要能赚钱的生意都做"的年轻人，在一次偶然的机会，听人说市民缺乏便宜的塑料盛装垃圾。他立即就进行了市场调查，通过认真预测，认为有利可图，马上着手行动，很快把价廉物美的塑料袋推向市场。结果，靠那条别人看来一文

智慧 43
夬卦：当断则断，果断坚定

不值的"垃圾袋"的信息，两星期内，这位小伙子就赚了 4 万块。

相反，一位智商一流、执有大学文凭的翩翩才子决心"下海"做生意。有朋友建议他炒股票，他豪情冲天，但去办股东卡时，他又犹豫道："炒股有风险啊，等等看。"又有朋友建议他到夜校兼职讲课，他很有兴趣，但快到上课了，他又犹豫了："讲一堂课，才 20 块钱，没有什么意思。"

他很有天分，却一直在犹豫中度过。两三年了，一直没有"下"过海，碌碌无为。

有些人不是没有成功立业的机遇，只因不善抓住机遇，所以最终错失机遇。他们做人好像永远不能自主，非有人在旁扶持不可，即使遇到一点小事，也得东奔西走地去和亲友邻人商量，同时脑子里更是胡思乱想，弄得自己一刻不宁。于是愈商量愈打不定主意，愈东猜西想愈是糊涂，就愈弄得毫无结果，不知所终。

没有判断力的人，往往使一件事情无法开场，即使开了场，也无法进行。他们的一生，大半都消耗在没有主见的怀疑之中，即使给这种人成功的机遇，他们也永远不会达到成功的目的。

一个成功者，应该具有当机立断、把握机遇的能力。他们只要自己把事情审查清楚，计划周密，就不再怀疑，立刻勇敢果断地行事。因此任何事情只要一到他们手里，往往能够随心所欲，大获成功。

在行动前，很多人提心吊胆，犹豫不决。在这种情况下，首先你要问自己："我害怕什么？为什么我总是这样犹豫不决，抓不住机会？"

在通往成功的道路上，每一次机会都会轻轻地敲你的门。不要等待机会去为你开门，因为门闩在你自己这一面。机会也不会跑过来说"你好"，它只是告诉你"站起来，向前走"。畏难而退，优柔寡断，缺乏一往无前的勇气，这便是人生最大的难题。

要善于发现机会。很多的机会好像蒙尘的珍珠，让人无法一眼看清它华丽珍贵的本质。踏实的人并不是一味等待的人，要学会为机会拭去障眼的灰尘。不要为自己找借口了，诸如：别人有关系、有钱，当然会成功；别人成功是因为抓住了机遇，而我没有机遇，等等。这些都是你安于现状的借口，其实根本原因是你根本没有什么目标，没有勇气，你是胆小鬼，你根本不敢迈出成功的第一步，你只知道成功不会属于你。

《易经》
64个人生智慧

发现机会就采取果敢的行动

在现代化社会，信息的多寡常常是决定事业成败的关键因素。很难想象，一个闭目塞听、信息不畅的人能取得成功，一个目光短浅、孤陋寡闻的企业能够在市场上抓住先机。

说到成功的企业家，一般人往往佩服他们那似乎是与生俱来的"呼风唤雨""左右市场"的能力，其实，在那叱咤风云的表象背后，有着共同的规律：他们善于抓住关键信息，善于伺机而动。

表面上看似无从入手的市场，实质上并非"天衣无缝"，总是有"机"可乘，有"缝"可钻，关键在于，你是否有一双锐利的眼睛，是否有超人的嗅觉。

对企业家而言，信息并不是任意的资料，也不是道听途说的陈芝麻烂谷子。信息本身千姿百态，无处不在，无时不在。有的信息属于虚假的表象，很能阻挡一般人的视线；也有的信息属于无关紧要的细枝末节，很容易扰乱一般人的视线。只有具备清醒的头脑、广博的见识、丰富的阅历、准确的判断力，才能披沙拣金，让信息为己所用。

对关键信息抓得准、抓得快、抓得狠，是成功人士的共同经验，李晓华的成功之道也鲜明地印证了这条经验。

1985年，李晓华东渡日本，他在东京国际学院学习，在课余时间为一家日本商社打工，而且也时常留意日本人的交易方式和日本市场的特点。

有人称赞，优秀的企业家简直就是"信息动物"，从头到脚、从眼到脑、从鼻到耳，对信息的敏感超乎想象。李晓华就是这样一个典型的"信息动物"。

1988年，李晓华在报纸上留意到这样一条毫不起眼的消息："中国生产的101毛发再生精在日本市场上的价格一路上扬"。他凭着敏锐的市场判断力认定：机会来了！

李晓华想，如果自己能够取得"101毛发再生精"在日本的代理权，肯定能赚一大笔钱。

说干就干，李晓华立即返回中国，真难想象，一个人能如此果决地行动，不过，这也许正是成功人士的特异之处。

李晓华精通情感投入，竟在短短一月时间与"101毛发再生精"的发明者赵章光结成朋友，顺利地得到了生发精在日本的经销权。

智慧 43
夬卦：当断则断，果断坚定

李晓华垄断了"101"在日本的代理权后，以10美元一瓶的优惠价进货，以70美元至80美元一瓶的价格在日本销售，仍供不应求，真可谓是一本万利。李晓华也因此成为日本知名人物，为此受到海部首相的亲自接见，海部称赞他是中国"最优秀、最有智慧的企业家"。能力卓越的企业家不但能够先人一步，率先抢占信息，果敢采取行动，而且善于不断充实自己的实力，把财富的雪球越滚越大。

《易经》
64个人生智慧

智慧44
姤卦：刚柔相济，进退自如

【原文】

姤：女壮，勿用取女。

象曰：天下有风，姤。后以施命诰四方。

【解析】

姤卦：女子过于强壮。筮遇此卦，不利于娶女。

《象辞》说：上卦为乾为天，下卦为巽为风，天下有风，是姤卦的卦象。君王观此卦象，从而效法于风之吹拂万物，施教化于天下，昭告四方。

姤卦象征相遇。女子过于盛壮，伤男，不宜娶其为妻。初六紧紧系在铜车闸上，占问必有吉祥。而急于有所举动，则必然出现凶险，就像猪被捆绑而竭力挣扎一样。九二厨房有鱼，没有灾祸，但是不宜于招待宾客。九三臀部无皮，行走趑趄难进，必有危险，但是并不会有大的灾祸。九四厨房无鱼，必然惹出凶险之事。九五用杞柳蔽护树下之瓜，象征内中含藏彰美之德，必有喜庆自天而降。上九走入空荡的角落与人相遇，行事必然艰难，但是没有灾祸。

高明的人特别注意藏锋露拙

《姤卦》所说的阴阳不能失衡，目的是让我们在为人处世之中，应该做到刚柔相济，藏锋露拙。

这里所说要藏锋露拙，并非是要人埋没自己的才能，而是为了保护自己，不导致祸端，从而更好地发挥自己的才能和专长。追求卓越和超凡出众，本身是一种积极的人生态度。但一味孤芳自赏，无视周围环境，就会与人格格不入，招人厌恶，千方百计让你过不去。

战国末期，韩国贵族韩非著书立说鼓吹社会变革。他的著作流传到秦国，被秦王嬴政（即后来的秦始皇）看到，极为赞赏，设法邀请他到秦国。但才高招忌，韩非入秦后，还未受到重用，就被李斯等人诬陷，屈死狱中。宏图

智慧 44
姤卦：刚柔相济，进退自如

未展身先死，这样纵使有满腹经纶又有何用？如果韩非不是招摇才华，而是谦卑抱朴，等待时机，或另待明主，或婉转上奏，使自己的政治抱负得以施展，相信他并非仅仅就是一个思想家，同时又会成为一代名臣巨相，而不会是一个悲剧人物。

有成语曰"锋芒毕露"。锋芒本是刀剑的尖端，它比喻显露出来的才干。古人认为，一个人若无锋芒，那就是提不起来，所以有锋芒是好事，是事业成功的基础，在适当的场合显露一下既有必要，也是应当。然而，锋芒可以刺伤别人，也会刺伤自己，运用起来应小心翼翼，平时应插在剑鞘中。所谓物极必反，过分外露自己的才华只会导致自己的失败。尤其是做大事业的人，锋芒毕露非但不能达到事业成功的目的，可能还会失去了身家性命。

所以，有才华的人应该隐而不露，该装糊涂时一定要装糊涂，待机而行动。

杜祁公有一个学生做县官，祁公告诫他说："你的才华和学问，当一个县官是不够你施展作为的。但你一定要积存隐蔽，不能露出锋芒，要以中庸之道治理县政，求得和谐安定，不这样的话，对做事没有好处，只会招惹祸端。"

他的学生说："你一生因为正直忠信被天下尊重，现在却教我这些是什么原因呢？"

杜祁公说："我为官多年，做了许多职位，对上被皇帝知道，对下又被朝廷的官员相信，所以能抒发志向。现在你当县令，什么事情都会发生，牵涉到上下官吏，那县令可不是好当的。如果你不被别人了解，你怎么能施展你的抱负呢？只会惹来灾祸罢了。这就是我要告诉你不方不圆，在中庸之道中求得和谐的这些话的原因啊！"

洪应明的《菜根谭》中说："矜名不若逃名趣，练事何如省事闲。"

这句话的意思是说：一个喜欢夸耀自己名声的人，倒不如避讳自己的名声显得更高明；一个潜心研究事物的人，倒不如什么也不做来得更安闲。这正是"隐者高明，省事平安"之谓。

高明之人，他们能够防患于未然。不招风，不惹雨，使自己在错综复杂的社会里安身立命，善始善终。

古往今来，有不少智者、仁人，因为其才能出众，技艺超群，行为脱俗，招来别人的嫉妒、诬陷，甚至丢了性命。于是，避招风雨就成为一些高明的智者仁人从实践中总结出来的一种处世安身的应变策略。

《易经》
64个人生智慧

　　三国时期曹操的著名谋士荀攸，智慧超人，谋略过人，他辅佐曹操征张绣、擒吕布、战袁绍、定乌桓，为曹氏集团统一北方、建立功业，做出了重要的贡献。他在朝20余年，能够从容自如地处理政治漩涡中上下左右的复杂关系，在极其残酷的人事倾轧中，始终地位稳定，立于不败之地，就在于他能谨以安身，避招风雨。曹操有一段话形象而又精辟地反映了荀攸的这一特别的谋略："公达外愚内智，外怯内勇，外弱内强，不伐善，无施劳，智可及，愚不可及，虽颜子、宁武不能过也。"可见荀攸平时十分注意周围的环境，对内对外，对敌对己，迥然不同。参与军机，他智慧过人，连出妙策；迎战敌军，他奋勇当先，不屈不挠。但对曹操、对同僚，却不争高下，表现得总是很谦卑、文弱、愚钝、怯懦。

　　有一次，他的姑表兄弟辛韬曾问及他当年为曹操谋取袁绍冀州的情况，他却极力否认自己的谋略贡献，说自己什么也没有做。他为曹操"前后谋划奇策十二"，史家称赞他是"张良、陈平第二"，但他本人对自己的卓著功勋却是守口如瓶，讳莫如深，从不对他人说起。他与曹操相处20余年，关系融洽，深受宠信，从来不见有人向曹操进谗言加害于他，也没有一处得罪过曹操，使曹操不悦的。建安十九年（214年），荀攸在从征途中善终而死，曹操知道后痛哭流涕，说："孤与荀公达周游二十余年，无毫毛可非者。"并赞誉他为谦虚的君子和完美的贤人。这都是荀攸避招风雨、精于应变的结果。

　　避招风雨的应变策略，初看起来好像比较消极。其实，它并不是委曲求全、窝窝囊囊做人，而是通过少惹是非、少生麻烦的方式，更好地展现自己的才华，发挥自己的特长。

忍一时而成一世

　　大凡英雄豪杰，胸怀大志，打算干一番轰轰烈烈的事业的人，都能屈能伸。这就好比一个矮小的人，要登高墙，必须要寻找一个梯子作为登高的台阶，假如一时寻找不到梯子，那么，即使旁边有一个马桶，未尝不可利用作为晋升的阶梯。假如嫌它臭，就爬不到高墙上去。当初，张良、韩信就是刘邦的梯子，韩林儿就是朱元璋的马桶。

　　韩信年少时曾受过胯下之辱，但他并不是懦夫。他之所以忍受这样大的屈辱，是因为他的人生抱负太大了，没有必要因小不忍而乱大谋。后来跟随

智慧 44
姤卦：刚柔相济，进退自如

刘邦逐鹿中原，风云际会，先后做过齐王和楚王。在他与部下谈起这件事时说：难道当时我真没有胆量和力量杀那个羞辱我的人吗？而是如果杀了他，我的一生就完蛋了，我忍住了，才有今天这样的地位和成就。

人们在制定理想目标时，往往在实践过程中都会遇到这样那样的困难和挫折，致使你气愤、胆怯、自卑、情绪冲动、灰心丧气、意志动摇等，立志愈高，所遇到的困难就愈大。猝然临之而不惊，无故加之而不怒，这就是大丈夫能屈能伸、乐观坚毅精神的表现。

苦难是一种前兆，也是一种考验，它选择意志坚韧者，淘汰意志薄弱者。要达到奇伟瑰怪的人生境界，要成就任重道远的伟业，必须具有远大的志向和极端坚韧的品质。

一场大雪过后，树林子出现了有趣的现象，只见榆树的很多枝条被厚厚的积雪压得折断了，而松树却生机盎然，一点儿也没有受到伤害。原来榆树的树枝不会变曲，结果冰雪在上面越积越厚，直到将其压断，实在是备受摧残。而松树却与之相反，在冰雪的负荷超过自己的承受能力时，便会把树枝垂下，积雪就掉落下来。松树树枝因能向下，使雪易滑落，所以枝干依旧挺拔，巍然屹立。能屈能伸，刚柔相济，正是这种气度和风范使松树经受了一场暴风雪的洗礼。

人世间的冷暖是变化无常的，人生的道路是变化无常的，当你在遇到困难走不通时，或许退一步就会海阔天空；当你在事业一帆风顺的时候，一定要有谦让三分的胸襟和美德，应该把功劳让与别人一些，不要居功自傲，更不要得意忘形。该进则进，该退则退，能屈能伸。

富兰克林小时候到一位长者家里去拜访，去聆听前辈的教诲。没料到，他一进门头就在门框上狠狠地撞了一下。身材高大的富兰克林疼痛难忍，不停地用手指揉着自己头上的大包，两眼瞪着那个低于正常标准的门框。出门迎接的长者看到他那副狼狈不堪的样子，忍不住笑起来："年轻人，很痛吧？"这位长者语重心长地说，"这可是你今天来这儿的最大的收获。"

一个人要想在世上有所作为，"低头"是少不了的。低头是为了把头抬得更高更有力。现实世界纷纭复杂，并非想象的那么一帆风顺，面对人生旅途中一个个低矮的"门框"，暂时的低头并非卑屈，而是为了长久的抬头；一时的退让绝非丧失原则和失去自尊，而是为了更好地前进。缩回来的拳头，

《易经》
64个人生智慧

打起人来才有力。只有采取这种积极而且明智的方法，才能审时度势，通过迂回和缓而达到目的，实现超越。对这些厚重的"门框"视而不见，傲气不敛，硬碰硬撞，结果只能是头破血流，成为摆在风车面前的"堂吉诃德"。

富兰克林终生难忘前辈的忠告，将"学会低头，拥有谦逊"作为自己生活的准则和座右铭，并且身体力行，后来终成大器，卓有建树，被誉为"美国之父"。

智慧 45
萃卦：交友有分寸，处世有准则

【原文】

萃：亨，王假有庙。利见大人，亨，利贞。用大牲吉。利有攸往。

象曰：泽上于地，萃。君子以除戎器，戒不虞。

【解析】

萃卦：通泰。王到宗庙举行祭祀。占得此卦，利于会见贵族王公，亨通，这是吉利的征兆。用牛牲祭祀，也很吉利，并且出行吉利。

《象辞》说：上卦为兑为泽，下卦为坤为地。泽水淹地，是萃卦的卦象。君子观此卦象，以洪水横流、祸乱丛聚为戒，从而修治兵器，戒备意外的变乱。

萃卦象征会聚。亨通顺利。君王来到宗庙祭祀祖先，利于大德大才之人出世，亨通顺和，利于占问；用大牲祭祀，必获吉祥。利于有所举动。初六心怀诚信而不能保持至终，必然导致行动忙乱而与他人妄聚。于是就大声哭叫，而就在此刻又筮得一握之数，随即破涕为笑。不必再有忧虑，有所举动没有灾祸。六二迎来吉祥，自然没有灾祸。心怀诚信有利于夏祭求福。六三因会聚而生叹息，没有什么好处。但是有所举动也没有灾祸，仅只小有艰难。九四大吉大利，没有灾祸。九五会聚而适得其位，没有灾祸，但是还不能取得众人信任；有德的君长占问长期的吉凶祸福，困厄将会消亡。上六咨嗟哀叹并痛哭流涕可以免除灾祸。

不可滥交朋友

《萃卦》的卦象上说"君子以除戎器，戒不虞"，给我们指明了交友的方向：不可结交损友。

朋友大致可以分为三类：一类是工作朋友，即由于工作原因而结识的朋友，如同事、客户等等；另一类是生活朋友，即是以前在学校或生活中结识的朋友；第三类就是一般性的"点头"朋友。前两类朋友都应有个限度，如果滥了，

《易经》
64个人生智慧

就会全部变成第三类朋友，滥交朋友必导致无真正的朋友。

我们交朋友的目的一是让生活充实、丰富，能在工作之余有人一起娱乐、一起聊天；二是有利工作，希望在工作上能得到朋友的帮助。很显然，朋友太多就不可能有太多时间去了解、交流，也就不可能建立真正的友谊，朋友之间没一定的感情基础，那么就很难谈得上互相帮忙。未必生意场上认识的人多就好办事，没有一定的交往基础，别人是肯定不会帮你的，除非你自己有权有势，别人帮你是想得到回报。所以能结识一些相互欣赏、有情有义的工作朋友才最好。

滥交朋友的人会给人一种生活缺乏原则的感觉。如果你以认识的朋友多为荣，那你肯定会主动去拉拢各种各样的人，只要有机会，你就会热情主动地结识。其实人际交往最忌讳大献殷勤，不卑不亢是交际的首要原则，因为自尊是交往中首要的吸引力，如果抛弃自尊去讨好别人，肯定得不到别人的尊重，而且一般以交友多为荣的人都希望结识更多的有钱有势的风云人物，而这些人最看不起故意讨好的人，因为他们见得最多的就是这种人。所以喜欢滥交朋友的人往往会失去自我，让人瞧不起。

喜欢滥交朋友的人往往缺少真正的朋友。和朋友建立深厚的友谊需要各种努力，首先是要花一定的时间，即使你们青梅竹马，几年不联系也可能形同陌路。因为社会在变，人也在变，不经常交流肯定会产生隔阂。而喜欢滥交朋友的人是肯定没有时间专门给一些朋友的，他们也认识不到友谊需要细心栽培，他们把朋友当作稻穗一样，以为认识了就像把稻穗捡回家里一样，以后想用就可以随时用。建立友谊需要不断地付出，朋友间的友谊就像爱情一样是个空盒子，首先你得倾注关心、帮助、理解，然后你才能得到关心、帮助、理解。滥交朋友的人是不可能不断地付出的，他没这么多时间和精力，所以他的朋友都只是一些点头朋友。而且，万一不幸交了个坏蛋无赖朋友，那就有你烦的了，骗你点钱，占你点便宜。弄不好交个要钱不要命的家伙，那就更危险了。

所以，我们交朋友要宜精不宜多，要悉心结交一些志同道合的工作朋友和生活朋友，而且要有一定的感情基础，工作上能鼎力相助，而不是建立在纯利益基础之上的关系。一些生活中的朋友要多加联系，因为这些朋友都是些有着共同经历、经过时间考验的知心朋友，要留一定的时间和精力不断加

智慧 45
萃卦：交友有分寸，处世有准则

深友谊。这部分朋友是最可靠的，因为你们之间没有利益冲突，是一份最纯的友谊，任何时候，他们都能给你帮助。

当然，交友时要有一定戒心，有一定的识别能力。和一个人交往时要判断对方和你交往的动机是什么，是看重你的人还是其他，如果纯粹看重你的钱和势或其他利益，那么就不必深交，如果能形成互利互惠，当然也不妨交往一下。

结交合适的朋友

朋友之间的影响，是由于朋友关系的特征所决定的。第一，朋友一般年龄相仿，有些人喜欢在同龄人中间交朋友，因为不同的年龄有着不同的兴趣和爱好，有着不同的语言，有着不同的喜怒哀乐。青年朋友之间，由于年龄相仿，心理上、行为上、语言上的相同点就多，彼此容易理解，容易采纳意见。所以，彼此间影响就大。第二，朋友一般是合得来的，"同心之言，其臭如兰"，彼此情深意笃，相互信任。这样，朋友的言行容易被接受，容易自觉不自觉地跟着学。第三，朋友一般接触的时间比较多，"近火烤人"。既是朋友，就会经常接触，通过频繁的接触，彼此耳濡目染、潜移默化地受着影响。第四，朋友是自己选择的，"气习相染，师不如友"。人们与父母、兄弟姐妹、师长等人，是一种不能选择的天然关系，这种天然关系当然有着其他人际关系所不能替代的亲密之情。然而，这种天然关系就有一定的局限性。朋友关系则不然，朋友是自己选择的，也正因为朋友是自己选择的，才有特定的寄托。谁都有这样的感受：有些担忧和顾虑，有些忧愁和烦恼，有些成功和喜悦，有些希望和要求，不能或不愿对父母、兄弟姐妹、师长等人说，却能够和愿意向朋友倾诉，以期从朋友那里得到帮助，有些事情也确实只有通过友谊的桥梁才能办好。同明相见，同音相闻，同声相应，同气相求嘛！在有些问题上，朋友间的影响，是其他人际关系所望尘莫及的。

所以，要谨慎择友。事实上，人们都在有意无意地选择朋友。区别在于，是清醒地、自觉地选择朋友，还是盲目地、不自觉地选择朋友，把什么作为择友的标准。由于时代不同，社会不同，人与人不同，择友的标准也就不尽相同。在我国几千年的文明史中，有无数名家学者对择友标准问题进行过探讨和实践。这里，在对前人择友标准的扬弃基础上，谈一下当代人的择友标准。

《易经》
64个人生智慧

1. 志同道合

晋人傅玄《和秋胡行》讲:"清浊必异源,凫凤不并翔。"意思是,水有清有浊,因为它的源头不一样,野鸭和凤不会在一起飞翔。说明志趣不同的人,无法在一起相处。《论语·卫灵公》讲:"道不同,不相为谋。"意思是,人们的政治主张不同,就不必相互商量事情。清人顾图河《息交》讲:"惟当同心人,可与论金铁。"意思是,只有志同道合的人,才能结成牢不可破的友谊。

2. 品质要好

《孟子·万章下》讲:"友也者,友其德也。"意思是,交朋友,是因为朋友的品德而去结交他。《论语·季氏》讲:"友直、友谅、友多闻,益矣;友便辟、友善柔、友便佞,损矣。"意思是,同正直的、诚实的、见闻广博的人做朋友,是有益的;同虚伪应酬的、假意随和、花言巧语的人交朋友,就有害了。

3. 知心

晋人谢惠连的《相逢行》讲:"巢林宜择木,结友使心晓。"意思是,鸟儿巢林应当有所选择,交朋友理应对对方了解。汉代《古歌辞》讲:"结交在相知,骨肉何必亲。"《郭嵩焘日记·联语》讲:"结交贵知心。"汉人扬雄的《法言·学行》讲:"朋而不心,面朋也;友而不心,面友也。"意思是,交朋友而不能真诚相待,以心相见,就是貌合神离的朋友。

4. 可靠

《鸡鸣偶记》讲:"道义相砥,过失相规,畏友也;缓急可共,生死可托,密友也;甘言如饴,游戏征逐,昵友也;利则相攘,患则相倾,贼友也。"大意是,要结交那些能够指出自己过失、患难与共的人,不要结交那些只知道吃喝玩乐的人和背叛友谊的人。

5. 比自己强

清人申涵光的《荆园进语》中讲:"凡弈棋与胜己者对,则日进;与不如己者对,则日退。取友之道亦然。"意思是,与棋艺胜过自己的人下棋,就能天天进步;与棋艺不如自己的人下棋,就会日见退步。交友之道也是如此。

6. 交友不怕贫

宋人刘过的《同许从道登圜翠阁》中讲:"结交有味贫何害?薄酒虽村

智慧 45
萃卦：交友有分寸，处世有准则

饮亦豪。"意思是，所交的朋友只要知心，即使贫穷又有什么不好的呢？朋友虽然朴实无华，同他一起畅饮薄酒也觉得很有意思。唐人高适有一首《赠任华》诗：

丈夫结交须结贫，
贫者结交交始亲。
世人不解结交者，
惟重黄金不重人。
黄金虽多有尽时，
结交一成无竭期。
君不见管仲与鲍叔，
至今留名名不移。

以上这些择友的标准，可以作为我们择友时的参考，但取舍要根据个人的实际情况而定。择友首要的、基本的标准是，分清敌友，不能认敌为友。歌德说："真诚、活跃而富有成果的友谊表现在生活的步调一致，表现在我们的朋友赞成我的目标而我也赞成他的目标，因此无论我们的思想和生活方式有多大差异，都始终不渝地共同前进。"歌德这里说的生活步调一致、生活目标一致，意即就是要分清敌我。

那么，能不能和落后的甚至失足者交朋友？回答是肯定的：能，也应该！了解对方的优点、长处，更了解对方的缺点、毛病、错误，帮助其克服缺点、毛病、错误，是友谊的题中应有之义。因为落后的人并不属于敌人范畴，自然可以与之交朋友。清人申居郧的《西岩赘语》中讲："居有恶邻，坐有损友，借以检点自慎，亦是进德之资。"说的是，住家有不好的邻居，交往中有不好的朋友，如果能以他们为借鉴，从而谨慎从事，这也是提高道德修养的好条件。这是有点辩证法的。在同落后的人乃至失足青年的交往中，我们只要保持清醒头脑，坚持原则，坏的影响是可以抵制住的。抵制坏的影响的过程，就是帮助朋友的过程，也是自己提高的过程。

《易经》
64个人生智慧

智慧46
升卦：君子以顺德，积小以高大

【原文】

升：元亨。用见大人，勿恤，南征吉。

象曰：地中生木，升。君子以顺德，积小以高大。

【解析】

升卦：非常亨通，有利于会见王公贵族，不用担忧。占得此爻，出征南方吉利。

《象辞》说：外卦为坤为地，内卦为巽为木。木植于地中，是升卦的卦象。君子观此卦象，从而遵循德义，加强修养，从细小起步，逐步培育崇高的品德。

升卦象征上升。大吉大利。利于大德大才之人出世，不必有什么忧虑。向南方兴兵征战，必获吉祥。初六不断进长上升，大吉大利。九二心怀诚信有利于夏祭求福，没有灾祸。九三上升顺利，一直升入空虚的城邑。六四君王来到岐山祭祀神灵，必获吉祥，没有灾祸。六五占问则可获吉祥，沿着台阶步步上升。上六夜间还要继续上升，有利于上升不息以求上进的占问。

别急于做大事，先重在做小事

《升卦》的卦象上说："君子以顺德，积小以高大。"认为君子应该懂得这种积少成多、集腋成裘的道理，才能够步步高升。

有些人做事重大略小，因而一事无成。真正的成事之道是：不急于做大事，而重在做小事。所谓从大处着眼、小处着手就是：看问题要识整体，做事情要具体。换言之，做事情绝不能只有大的想法而无小的手法。这就需要你在做事时留心细微之处。

维斯卡亚公司是美国20世纪80年代最为著名的机械制造公司，其产品销往全世界，并代表着当今重型机械制造业的最高水平。许多人毕业后到该

智慧 46
升卦：君子以顺德，积小以高大

公司求职遭拒绝，原因很简单，该公司的高技术人员爆满，不再需要各种高技术人才。但是令人垂涎的待遇和足以自豪、炫耀的地位仍然向那些有志的求职者闪烁着诱人的光环。

詹姆斯和许多人的命运一样，在该公司每年一次的用人测试会上被拒绝申请，其实这时的用人测试会已经是徒有虚名了。詹姆斯并没有死心，他发誓一定要进入维斯卡亚重型机械制造公司。于是他采取了一个特殊的策略——假装自己一无所长。

他先找到公司人事部，提出为该公司无偿提供劳动力，请求公司分派给他任何工作，他都不计任何报酬来完成。公司起初觉得这简直不可思议，但考虑到不用任何花费，也用不着操心，于是便分派他去打扫车间里的废铁屑。一年来，詹姆斯勤勤恳恳地重复着这种简单但是劳累的工作。为了糊口，下班后他还要去酒吧打工。这样虽然得到老板及工人们的好感，但是仍然没有一个人提到录用他的问题。

1990年初，公司的许多订单纷纷被退回，理由均是产品质量有问题，为此公司将蒙受巨大的损失。公司董事会为了挽救颓势，紧急召开会议商议解决办法。当会议进行一大半却尚未见眉目时，詹姆斯闯入会议室，提出要直接见总经理。在会上，詹姆斯把对这一问题出现的原因作了令人信服的解释，并且就工程技术上的问题提出了自己的看法，随后拿出了自己对产品的改造设计图。这个设计非常先进，恰到好处地保留了原来机械的优点，同时克服了已出现的弊病。总经理及董事会的董事见到这个编外清洁工如此精明在行，便询问他的背景以及现状。詹姆斯面对公司的最高决策者们，将自己的意图和盘托出，经董事会举手表决，詹姆斯当即被聘为公司负责生产技术问题的副总经理。

原来，詹姆斯在做清扫工时，利用清扫工到处走动的特点，细心察看了整个公司各部门的生产情况，并一一作了详细记录，发现了所存在的技术性问题并想出解决的办法。为此，他花了近一年的时间搞设计，做了大量的统计数据，为最后一展雄姿奠定了基础。

吃得苦中苦，方为人上人。在刚步入社会的时候，不妨放下架子，甘心从基础干起。

米查尔·安格鲁是一位著名的雕塑家。有一天，安格鲁在他的工作室中

《易经》
64个人生智慧

向一位参观者解释为什么自这位参观者上次参观以来他一直忙于一个雕塑的创作。他说:"我在这个地方润了润色,使那儿变得更加光彩些,使面部表情更柔和了些,使那块肌肉更显得强健有力;然后,使嘴唇更富有表情,使全身更显得有力度。"

那位参观者听了不禁说道:"但这些都是些琐碎之处,不大引人注目啊!"

雕塑家回答道:"情形也许如此,但你要知道,正是这些细小之处使整个作品趋于完美,而让一件作品完美的细小之处可不是件小事情啊!"

那些成就非凡的大家总是于细微之处用心、于细微之处着力,这样日积月累,才能渐入佳境,出神入化。

应关注未做完的小事,如任其积累,它们会像债务一样令人焦虑不安。应该先做小事,而不是先做大事,就好像应该先偿还小额债务,再偿还巨额债务。一旦我们不停地关注那些我们能够完成的小事,不久我们就会惊异地发现,我们不能完成的事情实在是微乎其微的。

干什么事总是一路奋进

想成大事的人,必须明白一个道理:任何瞬间的灵感,事实上都不能代替长期的工夫。只有脚步不停,才能不断向前。只有勤奋才能征服一切,你不能奢望同时是伟大的而又是舒适的,懒惰会将一个人活埋。

卡莉·菲奥里纳作为世界上最成功的女企业家,不仅是一个集美貌和智慧于一身的女性,更是个敢于挑战困难、善于把握机会的决策者。而她的同事对她印象最为深刻的却是她工作的勤奋。

卡莉每天早晨4点钟就起床,浇浇花,喂喂鸟。但她的脑子并没有闲着。她认为早上是一天思维最活跃的时刻,最适于思考问题。她一边喂鸟一边思考好当天必须完成的工作。然后她头脑清醒、目标明确地到公司去,开始一天的工作。

她总是第一个来到办公室,忙起来常常顾不上吃午饭。饿了,就找些饼干、面包随便吃一点,通常一干就是到深夜,甚至到第二天凌晨。多少个夜晚,卡莉都是在自己的办公桌前度过的,有时实在太累就趴在桌子上小憩一会,然后打起精神继续工作。卡莉认为只有在全身心投入到工作中时,她才觉得自己是最充实的。

1996年上半年,她坚持和手下的审计员和财务人员一起通宵达旦地工作,

智慧 46
升卦：君子以顺德，积小以高大

以确保第二天为股市提供的财务报表万无一失。通宵达旦，十几个小时的长时间工作对她来说不是偶尔一次两次，而是已经形成了她工作的一种习惯、她的一种标志。全公司上下都知道勤勤恳恳、身先士卒是卡莉·菲奥里纳一贯的工作作风。

比尔·盖茨刚创业时，他和保罗·艾伦一起全力经营微软日常业务，经常一干就是两三天不合眼，饿了，便三口两口地来块汉堡包，喝口水。他能在任何别扭的地方打个小盹，甚至干脆就趴在键盘上。那时，也许他深深地知道，微软不过是大森林中一株刚冒出头的小芽草而已，如果他们不勤快地抢些早晨的甘露、阳光，恐怕将来连做棵小草的资格都没有，更别说参天的大树了！

微软小有名气后，他更加不敢懈怠。因为这时的竞争对手更加多了，大家都虎视眈眈地盯着微软的发展，盯着它是不是出现差错和漏洞。这一切都迫使比尔·盖茨在工作中更加慎重和周密。而慎重和周密的直接结果就是令他不得不更加勤奋。否则，便会出现一失足成千古恨的可能。

比尔·盖茨每年要花许多时间穿梭于美国和世界。在这些旅途中，每个工作日可能长达16个小时，令人疲惫不堪。在去国外的旅途中，他还得抓紧时间阅读有关该国国情的书或杂志；当他到达目的地后，要会见微软的当地代表，讨论商务策略，还要向各种各样的听众，包括政府官员、商界领袖、学生和新闻界人士亲自讲解和演示微软的产品，听取他们的抱怨和建议。

在微软总部的时候，晚上偶尔有闲暇，比尔·盖茨便在公司里走来走去，到处转转看看。不仅是看有谁还在那里埋头苦战，也看看手下员工办公室里桌上的用品，墙上的图片；不仅是去了解员工在干什么，更是去了解他们在怎么干。他尝试着去设身处地地感受，人们怎样来看待他们面对的任务，他们都在想些什么。他或许还会与最后一个离开办公室的员工并肩走上几步，问问他对公司的项目或者更广泛的技术有何看法。

时间对任何人来说，都是最为珍贵的。除了争分夺秒之外，没有办法得到更多，比尔·盖茨也不例外，他也不会在一天中得到比24小时更长的时间。所以尽管他不喜欢做工作狂，但是却必须非常勤奋。

想成为管理者的人，想成大事的人，必须心里明确：只有投身其间努力奋斗的人，才会高于别人而成为领导者，才会感受到成功的喜悦。

《易经》
64个人生智慧

智慧47
困卦：善于应对困境，善于摆脱潦倒

【原文】

困：亨，贞，大人吉，无咎。有言不信。

象曰：泽无水，困。君子以致命遂志。

【解析】

困卦：通泰。卜问王公贵族之事吉利，没有灾难。筮遇此爻，有罪之人无法申辩清楚。

《象辞》说：上卦为兑为泽，下卦为坎为水，水渗泽底，泽中干涸，是困卦的卦象。君子观此卦象，以处境艰难自励，穷且益坚，舍身捐命，以行其夙志。

困卦象征困穷。亨通顺利；进行占问，大德大才之人可获吉祥，没有灾祸。可是进行自我表白，别人并不相信。初六困坐在树干上无法安身，只得退出幽暗的山谷，三年也不露面。九二吃醉了酒，大红祭服才送来，正好用来祭祀神灵。此时兴兵征战，虽然多有凶险，但是没有灾祸。六三道路被乱石阻挡而困穷不通，只得居处在蒺藜之上，返身回到自己家里又见不到婚配之日，必有凶险。九四缓缓而来，是由于被金车困阻；可是虽然行动艰难，却有好的结果。九五施行割鼻断足之刑以治理众人；困穷因红色祭服而起，于是就渐渐不再穿了，以利于举行祭祀。上六被葛缘缠绕得惶恐不安，有所举动便感到后悔，应当赶快悔悟，这样兴兵征战必获吉祥。

固则败，变则通

《困卦》的"困"是困难、围困之意，本卦通过困于株木、困于酒食、困于石、困于金车等一系列形象的比喻，阐明了应付困境的原则——身处重重困境之时，一定要让自己的思维灵活起来，通过不断变化来使自己摆脱困境。

当遇到"障碍"时，不可行则变是硬道理，因为如果你不变，则会遭受更大的打击和挫折，变则可以柳暗花明，找到冲破障碍的突破点。处世应当

智慧 47
困卦：善于应对困境，善于摆脱潦倒

机立断，有时一变则通。雍正用人从不墨守成规，他有几句座右铭：不可行则变；因时而定，因人而定，因事而定。这也成了他操纵胜局的高明法术。

常言说"只有大乱才能大治"，当朝政出现危机，内部混乱、人心骚动时，许多的投机钻营者"江山易改，本性难移"，纷纷显现出了本来面目。雍正看到了这些，他急需从中揪出一两个反面典型，杀一儆百，惩前毖后。于是年羹尧、隆科多不幸撞到了刀刃上，雍正也正好借此机会在除去心腹大患的同时，警示大臣们要有所收敛，不要故步自封、无法无天了。

为了置年羹尧于死地，除了大臣们揭批年的九十二条大罪外，雍正大帝还特意罗织了年的第一大罪：图谋不轨欲夺皇位。最后，雍正念年平定青海有功，遂施恩令其自裁。可见，不可行则变，是雍正琢磨再三的天机。

雍正凭自己的智慧，善于抓住时机，及时应变，把大难题变为小问题，这是他的果敢之处。其实，在生活中，难题和问题并不多，关键在于你要有"不可行则变"的果敢性，并一定要落实到行动中去。

现实生活中，不管处理任何事情，都要灵活应变。此招不行，赶快换招，否则，即使你用尽了力气，恐怕也难达到目的。

弹性地处世

人活在世上，就要讲究灵活。比如，面粉放上水揉一下，然后一捏，面粉很容易散开，但是你继续揉，揉过千遍万遍以后，它就再也不会散开了，这是因为它有了韧性。

人进入社会的过程就如同一盘散沙般的面粉，被社会不断地搓揉，最后变成有韧性的面团的过程。踩躏、折磨、压迫都是对人的考验，你必须灵活应对，此招不行，赶快换招。

加拿大魁北克有一条南北走向的山谷。山谷没有什么特别之处，唯一能引人注意的是它的西坡长满松、柏、女贞等树，而东坡却只有雪松。这一奇异景色之谜，许多人不知所以，然而揭开这个谜的，竟是一对夫妇。

那年的冬天，这对夫妇的婚姻正濒于破裂的边缘，为了找回昔日的爱情，他们打算做一次浪漫之旅，如果能找回就继续生活，否则就友好分手。他们来到这个山谷的时候，下起了大雪，他们支起帐篷，望着满天飞舞的大雪，发现由于特殊的风向，东坡的雪总比西坡的大且密。不一会儿，雪松上就落

《易经》
64个人生智慧

了厚厚的一层雪。不过当雪积到一定程度,雪松那富有弹性的枝丫就会向下弯曲,直到雪从枝上滑落。这样反复地积,反复地弯,反复地积,反复地落,雪松完好无损。可其他的树,却因没有这个本领,树枝被压断了。妻子发现了这一景观,对丈夫说:"东坡肯定也长过杂树,只是不会弯曲才被大雪摧毁了。"少顷,两人突然明白了什么,拥抱在一起。

做人不可无傲骨,但做事不可能总是昂着高贵的头。生活中我们承受着来自各方面的压力,积累着,有时会让我们觉得难以承受。这时候,我们需要像雪松那样弯下身来,灵活应对。弹性的生存方式,是一种生活的艺术。

智慧 48
井卦：求贤若渴，善待英才

【原文】

井：改邑不改井，无丧无得。往来井井。汔至，亦未繘井，羸其瓶，凶。

象曰：木上有水，井。君子以劳民劝相。

【解析】

井卦：改建村落而井不能迁走，井水不会枯竭也不会满溢。人们往来井边汲水，水井干涸淤塞，不去加以淘洗，反而将吊水罐打破，这是凶险之象。

《象辞》说：下卦为巽为木，上卦为坎为水。水下浸而树木生长，这是井卦的卦象。君子观此卦象，取法于井水养人，从而鼓励人民勤劳而互相劝勉。

井卦象征水井。村邑变动而水井不能迁移，每日汲取，井水既不会枯竭，也不会满盈。人们来来往往不停地从井中汲水，水将枯竭也无人淘井，结果毁坏水瓶，必有凶险。初六井底污泥淤积，井水已经不能食用，井枯树死，飞鸟再也不来栖息。九二枯井井底小鱼往来窜游，碰破水罐因而无物取水。九三枯井已经淘净仍然无人取水食用，使人心中凄恻悲伤；井水已经可以食用，应该赶快前来取水，君王圣明，与臣民共享福泽。六四水井正在修整，必无灾祸。九五井水清冽，洁净的寒泉之水可供食用。上六修整水井的事已经完成，不需再覆盖井口，此时心怀诚信，大吉大利。

人才是第一资源

井，在古代不仅是汲水的地方，而且是具有重要意义的场所。

《孟子》说到井田法的时候，主张将一里见方的田划分成井字形的九份：四周八份是私田，中间一份是公田和宅基地，并且掘井公用。

《司马法》中说，四处井田合成一邑。全邑的人都到井边汲水，形成了交易场所。古人说的"市井"就来源于此。

《易经》
64个人生智慧

所以，古代人说用人用贤的事，就用井来比喻。

人才是第一资源，这已成为人们的共识。因为市场经济的发展，愈发使人们看清了，各类竞争本质上就是人才的竞争。谁拥有高素质的人才，谁就能赢得竞争力。

要追随人才，不能等着人才找上门来，而是要求贤若渴，宁可三顾茅庐也不能让贤士流失。

在美国本土微软公司创立研究院时，极缺高级人才。梅隆大学雷斯特教授正具备这样的条件。盖茨并没有坐等这样的人才找上门来，而是主动出击、追他而去。在经历半年的"缠磨"之后，雷斯特终于被盖茨的真诚打动。雷斯特如法炮制，在加入微软后，"追随"了一大批计算机界的精英人才。如今的研究院院长张亚勤也乐此不疲地"追随人才"，把"深蓝之父"许峰雄博士"追"到自己的队伍中来，而且网罗了50名世界一流的研究员，募集了120名国内顶尖人才。就这样，"追随人才"的接力棒在微软公司一直传递着。

"追随人才"与"吸引人才"虽然都属于募集人才的方法，但反映着不同的求才心态和模式。对人才特别是高级人才急不可待，就会像当年刘备、萧何以及今日微软那样千方百计地去"追"，而且有一种"追"不到手不罢休的劲头，这显示出求才的急切与真诚。在贯彻党中央、国务院关于进一步加强人才工作的决定，大力倡导培养、选拔、使用人才的今天，很需要"追随人才"的理念与做法。

当然，"追随人才"的同时，还要创设良好的机制、环境，让人才的潜质得以完全释放。要有开放的碰撞交流，宽容的创新氛围，合作无间的团队精神，创造一个能够让人才安心去做"可以记一辈子的大事"的地方；要善于当好各类人才的"后勤部长""坚强后盾"，提供一切可能的支持，让人才大胆地去试去闯。如此这般，这棵"梧桐树"上的"凤"才能愉快地久留，单位也才能长久地兴旺。

容纳、尊重和善待人才

领导者延揽人才，让人才为你所用，除了规章制度的制约、权力的运用之外，就是要紧紧抓住人才的心，容纳、尊重和善待人才。

而要做到这一点，关键是要让人才感到你就在他们的身边，时时刻刻与

智慧 48
井卦：求贤若渴，善待英才

他们的心在一起。

1. 容纳人才

不能容人也就难以留住人才。一般人工作追求的就是一个好的环境，如果领导不能容人之过，对人存在偏见，必然造成上下级合作的不愉快。而且由于领导的原因，自己迟迟得不到任用，这样发展下去前途渺茫，下属就会生起离开之念头。"此处不留爷，自有留爷处"，现实中人员跳槽已是极普遍的事。在国外，利伯容忍欧文斯已成为企业传诵的佳话。

爱德华·利伯是一家玻璃制造商，一次厂里的工人在欧文斯等人的鼓动下发动了一次罢工。这次罢工使利伯损失惨重，被迫作出迁厂的决定。迁厂时利伯带走了大批工人，其中就包括欧文斯。利伯发现欧文斯是一个难得的人才，于是就抛弃前嫌，重用欧文斯，3个月后他的改革建议也被采纳。1898年利伯让他试验一种生产玻璃的机器，欧文斯经过努力于1903年获得成功，实现了自动生产。随后，利伯还大胆地拨出400万美元作欧文斯20年的研究之用，在欧文斯的努力下公司又改进了平板玻璃的制造方法。

利伯的成功在于能够不计前嫌，重用有才之人。面对利伯一步一步的重用，欧文斯为自己曾经对利伯的伤害感到内疚，为报知遇之恩，就更加努力地工作。

之所以有容乃大，是因为容人之过太难，在以后的接触中不抱偏见也更难。但领导若是过好了这一关，离成功就不远了。利伯因为容欧文斯之过而成功，可见能容人是多么重要。

2. 尊重人才

一些领导者在人才中口碑很好，其主要原因之一就是尊重人才，并与人才打成一片，与他们同甘共苦。

日本本田在日本汽车业中排名第三，而且在国外市场上是后起之秀，直追丰田。公司前总裁本田宗一郎就是一位与人才同甘共苦的好领导。他不摆架子，经常穿着工作服在工厂食堂里吃饭。他作风平易近人，与人才没有隔阂，大家都礼貌地尊称他为"老爹"。正是总裁的这一作风影响着全公司员工的士气。他有33400多名员工，每年创造52亿多美元的收入。据统计，在世界的摩托车中，每四辆就有一辆是本田产的。公司的业绩来自所有员工的努力，但总裁的功劳则是不可磨灭的。

《易经》
64个人生智慧

前人的经验说明，要让人才追随你就应该与他们同呼吸、共命运。

在困难的时刻，领导也跟人才们一起吃苦，这样，上下级关系一下就拉近了，下级感到领导是那么地亲近，而领导则会更深一步体察到下级的难处。其实，在多数人才看来，工资待遇这些都不是最重要的，关键是领导能够关心他们，理解他们。与人才一同吃苦，这便是最好的理解，"此时无声胜有声"。

与人才同苦，还应共甘，切不可"兔死狗烹"，过河拆桥。成功是大家共同努力的结果，有领导的一半也有人才的一半。领导最好与人才共同分享成果，而有的领导偏偏私心太重，在困难的时候对人才真是百般拉拢，但一旦情况变了，领导也变了，他把大部分的利益都纳入自己名下，而留给人才一丁点儿。这样下去，在你重陷困境的时候，人才就不会与你一起渡难关了。

"同甘共苦"不是嘴上说的，而要体现在实际行动上。

3. 善待人才

领导与人才在工作中是一种上级与下级、领导与被领导的关系，但在实际生活中却是平等的，因为除了工作关系之外，人都变成了普通的人。人与人之间希望能互助和谐，因为人在世上不可能不需要别人的帮助。有人总是向往别人能给予自己帮助，但自己却付出甚少；有人抱着一颗利他人之心，时时处处帮助别人，最后在危急时刻，温暖的慰藉、无私的援手如雪花般纷至沓来，真是"无心插柳柳成荫"。

有句话是：予人方便，予己方便。那么借用一下就是，给他人以帮助，到时人家自然就会帮助你，即助人等于助己。

现在有句时髦的词叫"感情存储"。帮助他人如同把一笔钱存入了银行，最终是会有回报的。一个人不可能没有难处，做领导的也是。如果平时没有一颗爱人之心，给别人以帮助，别人也不会帮助你。领导要想在关键时刻得到别人的帮助，平时就应关心人才，时时刻刻地为他们解决工作、生活方面的难题。

有位领导这样说起自己的成功经验。他和自己的人才同住在一幢职工楼里。刚进单位的时候，人才和自己的前任关系很僵。于是，这位领导一开始便注意从生活中的小事做起，关心人才，给予他们切实的帮助。经过一段时间，人才都感到领导是一个好心人，于是更加努力工作。这位领导正想说："这个月有重要任务，需要加把劲才能完成啊！"人才们就笑着说："老总，我

智慧 48
井卦：求贤若渴，善待英才

们都知道了，有大伙儿在，没问题。"果然，没多少工夫，工作任务就完成了，真正是人心齐力量大。

领导如能真心帮助人才，便会使人才感恩，危难时就是赴汤蹈火也在所不辞。最后，还是自己帮了自己一把。

《易经》
64个人生智慧

智慧 49
革卦：破旧立新，与时俱进

【原文】

革：己日乃孚。元亨利贞。悔亡。

象曰：泽中有火，革。君子以治历明时。

【解析】

革卦：几天以后就有了信任，很顺利，利于坚持下去，悔恨消失。

《象辞》说：外卦为兑为泽，内卦为离为火。内蒸外煸，水涸草枯，如同水泽之中，大火燃烧，这是革卦的卦象。君子观此卦象，了解到泽水涨落、草木枯荣的周期变化，从而修治历法，明确时令。

革卦象征变革，所要表达的道理就是顺天应人。在己日变革旧的事物，能够使民众深深地信服，前途通畅，坚守正道，悔恨终将会消释。初九用黄牛的皮革牢牢地捆绑住，以免轻举妄动。六二到了己日断然进行变革，前途必获吉祥，不会有灾祸。九三在进行变革时，过于躁动激进会发生凶险，要以正防危；对于变革的言论，要多次研究周密考虑，赢得人们的信赖，才会获得成功。九四悔恨已经消失，仍旧需要人们的信赖以革除旧的事物，如此改革定会吉祥。九五伟大的人物像猛虎一般进行变革，不必置疑一定能光大诚信的美德。上六变革时期，君子会像豹子一样闻风而动，顺从王命，响应改革。小人虽难改旧习，但是也开始顺应改革而进行改变。改革要争取民心，不可过于激进，只有固守正道，才会吉祥。

横看成岭侧成峰，只有创新才不同

新生事物总是要战胜旧事物，新陈代谢、推陈出新或除旧布新，是宇宙间永远不可抗拒的规律。

改革，就是要坚决冲破一切妨碍发展的思想观念，要坚决改变一切束缚发展的做法和条规，坚决革除一切影响发展的体制弊端。创新过程是用改革的方法解决改革中存在的问题的过程，以改变那些旧的、不合理的、不适应

智慧 49
革卦：破旧立新，与时俱进

客观事物发展要求的东西，创造出新的东西。

创新思想的培养就应该从小开始，青年时代是培养创新能力的最好时机。

创新的前提是有广阔的知识面，一个人不学无术，什么都不懂，又何来创新？如果要此类人去搞改革，去搞创新，那无异于让哑巴去唱歌。

改革意味着创新，创新意味着风险。

改革创新有时也要付出代价，有时这种代价甚至非常惨重。如何把失误的代价降至最低？这就要求我们在改革的过程中，力求做到一切从实际出发，少犯理想主义、悲观主义的错误。

横看成岭侧成峰，只有创新才不同。

没有创新与发展，就没有当今的世界。创新是一个民族发展的灵魂。

改革者要求能把握时代的脉搏。

在这个快节奏的社会里，改革不可能一劳永逸，必须坚持不断改革创新。

创新要立足细节，踏踏实实去做

改革创新是艰难的，历史上的每次改革都是困难重重。对我们自己也是一样，许多人只把改革创新停留在口头上，我们如果要追求进步，就应当不断改革，不针对实际改革创新的人谈进步只可能是空谈。

在一些人的错误观念里，创新是始于宏伟的目标、终于备受瞩目的结果，而熟视无睹的细节反而成了制约创新的"魔鬼"。然而，细节是创新之源，要想获得创新，就必须要明白"不择小流方以成大海，不拒抔土方以成高山"的道理。

管理大师彼得·杜拉克说："行之有效的创新在一开始可能并不起眼。"而这不起眼的细节，往往就会造就创新的灵感，从而让一件简单的事物有了一次超常规的突破。杜拉克认为，创新不是那种浮夸的东西，它要做的只是某件具体的事。企业要真正达到推陈出新、革故鼎新的目的，就必须做好"成也细节，败也细节"的思想准备。否则，所谓的创新只能是一句空话。所以，创新不一定是"以大为美"，但却绝不能掉以轻心于生活中的既不相同却又

《易经》
64个人生智慧

相互关联的每一个细节。

你思考问题时要保持一段时期的稳定性，真正深入工作或者生活的细节，勤观察、勤实验、勤学习、勤思考。经过这段时期所积累的丰富知识和经验，在头脑中反复思考，才有可能在某种偶然因素的触发和启示下，激励出创新"灵感"的火花。

在整个人类往前迈进的每一步的背后，都有一些孤独的个人在思想中萌发出创造力的种子，这些人的梦想在某一个夜晚将他们唤醒，而另外一些人的梦想却仍旧在沉睡。这个醒来的人就是我们这个世界必不可少的人。那么，唤醒你的梦想，唤醒你沉睡已久的创造力吧！在某种程度上，循规蹈矩是大多数人的习惯，规矩的流行，使人自然而然地不去费神思考，而是随波逐流。长此以往，个性将被磨平，思维将会迟钝，自己的聪明智慧化作别人的影子，本来应该是一颗熠熠发光的珍珠，结果却蒙染了一层又一层的尘埃，这难道不可悲吗？

所以，果敢地打碎陈旧的思维习惯，及时让你的创意放射出动人的光彩吧！下面让我们来告诉你激发你创造力的十种方法：

1. 确立你的目标。明确的目标，是激发创造力的原动力。

2. 相信自己。激发创造力最大的绊脚石，是认为自己缺乏创造力。

3. 灵感来临，随时记下来。当意识进入睡眠状态，或沉浸在其他事情时，潜意识仍会继续思索。

4. 敢于打破安于现状的束缚。创新，就是要敢于对现状不满，敢于质疑，敢于追求你更高的目标。

5. 创造一个事业而不只是一项生意。切实感受到自己为他人、为社会正在做出贡献，从而内心充满自豪感。

6. 思考多种方案。改变平常"只找一种答案"的习惯。

7. 经常诘问自己。这种定期反省的方法，可以帮你确信自己的创造构思。

8. 相信自己有可行之道。这种想法可以使你摆脱压力，让思潮自然涌现。

9. 组织"脑力激荡"小组。针对一个问题，各尽所能地提出任何可以想到的解决方案。

10. 化创意为行动。所有的构思都必须付诸实行，才能真正具有价值。

智慧 49
革卦：破旧立新，与时俱进

创新意识的形成不是一蹴而就的，它需要我们长期的培养。按著名经济学家熊彼特的说法，创新的核心含义是"引入新要素""实现新组合"。他认为创新要求在原有框架中引入新要素，因而必然包含着对旧有的"创造性破坏"。这对于我们开发、培养创新意识是有启迪作用的。我们在接触一个事物、思考一个问题的时候，要敢于打破常规，从别人认为是荒诞的、离奇的、不可思议的角度出发想问题，大胆引进新的东西。

《易经》
64个人生智慧

智慧50
鼎卦：知人善用，合理搭配

【原文】

鼎：元吉，亨。

象曰：木上有火，鼎。君子以正位凝命。

【解析】

鼎卦：大吉大利，亨通。

《象辞》说：下卦为巽为木，上卦为离为火。木上有火，以鼎烹物，这是鼎卦的卦象。君子观此卦象，取法于鼎足三分，正立不倚，从而持正守位，为君上所倚重，不负使命。

鼎卦象征鼎器。大吉大利，亨通顺利。初六大鼎颠倒，其足向上，宜于倾倒无用之物；就像纳妾生子，其妾因子而被扶作正室，必无灾祸。九二鼎中盛满食物，我的妻子身患疾病，不能接近我，可获吉祥。九三大鼎失去了鼎耳，移动十分困难，美味的雉膏也不能吃；天刚降雨阴云就突然散去，终将获得吉祥。九四大鼎难承重荷而折断鼎足，王公的美食都倒出来了，鼎身沾满污物，必有凶险。六五大鼎配上黄色鼎耳，鼎耳配上铜制吊环，有利于占问。上九鼎耳配上玉制吊环，大吉大利，无所不利。

抓大放小，知人善任

"鼎"是古代烹煮食物的器皿，在《鼎卦》里借烹物化生为熟，比喻事物调剂成新。而《鼎卦》的卦象上说"君子以正位凝命"，指出事物新制之所以成立，必须依赖贤能。起用贤能，方能除旧布新。而知人善任，给人才以"正位"，才能"凝命"。

我们知道，军队里的元帅和将领，是不会亲自冲锋陷阵的，他们的才能在于调兵遣将，运筹帷幄。而现代企业的领导，也没有必要事必躬亲，必须具备使用人才、调遣人才的能力，让你的下属在工作中充分施展自己的才能，这样，你的企业才能永远充满活力，你才能成功。

智慧 50
鼎卦：知人善用，合理搭配

的确，在现代社会里，社会分工越来越细，做老板的或做其他的管理人员，也需要"抓大放小"，给你的下属以充分发展的空间。这是衡量一个老板、一个领导能力大小的一把尺子。

一看到"事必躬亲"，我们有许多人肯定想到的是《三国演义》中那个"鞠躬尽瘁，死而后已"的军师诸葛亮。这个为了帮助刘备以及刘备的儿子恢复汉室的丞相诸葛亮，在刘备死后，为了使摇摇欲坠的蜀政权不至于加速灭亡，可以说做到了"事必躬亲"。可惜的是，诸葛亮的本事再大，也没有能够挽狂澜使汉室中兴，最后只好抱病死在了五丈原。不过，诸葛亮与其说是病死的，倒不如说是累死的，他就是让"事必躬亲"活活地累死了。

所以，从某种意义上说，《三国演义》中的诸葛亮是聪明了一世，也糊涂了一世。他的聪明我们皆已熟知，而他的糊涂就在于太相信自己，而没有将别人也可以做的事情让别人去做，没有充分"放权"。因为你诸葛亮的能耐再大，也不可能将所有的事情都做了。

在人的身上的确潜伏着巨大的潜能，人也的确有着无限的可能性，但是，人毕竟是人，而不是万能的上帝。所以，你不可能懂得天下所有的知识，你也不可能熟练地掌握了天下所有的技艺，你更不可能做完天下所有的事情。了解了这一点，你也就了解了我们的社会为什么会有各行各业的分工，你也就了解了一个成功人士要走向成功绝不会仅仅靠他一个人单枪匹马地去冲锋陷阵。

所以，成功的领导者都懂得要管好该管的事，放下不该自己管的事。

授权则是领导者走向成功的分身术。今天，面对着经济、科技和社会协调发展的复杂管理，即使是超群的领导者，也不能独揽一切。领导者尤其是高层领导者，其职能已不再是做事，而在于成事了。因此，他们必须向员工授权。这样做的好处很多：

授权可以把领导者从琐碎的事务中解脱出来，专门处理重大问题。

授权可以激发员工的工作热情，增强员工的责任心，提高工作效率。

授权可以增长员工的能力和才干，有利于培养干部。

授权可以充分发挥员工的专长，弥补领导者自身才能的不足，也更能发挥领导者的专长。

人们都知道授权的重要，但有的能授好，有的却授不好，为什么呢？一

《易经》
64个人生智慧

个关键的问题在于授权者的态度。比较正确的态度应当包括以下四个方面的内容：

  1. 要看重员工的长处。任何人都有长处和短处，如果授权者能够着眼于员工的长处，那么他就可对员工放心大胆地予以任用。如尽看员工的短处，那他就有可能由于担心那个员工的工作而对其加倍操心。这样，员工的工作勇气就会降低。所以，身为领导者，对于员工不妨先用七分的眼光去看长处，再用三分的眼光去看缺点，以强化自己对员工的信任感。

  2. 不仅交代工作，而且要授权力。领导者将本部门的工作目标确定以后，需要交付员工去执行。既然如此，就有必要将其相应的权力同时授给员工。凡明白的领导者都深知职、责、权的不可分离性，因而在授权方面总是干净利落的。身为领导者，应该使自己成为一个明白人，把权力愉快地授给承担相应工作的员工。这样，员工会因此感到上司对自己的信任和期望，为了不辜负这种期望，就会一心一意地去拼命工作。

  3. 不要交代琐碎的事情，只要把工作目标讲明白就可以了。否则，人的自主性不易发挥，责任感也会随之减弱。作为一个领导者，对待员工最忌讳的就是"妈妈嘴"唠叨个不停，使人无所适从，不知怎么办才好。

  4. 对员工不应放任自流，要给以适当的指导。身为一个领导者，决不应该以为授出了权力就万事大吉了。他应该懂得，尽管权力授给了员工，但责任仍在自己。如果只把权力授了出去，就可以对后果不负责任，或者进行评头品足，那么员工的能力就不可能得到充分的发挥。所以，作为一个领导者，将权力授出之后，还应该对其员工进行必要的监督和指导。若是员工走偏了方向，就该着手帮其修正。如果员工遇到了难以克服的困难，就应该给予指导和帮助。只有这样，员工的信心才会更加坚定。

  不事事包揽，不一竿子插到底，不越级，不错位，不揽权，管好自己的人，办好自己该办的事，这样的领导才会轻松而游刃有余。

善于运用下属的智慧

  在一家小公司，靠某个人的出色表现，就能将这家公司做得很成功。但是，如果你想将这家公司做强做大，光靠自己一个人单打独斗是不行的，你必须非常重视并利用下属的智慧，充分发挥团队的潜力，这是在激烈的商场竞争

智慧 50
鼎卦：知人善用，合理搭配

中获胜的保证。

"管理不是管物，而是开发人才。"这是松下幸之助反复强调的一句话。松下认为，经营管理者的责任就是培养他的职工，帮助他们发展才能。如果这件事办好了，不仅他自己的任务得以完成得更好，为自己晋升铺平道路，而且他将有一批能干的、训练有素的、完全忠于他的和通情达理的职工队伍，谁能不忠于帮助他上进的领导呢？

对一个平庸的管理者来说，最大的危险之一就是他的下级都是一帮唯唯诺诺的庸人，下级会经常奉承他们的上司。一个精明的管理者需要在他周围有一批敢于发表不同意见的人。他必须洞察那些卑躬屈膝、专事奉承的人，要不然，他们必将把他置于困境。

对一个忙于事务的管理者来说，他很容易匆忙地作出错误的决定，这就是为什么在一个管理者周围需要有一批独立思考的人存在，为的是便于纠正他的错误。在某些企业中，经理应该鼓励每一个雇员积极地提出改进工作的建议，而且必须使他们知道他们的建议将会得到认真的研究。一个好的建议制度能促进全企业职工同心协力，它使职工对自己的工作发生兴趣，对自己的工作考虑得更多，并且总是设法去改进自己的工作。

李嘉诚在谈到自己商业成功的经验时说："我们所有的行政人员，每个人都有他的职责，有他自己的消息来源、市场资料。当我们决定一件比较大的事情时就派上用场了。我自己在外面也很活跃，也可以搜集到不少市场信息。决定大事的时候，就算百分之一百清楚，我也一样召集一些人，汇合各人的资讯一起研究。因为始终应该集思广益，排除百密一疏的可能。这样，当我得到他们的意见后，当各人意见都差不多的时候，那就绝少有出错的机会了。"

遇事与人商量大有好处。大多数人的意见是值得听取的，其余的人也有许多丰富的常识，可以提出些建议。与人商量还可启发你自己的思路，要善于利用他人的智慧，不要认为天下只有你一个人才有主意。

此外，如果你与别人商量办事，别人也会与你合作得更好。即使你胸有成竹，但对事关你部下的事情也不妨与他们商量一下。毋庸置疑地说，职工是不喜欢他们的经理包办一切的，他们也愿意参与管理，没有一个人愿意像木偶那样被摆布。如果你的雇员感到他们也参与了作决定，那么你可以确信他们会比强加给他们的一个决定更加热心地去执行。

《易经》
64个人生智慧

在鼓励下属提建议时，要遵循一个原则：忽略微不足道的小缺点。

有些建议中的小缺点只能用放大镜仔细搜索才能找到，但是上司却把他整个的建议都否定了，这种事是屡见不鲜的。你会惊讶地发现不少见解不凡的建议被否定了，原因就是有人发现其中有些小小的缺点。在实践中常常有这样的事情，有些善于吹毛求疵的人认为只要他们发现一个小小的瑕疵，那么整个计划就一无是处，而本来这个计划是会非常成功的，要谨防这种事情发生。

得人之力者无敌天下，得人之智者无畏圣人。一个经营者若充分利用下属的智慧，就能成为一个纵横商场的智慧型领导，并在商战中品尝胜利的滋味。

智慧 51
震卦：无惧则无畏，有勇则有成

【原文】
震：亨。震来虩虩，笑言哑哑。震惊百里，不丧匕鬯。
象曰：洊雷，震。君子以恐惧修省。

【解析】
震卦：临祭之时，雷声传来，有的人吓得浑身发抖，片刻之后，才能谈笑如常。巨雷猝响，震惊百里，有的人却神态自若，手里拿着酒勺子，连一滴酒都没有洒出来。

《象辞》说：本卦上下卦都为震，震为雷。巨雷连击，是震卦的卦象。君子观此卦象，当怀警惧忧患之心，修省其身。

震卦象征震动。亨通顺利。雷霆骤响，震得万物惊恐惶惧，尔后却又谈笑风生。雷声惊闻百里，而匙中的香酒却没有洒掉。初九雷霆骤响，震得万物惊恐惶惧，尔后却又谈笑风生，必获吉祥。六二雷霆骤响，必有危险，丧失大批钱财。应该登上九重高陵，而不要前去追寻，七日之内自会失而复得。六三雷霆震动，惶惶不安，震惧而行，却不会有什么灾祸。九四雷霆震动，惊慌失措而坠入泥沼之中。六五雷霆震动，上下往来，都有危险；无重大损失，但会发生事端。上六雷霆震动，瑟瑟发抖，两眼惶惶不安，此时兴兵征战必有凶险。若尚未震及自身，而仅震及近邻，就预加防备，则没有灾祸。但是若谋求婚配，将招来闲言碎语。

勇气会给你带来运气

《震卦》中的"震"，是雷声轰鸣、震动之意，暗指突如其来的惊吓。《震卦》初九说："震来，后笑言哑哑，吉。"它告诉了我们一个人生智慧——每个人都难免会遇到一些突如其来的危险，倘若依然能够谈笑风生、镇定从容地去应对，不恐惧、不害怕，便不会被打败。

要做个成功者，重要的是学会在困难时刻坚持前进。为了尽可能地赢得

《易经》
64个人生智慧

机会，你必须在紧急情况和发生问题时勇敢面对，坚持下来。只要你积极为克服困难而努力，就有机会找到新出路，要相信，勇敢会给你带来好运。

很多时候并不是你的能力不行，也不是你没有机会成就大事业，而是你信心不足，勇气不够，骨子里成长着一种天然的惰性，一遇上困难就妥协了，退缩了，放弃了。成功者不是这样，他们敢于与命运抗争，大胆打造自己的"奶酪"，劲头十足，不断前进，直到取得自己满意的结果。

诺曼·利尔是当今电视界的一位杰出人才，曾一度是皮鞋推销员，当时他渴望成为好莱坞的作家。为了引起有关人士注意，他采取了一般人通常所用的各种做法，但都不奏效。

于是，他勇敢地采取了一种新鲜少见的办法去表现自己的才能。他设法打听到好莱坞一位知名喜剧演员家的电话。他马上拨通了电话，当他听清接电话的是明星本人时，他既不打个招呼，也不做自我介绍，上来就说："你准爱听，这是个了不起的笑话。"接着他就念了一篇他自己写的非常滑稽可笑的短剧。他一念完，喜剧演员就哈哈大笑起来。

在他们后面的谈话中，这位明星问利尔是否做过电视方面的工作，这个甚至从没进过电视台大门的勇气十足的皮鞋推销员毫不含糊地说："当然。"这位知名演员对这个既能写出好的喜剧，又有电视工作经验的"不速之客"感到特别中意。谈话结束时，利尔得到了他的第一份写作工作——为丹尼·凯的圣诞特别电视节目撰稿。

还有这样一个例子：

杰利·韦因特伯是好莱坞最受推崇的经理人和制片商，代理着许多大明星的演出业务。在杰利的生涯中有过这样一次挑战——努力去赢得代理当时音乐界最轰动的明星艾尔维斯·普苟斯利的演出业务的机会，那意味着几百万美元的赢利。

他给艾尔维斯的经理人帕克上校打电话，要求代理艾尔维斯的演出活动，上校断然拒绝了。但杰利不服输，在整整一年时间里他天天给上校打电话，在对方始终拒绝的情况下，他一直坚持着。

帕克问他："我为什么非得答应你？我欠别人那么多情，可是什么也不欠你的呀。"杰利坚定、自信地答道："因为我非常擅长这一行，我能干得极其出色，给我机会试试吧？"

智慧 51
震卦：无惧则无畏，有勇则有成

最后，帕克说："要是你带着银行担保的 100 万元支票到我这儿来，咱们就可以谈谈。"这是个让人难以接受的强硬要求，当时，还没有过开价 100 万美元的先例。杰利说服了一位和他一样勇敢的西雅图商人给了他这笔巨额投资。杰利带着他的"通行证"———张 100 万美元的支票去见帕克，谈了自己的想法。帕克很快地收起钱，握着杰利的手说："你做成了这笔交易！"

一年以后，杰利已经在美国各地举办了艾尔维斯的演唱会。后来，帕克又把 100 万美元的支票退还给了杰利，原来他从收到支票那天起就一直把它放在书桌抽屉里。当杰利问他为什么不把支票兑成现金时，帕克说："我对这钱不感兴趣，我只是想看看你是否具有和那些人物打交道所必备的本事。"

这两个故事都表明了在危急关头无所畏惧，敢于坚持自己的行动和想法的好处。在平时，这些品质是你处理生活问题的一种宝贵的财富，而在危急关头，采取勇敢的态度，不仅有助于解决眼前的问题，而且可能是开创出新机会的一次机会。

勇敢者离成功最近

美国心理学家斯科特·派克说：不恐惧不等于有勇气；勇气使你尽管害怕，尽管痛苦，但还是继续向前走。

在这个世界上，只要你真实地付出，就会发现许多门都是虚掩的。微小的勇气，能够完成无限的成就。

有一个国王，他想委任一名官员担任一个重要的职务，就招集了许多威武有力和聪明过人的官员，准备试试他们之中谁能胜任。

"聪明的人们，"国王说，"我有个问题，我想看看你们谁能在这种情况下解决它。"国王领着这些人来到一座大门——一座谁也没见过的门前。国王说："你们看到的这座门是我国最大最重的门。你们之中有谁能把它打开？"许多大臣见了这门都摇了摇头，其他一些聪明一点的，也只是走近看了看，没敢去开这门。当这些聪明人说打不开时，其他人也都随声附和。只有一位大臣，他走到大门处，用眼睛和手仔细检查了大门，用各种方法试着去打开它。最后，他抓住一条沉重的链子一拉，门竟然开了。其实大门并没有完全关死，而是留了一条窄缝，任何人只要仔细观察，再加上有胆量去开一下，都会把它打开的。

《易经》
64 个人生智慧

　　国王说:"你将要在朝廷中担任重要的职务,因为你不光限于你所见到或所听到的,你还有勇气靠自己的力量冒险去试一试。"

　　1968 年,在墨西哥奥运会百米赛道上,美国选手吉·海因斯撞线后,转过身子看运动场上的记分牌,当指示灯打出 9.95 后,海因斯摊开双手自言自语地说了一句话,这一情景后来通过电视网络,全世界至少有几亿人看到,但由于当时他身边没有话筒,海因斯到底说什么,谁都不知道。

　　直到 1984 年洛杉矶奥运会前夕,一名叫戴维·帕尔的记者在办公室回放奥运会资料时突然好奇心大现,找到海因斯询问此事时这句话才被破译了出来。原来,自欧文创造了 10.3 秒的成绩后,医学界断言,人类的肌肉纤维承载的运动极限不会超过每秒 10 米。所以当海因斯看到自己 9.95 秒的纪录之后,自己都有些惊呆了,原来 10 秒这个门不是紧锁着的,它虚掩着,就像终点那根横着的绳子。

　　于是兴奋的海因斯情不自禁地说:"上帝啊!那扇门原来是虚掩着的。"

智慧 52
艮卦：在其位，谋其政

【原文】

艮：艮其背，不获其身。行其庭，不见其人。无咎。

象曰：兼山，艮。君子以思不出其位。

【解析】

艮卦：抱住他的背部，得不到他的身体；行走在他的庭院里，见不到他这个人，无所怪罪。

《象辞》说：本卦为两艮卦相重，艮为山，可见艮卦的卦象是高山重立，渊深稳重。君子观此卦象，以此为戒，谋不踰位，明哲保身。

艮卦象征抑止。用来比喻某人卸掉责任，挂笏隐退，朝列之中已看不到他的身影，在他的庭院中寻找，也没有找到。其人远走高飞，自无灾祸。初六抑止脚趾而不让起步，没有灾祸，利于占问长久之事。六二抑止小腿肚的运动，无法举步追随应该追随之人，心中不能畅快。九三抑止腰胯的扭动，以至于撕裂了里脊肉，危险像烈火烧灼，使人忧心如焚。六四抑止上身使其不得妄动，必无灾祸。六五抑止面颊使其不得妄言，说话有条有理，没有灾祸。上九以敦厚的美德抑止邪欲恶念，必获吉祥。

权力越大，责任越大

"不在其位，不谋其政"，但人们常常犯的也就是这个毛病。而《艮卦》的卦象上说"君子以思不出其位"，说的同样是这个道理。但是，在现代社会里，我们更应该将《艮卦》中所指的"位"延伸至"责任"的范畴中。

任何人作了决定就得担起责任，必须在决策之后负责到底。这就是说，决定产生责任，有责任就要负责，负责实质上就是了解你将为什么被解雇。

在经营不善的公司里，人们总是推诿责任，不作或推迟作出决定，致使低效率的官僚主义应运而生，从而扼杀决策。在这些公司里，需要决策的问题在公司里得不到解决，最后摆在某个高层人物面前，逼着他对此作出是或

《易经》
64个人生智慧

否的表示，可就是这些推诿责任的人将背着此君猛烈地指责他作了错误的决策，不肯放权，不能大胆任用下级。

一个优秀的领导则不然，他作出决定，并承担责任。由于要承担责任，他必须竭力使自己百分之百地明确自己的责任，他的决定是慎重的。如果他不清楚是否应由他作出决定，他或是与上司联系，或宁可铤而走险自己做主。优秀的经理懂得，澄清模糊的责任界限的最佳途径，便是作出决断，期待别人有朝一日向他挑战，这就是他分清责任的机会。他也更清楚，一旦他作出一个以上的坏决定，或作了决定不能负责到底，他就可能被解雇，负责是需要勇气的。

责任心本是一个虚拟而无时不在的东西，在全社会大力宣扬"职业精神"的今天，将工作责任心与生存联系在一起并非危言耸听。如果你努力进取，积极向上，就必须担起责任，如果你作出决定并对这些负全责，你就向优秀的目标迈进了一步。

一个人之所以会成功，一定是他的目标明确而且非常清楚自己身负使命。每个人在作决策遇到瓶颈的时候，只要回头思考一下他的使命是什么，就可以很快地解决他目前的困扰，然而一般人都没有使命感，都没有仔细研究过使命对人的影响。

所以，你不妨先弄清自己的使命到底是什么。事业上的使命是什么？对自己经济上的使命是什么？对自己的本能、身体上的使命是什么？在人生最重要的领域当中，让你自己有一个使命，你会发现自己的行为开始改变，因为你已经拥有核心思想。

举例说，如果你的经济使命是要积累财富，在这样的使命下，你想花钱的时候，通常你会怎么想？你可能告诉自己："我必须要存钱。"因为你必须要积累财富。

换个例子来说，如果你在人际关系方面的使命是要让彼此感觉很棒，你存有这样的理念时，当别人跟你吵架，或是有争执的时候，你会立刻修正，因为你的使命是让别人感觉很棒。以使命为导向的思考模式和行为模式，能让你突破任何的瓶颈，可以帮助你的生活更有价值，因为你清楚地知道：你自己要什么，想做什么，自己扮演的角色是什么，为什么会这样做。

使命是需要你自己去寻找的，曾经有人这样说，上帝说："你人生最大的工作，就是去找一份适当的工作；人生最大的使命，就是去找出自己的使命，

智慧 52
艮卦：在其位，谋其政

活出自己的人生。"当你可以让自己活得更好的时候，就可以撒播你的影响力来造福人群，让更多的人跟你一样活得很好。

勇于负责，机会会更多

没有责任感的军官不是合格的军官，没有责任感的员工不是优秀的员工。责任感是简单而无价的。工作就意味着责任，责任意识会让我们表现得更加卓越。

有一个替人割草打工的男孩打电话给布朗太太说："您需不需要割草？"布朗太太回答说："不需要了，我已有了割草工。"男孩又说："我会帮您拔掉草丛中的杂草。"布朗太太回答："我的割草工已做了。"男孩又说："我会帮您把草与走道的四周割齐。"布朗太太说："我请的那人也已做了，谢谢你，我不需要新的割草工人。"男孩便挂了电话。此时男孩的室友问他说："你不是就在布朗太太那儿割草打工吗？为什么还要打这个电话？"男孩说："我只是想知道我究竟做得好不好！"

多问自己"我做得如何"，这就是责任。

还有一个美国作家的例子。有一次，一个小伙子向一位作家自荐，想做他的抄写员。小伙子看起来对抄写工作是完全胜任的。条件谈妥之后，他就让那个小伙子坐下来开始工作，但是小伙子却朝外边看了看教堂上的钟，然后心急火燎地对他说："我现在不能待在这里，我要去吃饭。"于是作家说："噢，你必须去吃饭，你必须去！你就一直为了今天你等着去吃的那顿饭祈祷吧，我们两个永远都不可能在一起工作了。"作家说那个小伙子曾对他说过，自己因为得不到雇佣而感到特别沮丧，但是当他有了一点点起色的时候却只想着提前去吃饭，而把自己说过的话和应承担的责任忘得一干二净。

工作就意味着责任。在这个世界上，没有不须承担责任的工作，相反，你的职位越高、权力越大，你肩负的责任就越重。不要害怕承担责任，要立下决心，你一定可以承担任何正常职业生涯中的责任，你一定可以比前人完成得更出色。

世界上最愚蠢的事情就是推卸眼前的责任，认为等到以后准备好了、条件成熟了再去承担才好。在需要你承担重大责任的时候，马上就去承担它，这就是最好的准备。如果不习惯这样去做，即使等到条件成熟了以后，你也不可能承担起重大的责任，你也不可能做好任何重要的事情。

《易经》
64个人生智慧

智慧 53
渐卦：循序渐进，欲速不达

【原文】

渐：女归吉，利贞。

象曰：山上有木，渐。君子以居贤德善俗。

【解析】

渐卦：女大当嫁，这是好事。这是吉利的贞卜。

《象辞》说：下卦为艮为山，上卦为巽为木，木植山上，不断生长，是渐卦的卦象。君子观此卦象，取法于山之育林，从而以贤德自居，担负起改善风俗的社会责任。

渐卦象征渐进。女子出嫁婚礼渐行，可获吉祥，有利于占问。初六鸿雁飞行渐进到了河岸边，预示幼童将遭遇危险，有流言蜚语把他责难，但是并无灾祸。六二鸿雁飞行渐进落到巨石之上，安享饮食和乐欢快，必获吉祥。九三鸿雁飞行渐进落到小山顶上，预示丈夫出征一去不再复返，妻子失贞身怀有孕而无颜生子，必有凶险。利于防御贼寇。六四鸿雁飞行渐进，有的落到大树之上，有的落到木椽之上，都不会有灾祸。九五鸿雁飞行渐进落到山陵之上，预示妻子三年不会怀孕，但外物最终也不能取胜，必获吉祥。上九鸿雁飞行渐进落到高山之顶，羽毛美丽异常，可以用于仪饰，十分吉祥。

有理有序才不会手忙脚乱

《渐卦》的"渐"本意为循序渐进、逐渐之意。而在本卦中，以女子出嫁来喻进取需要循序渐进。

"循序"的目的就是"渐进"，"渐进"的结果就是成功。只有遵照一定的方式方法逐步"渐进"，才能够获得成功。

某杂志刊载了这样一个故事：有一个老商人，他在一个小市镇里做了几年的地产生意，到后来竟完全失败了。当债主跑来讨债时，他正在紧皱眉，

智慧 53
渐卦：循序渐进，欲速不达

思索他失败的原因。

"我为什么会失败呢？"他说，"我对主顾不是很客气吗？"

"你完全可以再从头干一下，"债主说，"你看你不是还有不少财产吗？"

"什么？从头开始？"

"是啊！你应该开出一张资产负债表来，好好地清算一下，然后从头做起。"

"你的意思是说我得把所有的资产和负债都详细清算一番，写成一张表格吗？我得把我的门面、地板、桌椅、茶几、书架都重新洗刷油漆一番，弄成新开张的样子吗？"

"是啊！"

"这些事我早在15年前就想动手去做了，但后来因为我沉溺在观看拳击竞赛中，至今还不曾动手。现在我知道我几年来失败到如此地步的原因了！"

尤其是在大都市里做生意，更要把一切事情、一切物品都弄得有条有理。美国信托行业公会的会长说："根据我几年来和一般大公司商号交往所得的经验，他们的老板随时都能获得有关公司营业的报告，能对整个公司的情形了如指掌，一定不会失败。"

无论你是在大都市里或城镇里经营生意，你都应该把物资管理得清洁整齐，把账目记得清清楚楚——这是最重要的一件事。那些把什么事物都弄得乱七八糟的人，终有一天要跌倒的。

有不少商家，往往把货物堆积得七倒八歪，没有良好的管理。偶尔来个主顾要买某件物品时，店员就要翻来覆去地耽误半天工夫才能找到。

有许多青年也是一样，他们生来有一种古怪脾气，任何事情都只随随便便搪塞一下了事，从不想到应该怎样做得更好。他们脱下衣裳解下领带就随手东丢西抛。遇到他们不得不放下手中的事情，跑开一趟时，就不管事情已经做到哪里，立刻顺手抛开，等着回来后继续再去。这种青年一旦踏入社会，干起事业来，一定把自己的四周弄成一团糟，对于任何事也一定抱着"搪塞主义"。

如果你多费一点时间和精力，把你的事情做出一种结果，把你的东西收拾放好，当你将来想再继续下去，再要把东西找出来时，真不知要省去多少时间和精力，更不知要省掉多少无谓的纠纷与烦恼。

有些人常常对自己的失败想不出所以然来。其实他面前的那张写字台已经把其中的缘故老老实实地告诉他了：台面上东一堆乱纸，西一堆信札；抽

《易经》
64个人生智慧

屋里好像塞满了棉花一般；书架上报纸、文件、信纸、原稿、便条都杂七杂八地塞得水泄不通。我们身边的一切用具和陈设都是揭发我们习气最忠实的证人，我们的行动、谈吐、态度、举止、眼睛、衣服、装饰等也都在老实而毫不客气地告发我们是一个怎样的人。它们把你自己也莫名其妙的失败原因一五一十地说了出来，把你自己也不知其所以然的穷困理由，也原原本本地告诉了你。

做任何事情，万万不要做做停停，停了再做。往往有许多人，今天说得一篇大道理，明天就没有一点事了，也不见任何行动。这种人都可称之为"莽猪""冷血"。他们不知道，任何事业绝非那样一吹法螺就可成功，非聚精会神、有条不紊、持之以恒、不断地努力不可！

尊重自然性的程序

常言道：万物有理，四时有序。这里的"序"，是顺序、次序、程序的意思。自然界是这样，人类社会也是这样。序，就是事物发生发展、运动变化的过程和步骤，是客观规律的体现。反映到实际工作中，它要求我们做事情必须讲程序。

对于程序及其重要性，长期以来存在着某些片面的认识。有人认为程序属于形式，没有内容那么重要；有人觉得程序是细枝末节，可有可无；有人甚至把程序当作繁文缛节，不但不重视，而且很反感。由此而来，现实生活中不讲程序、违反程序的现象屡见不鲜，结果既影响做事的质量和效率，又容易助长不正之风，给工作和事业带来损失。

为什么做事要讲程序呢？我们不妨从程序的客观性来作一些分析。事物存在的基本形式是空间和时间，事物的发展变化都是在一定的空间和时间上展开的。事物的发展变化，从空间方面看，可以分解为若干个组成部分；从时间方面看，各个部分都要占用一定的时间并具有一定的次序。比如"种植"这一行为，就可以分解为播种、施肥、灌溉、收割等部分，这些部分均需占用一定的时间，并且有相应的先后次序。如果不在一定的时间播种，或者把收获和施肥的次序颠倒，那么种植行为就无法达到预期的目的。所以，顺时而动，不违农时，是务农必须遵守的程序。尊重程序，实质上是尊重规律。这就是做事情需要讲程序的道理所在。

智慧 54
归妹卦：专心如一，白头偕老

【原文】

归妹：征凶，无攸利。

象曰：泽上有雷，归妹。君子以永终知敝。

【解析】

归妹卦：筮遇此爻，出征凶险。无所利。

《象辞》说：下卦为兑为泽，上卦为震为雷。泽上雷鸣，雷鸣水动，用以喻男女心动相爱而成眷属。这是归妹卦的卦象。君子观此卦象，从而在长期的婚姻生活中，体察到婚姻的成功与失败。

归妹卦象征嫁出少女。向前进发必有凶险，没有什么好处。初九少女出嫁，妹妹从嫁作侧室，犹如跛足者奋发前行；兴兵征战可获吉祥。九二目盲而勉强观看，利于安恬幽居之人占问。六三少女出嫁，姐姐从嫁作侧室，夫家反而把妹妹遣归娘家。九四少女婚期一再拖延，迟迟不嫁，为的是等待时机。六五帝乙嫁女，正室的服饰反而不如随嫁妹妹华贵；成亲日期选在既望之日，十分吉祥。上六少女手捧奁筐，却没有嫁妆可盛；新郎杀羊，却没有放出血来，没有什么好处。

爱就要爱他（她）的一切

单从《归妹卦》的卦文上看，它主要讲述的是男女婚嫁之事。我们首先看一个故事：

有一个名叫董琦的男士，追他老婆小文的过程十分艰苦，当时不论大舅子、小舅子，皆百般阻挠；但最后他是如何通过岳母大人这一关，终于娶得爱妻的，我们并不十分了解。

不久前的一次同学聚会，董琦突然把当年求婚的秘密说出来。

当他和小文希望厮守终身时，从不肯见他的盛妈妈终于把他叫去家里。她把小文支开，很严肃地问他："我要知道你有多爱我的女儿。"

《易经》
64个人生智慧

盛妈妈给他一张纸和笔，要他立时写出小文十个"最大的缺点"。

董琦很惊愕，做妈妈的当然希望女儿的爱人是死心塌地爱着女儿，女儿在爱人的心中，应该是圣洁完美零缺点的。他想，盛妈妈是不是在做"反测验"？

盛妈妈严厉地望着他："你不必骗我，我自己的女儿，我会不知道吗？"董琦于是实实在在把小文的缺点写出来。盛妈妈看了，脸色缓和了，竟然以欣慰的口吻跟他说："嗯，你和她真的是交往很深啊，这些都是她要不得的缺点。"

盛妈妈随即凝重地问他："她有这么多缺点，你还是爱她吗？我不要你告诉我她有多少优点吸引你，我只要知道，你会不会包容她的缺点？"

而后他们结婚了。一年又一年，董琦发现当年认为可以忍受的缺点，在婚姻中却变得不太能忍受，而有更多当时没发现的缺点，又一个一个地跑出来了。结婚十年、二十年后，他发现，常常要强迫自己去接受有各种缺点的妻子。他恍然大悟当年岳母考他时的用心了。

现在他的宝贝女儿上大学了，他想要教女儿如何去交男朋友，心里清晰地浮起当年岳母和他谈话的那一幕。他知道自己的女儿有多好，但是，女儿的许多缺点，更是父母心中的牵挂。找一个能宽容女儿缺点的男孩子，是他现在的愿望。

爱＋"尊重""信任""包容"＝完美情人

这是我从一个朋友口中听到的，我想了很久……

男女之间在交往时，最重要的除了在两人之间有"爱"以外，"尊重""信任""包容"也能让两人的爱更加美好……

当您跟另一半在吵架或生气时，不妨想想这几个字："培养幸福的习惯"。

在吃饭时，记得：细嚼慢咽。

在恋爱时，记得：用心体会。

一段爱情可以由爱重新开始，却不能由原谅重新开始。

爱需要理解与体谅

一位署名为约翰·卫斯理的人写了这样一个故事：

一对夫妇在婚后11年生了一个男孩，夫妻恩爱，男孩自然是二人的宝贝。男孩两岁的某一天，丈夫在出门上班之际，看到桌上有一药瓶打开了，不过

智慧 54
归妹卦：专心如一，白头偕老

因为赶时间，他只嘱咐妻子把药瓶收好，然后就关上门上班去了。妻子在厨房忙得团团转，就忘了丈夫的叮嘱。

男孩拿起药瓶，觉得好奇、又被药水的颜色所吸引，于是一饮而尽。药水成分厉害，即使成人也只能服用少量。男孩服药过量，被送到医院后，返魂乏术。妻子被这一不幸事件吓呆了，不知如何面对丈夫。紧张的父亲赶到医院，得知噩耗非常伤心，他看过儿子的尸体，望了妻子一眼，然后说了 4 个字。

作者叫读者猜，这丈夫说了哪 4 个字？

答案是：

"I love you, darling."

作者盛赞这位丈夫是人类关系的天才，因为儿子的死已成事实，再吵再骂也不会改变事实，只会惹来更多的伤心，而且不只是自己失去儿子，妻子也失去了儿子。

这故事的主旨是彰显人类选择的自我层次，同一件不幸事你可以怨天尤人，痛骂社会，甚至自责无穷，但事情却不因这些而改变，这一切只改变了你和日后的生活，负着疤痕地活下去。反之，放下怨恨和惧怕，放下过去，勇敢地活下去，事情的境况原来并不如想象中坏。

还有这样的一个故事：有位先生养了一只温驯乖巧的吉娃娃狗，但有天这只小狗被邻居的大狗咬伤了，邻居立刻将它抱来归还主人，当主人心疼地伸出双手要将小狗接过来的时候，没想到它竟突然攻击主人，紧紧地一口咬住主人的手。

主人不但没有生气，反而对邻居说："它咬我是因为它受伤了。"

这是小狗在受伤时的本能反应，不是因为它恨主人，而是为了自我防卫，以免再次受伤，此时主人若误以为小狗是蓄意攻击他，必会生气，而使事情越弄越糟。

《易经》
64个人生智慧

智慧 55
丰卦：富要学会施舍，达应兼济天下

【原文】

丰：亨。王假之，勿忧，宜日中。

象曰：雷电皆至，丰。君子以折狱致刑。

【解析】

丰卦：举行祭祀，君王将亲临宗庙。不要担心，最佳时刻当在正午时分。

《象辞》说：上卦为震为雷，下卦为离为电。电闪雷鸣，是上天垂示的重大天象，这也是丰卦的卦象。君子观此卦象，有感于电光雷鸣的精明和威严，从而裁断讼狱，施行刑罚。

丰卦象征丰厚盛大。举行祭祀大典，君王亲自到宗庙主祭，无须忧虑，宜于在太阳居中时开祭。初九遇到佳偶，尽管双方一切相当却没有灾祸，有所举动必获奖赏。六二丰厚的结果导致光明被遮蔽，犹如正午出现满天星斗。有所举动必遭猜疑，但心怀诚信可以消除猜疑，十分吉祥。九三丰厚遮蔽光明的慢帐，正午一片昏黑，此时折断了右臂，也不会有什么灾祸。九四丰厚的结果导致光明被遮蔽，犹如正午出现满天星斗。遇到自己的同类，则十分吉祥。六五光明重现，带来了喜庆和美誉，十分吉祥。上六丰厚房屋，遮蔽居室，对着窗户向室内窥视，里边空无一人，三年之内一直无人露面，必有凶险。

布施是一种责任

《丰卦》中所讲主要是在富裕之后人们应当如何取舍，《易经》倡导人们"达，要兼济天下"，这与爱做慈善的犹太民族中的"布施是一种责任"的理念应该是相同的，都鼓励人们力所能及地帮助他人，扶危济困，并视此为人类最伟大的一种情怀。

不同人对幸福的感觉不同以及幸福观不同，这是由迥异的人生观所决定的。有的人认为索取就是幸福；但历史上大凡有所作为的人都认为能为他人

智慧 55

丰卦：富要学会施舍，达应兼济天下

着想，像蜜蜂和黄牛一样辛勤劳作，才能体会到奉献的幸福。

明朝的吕坤把"肯替别人着想"视为"第一等学问"，是因为要真正做到这一点，不是懂得一些所谓为人处世的技巧窍门就能做到的。这是真品行、真性情，是任何技巧都代替不了的。有钱人会善心大发，捐一所大楼或一笔巨款；政客会蹲下身子，去亲吻一个贫穷的孩子。但他们是真正在"替别人着想"，还是在"表演"？明眼人是会看得出来的。

"肯替别人着想"，它就是毛泽东倡导的"毫不利己，专门利人"的精神。

"从血管出来的都是血"。一个有着高尚品质的人，总会在与人交往中，体现出他处处"肯替别人着想"的细心、耐心、关心、爱心和尊重。

一个富翁忧心忡忡地来到教堂祈祷之后，他去请教牧师。

"我虽然有了金钱，但我感觉并不幸福，我甚至不知道我应该用我的金钱做些什么。它能买来欢乐和幸福吗？"

牧师让他站在窗前，看外面的街上，问他看到了什么，富翁说："来来往往的人群，多么美妙啊！"

牧师又把一面很大的镜子放在他面前，问他看到了什么，他说："我看到了我自己，我很沉闷。"

牧师道："是啊，窗户和镜子都是玻璃制作的，不同的是镜子上镀了一层银粉，单纯的玻璃让你看到了别人，也看到了美丽的世界，没有什么阻拦你的视线，而镀上银粉的玻璃只能让你看到你自己，是金钱阻拦了你心灵的眼睛，你守着你的财富，像守着一个封闭的世界。"

富翁得到了启示，就尽可能地去资助那些困难的人，把自己的仁爱带给他人，而得到帮助的人则用无尽的感激和祝福报答他。富翁从中不断地得到欢乐，心情也变得开朗了。

心灵的眼睛一旦被金钱所蒙蔽，那么就只能看见自己而看不见别人，这样心中当然没有欢乐了。

戴顿有一篇文章叫《舍己树》，文章的主角是一棵深爱着某个男孩的树。

男孩与树一起度过了一个欢乐的童年：他在树上荡秋千，上树摘果子，在树荫下睡觉，树也很留恋那些快乐无忧的时光。

小男孩逐渐地一天天长大了，他与树在一起的时间变得越来越少了，因

《易经》
64个人生智慧

为要生活就必须想办法去赚钱。

于是树就对他说:"拿我的果子去卖吧。"

他拿走了果子卖掉了,树感到很快乐,因为它为男孩做了事。

又是很长一段时间,年轻人很久没有回来,树感到心里空荡荡的。有一次树看见年轻人走过来,就向他微笑着说:"来啊,让我们一起玩吧!"但是年轻人已经长大了,他要到外面去闯世界了,他不愿固守在这里,他要离开眼前的一切。

树很理解他,就毫不犹豫地说:"把我砍下来吧,拿我的树干去造一艘船,你就可以航行到达你的目的地了。"

那人就把树砍了下来,做了一艘船到外面去闯世界了。

夏去冬来,时光一年年地过去了,无数个寒冷和寂寞的夜晚,树都在默默地等待,最后,那人终于回来了。但他已经满头白发了,年老和疲惫使他不能再玩耍了,也不能赚钱或出海航行了。

树说:"我还是一个不错的树桩,你何不坐下来休息一会儿呢?"

他果然坐下来了,树又是满心欢喜。

原来,奉献也是一种快乐啊!

把财富奉献给社会

正如托尔斯泰所言:"财富就像粪尿一样,堆积时会发出臭味,散布时可使土地变得肥沃。"

美国石油大王洛克菲勒出身贫寒,在他创业初期,人们都夸他是个好青年。当黄金像贝斯比亚斯火山流出岩浆似的流进他的口袋里时,他变得贪婪、冷酷。深受其害的宾夕法尼亚州的居民对他深恶痛绝。

由于洛克菲勒为金钱操劳过度,身体变得极度糟糕。医师们终于向他宣告一个可怕的事实:以他身体的现状,他只能活到五十多岁。医生建议他必须改变拼命赚钱的生活状态,必须在金钱和生命中选择其一。这时,离死不远的他才开始省悟到是贪婪的魔鬼控制了他的身心。他听从了医师的劝告,退休回家,开始学打高尔夫球,上剧院去看喜剧,还常常跟邻居闲聊。经过一段时间的反省,他开始考虑如何将庞大的财富捐给社会。

智慧 55
丰卦：富要学会施舍，达应兼济天下

开始的时候，人们不愿接受他的捐赠，即使是自视为宽容大度的教会也曾把他捐赠的"脏钱"退回。但诚心终归能打动人，渐渐地人们接受了他的诚意。然而，找他捐钱的人太多了：无论早晨或夜晚，上班时间还是用餐时刻，都会有人来请他捐钱。有一次，在一大笔捐款之后，一个月内请求捐助的人数竟超过五万人。由于洛克菲勒要求每一笔捐款都必须有效地使用，所以每一次申请均须经仔细调查。面对那么多的求助者，他急得跳脚。

他的助手盖兹提出忠告："您的财富像雪球般愈滚愈大。您必须赶紧散掉它。否则，它不但会毁了您，也会毁了您的子孙。"

洛克菲勒告诉盖兹："我非常了解。请求捐助的人实在太多了，但我一定要先弄清楚他们的用途才肯捐钱。我既无时间也无精力去处理此事，请你赶快成立一个办事处，负责调查事宜。我根据你的调查报告采取行动。"

于是，在一九零一年，设立了"洛克菲勒医药研究所"；一九零三年，成立了"教育普及会"；一九一三年，设立了"洛克菲勒基金会"；一九一八年，成立了"洛克菲勒夫人纪念基金会"。哲学家史威夫特说过："金钱就是自由，但是大量的财富却是桎梏。"洛克菲勒深谙这个道理，他一生之中共捐了5.5亿美元。他的捐助，不是为了虚荣，而是出自至诚；不是出于骄傲，而是出自谦卑。

他后半生不做钱财的奴隶，喜爱滑冰、骑自行车与打高尔夫球。到了九十岁，依旧身心健康，耳聪目明，日子过得很愉快。他逝世于一九三七年，享年九十八岁。他死时，只剩下一张标准石油公司的股票，因为那是第一号，其他的产业都在生前捐掉或分赠给继承者了。钢铁大王安德鲁·卡耐基也说："一个人死的时候还极有钱，实在死得极可耻。"

要有合于时代的金钱感觉，即合理地支配你们拥有的钱财，为社会做有用的事。

在《赢家的强运法则》一书中作者这样写道：这句话说来容易，实际做来却有困难，因为人对事情的想法和创意，多多少少受限于生长的环境，所以虽然知道，却不容易做到。因此，我要告诫大家一个基本的哲学命题：做财富的主人，不要做它的奴仆！

换句话说，不要被财富束缚，单是这个基本的想法，就值得跨越任何时

代而铭记在心。我们虽然难以达到洛克菲勒的境界和卡耐基所说的标准，但作为普通人的我们，却也可以在财富的植培里活出自己的样子。

诚如托尔斯泰所说的那样：钱只有在使用时，才会产生它的价值，如果放着不用，就根本毫无意义。

让财富为我所用，为人所用，而不要成了不肯花钱的可怜的守财奴，这样的人生才能痛快潇洒，才有意义，才更加博大！

智慧 56
旅卦：胸怀世界，放眼四海

【原文】

旅：小亨，旅，贞吉。

象曰：山上有火，旅。君子以明慎用刑，而不留狱。

【解析】

旅卦：稍见亨通。贞卜旅行，吉利。

《象辞》说：上卦为离为火，下卦为艮为山。山上有火，洞照幽隐，这是旅卦的卦象。君子观此卦象，从而明察刑狱，慎重判决，既不敢滥施刑罚，也不敢延宕滞留。

旅卦象征行旅。小有亨通顺利，外出旅行，占问可获吉祥。初六外出旅行，刚出门就猥琐不堪，这是自己招来的灾祸。六二旅人住进客店，怀中揣着钱财，并得到童仆的衷心侍奉。九三客店失了大火，童仆也逃跑了，十分危险。九四旅行受到阻碍，虽然后来幸得钱财之助、利斧之防，但是内心仍然不快。六五射杀野鸡，却丢了一支箭，不过最终还是获得美誉并承受封爵之命。上九树上的鸟巢被烧毁，旅人先笑后哭号；在田边丢失了耕牛，必遭凶险。

立大志，做小事

《旅卦》表示旅行，不定、不安稳之意。事事都在浮动之中，虽不现凶象，但也是很令人烦心。这个时候，一个人的胸怀和眼光就很重要了。

一个人若身处隧道，他看到的就只是前后非常狭窄的视野。只有视野开阔，方能看得高远。一件事情，重要的不是现在怎样，而是将来会怎样。要看到事物的将来，就必须有高远的眼光。看清了它的将来，坚定不移地去做，事业就已经成功了一半。

做人的眼界要高，心怀大志向，却脚踏实地，从小事做起。古人云"一屋不扫，何以扫天下"，现代人说"态度决定一切"，又说"于细微处见精神"，

《易经》
64个人生智慧

一个小事都不愿做、做不好的人，他能成就多大的事业呢？

为什么要"立大志"？因为"立大志"才能"成大器"。每个人都有各自不同的竞争力，不同的人适合不同的行业；成功也不能按财富的多少一概而论。有的人适合于商海的拼搏，有的人喜欢官场的气氛，有的人精于传道授业解惑，有的人听到军营的号角就激动……所以，每个人树立人生志向的时候最重要的是要明白自己适合做什么，只有这样，才能最大限度地发挥自己的聪明才智，才能在自己的行业中取得成功。

在为志向而奋斗的初期难免会遇到这样或那样的困难，但不能自暴自弃。我们应该从身边小事一步一步做起，只问耕耘，不问收获。只有这样，事业才有可能得以发展，自身价值才能最终得以体现。在"立大志"的同时，还应注意培养和拥有善于捕捉机遇的能力。在充满创造力和各种机遇的环境中，充分利用自己的优势，立大志、不放弃做小事，抓住机遇，必将获得成功。

你是立志高远还是甘于平庸？如果你是一个不甘于平庸的人，那你至少有两件事要牢记在心：第一，一定要追求一个伟大的目标，避免庸庸碌碌；第二，先从身边的小事做起，并乐此不疲。坚持下来，当你回首时，你会发现自己已走出很远很远……

有多大眼界成多大事

美国第九位总统威廉·亨利·哈里森小时候曾有一段时间被人认为很傻。为什么呢？邻居们做过这样的试验：拿出一个五分的硬币和一个十分的硬币，让小哈里森从里头挑一个，小哈里森每次都拿那个五分的。屡试不爽，大家均以此为乐。

一个外地人路过此地，听说这件事后，感到很奇怪，于是亲自试验了一回，果然和大家说的一样。外地人仔细观察小哈里森的言行后，拍拍他的肩膀笑着说："小朋友，你一点也不傻，你很聪明。"小哈里森也笑了。外地人没有再说什么就走了，邻居们都感到有些纳闷。

后来，终于有人想明白了为什么：如果小哈里森拿了十分的硬币，下次就不会有人去做这样的试验了，他每次五分的收入就将终止。小哈里森原来是弃眼前的小利来保留长远的利益，小小年纪，就有这样的长远眼光，可真了不起！邻居们都赞叹不已。

智慧 56
旅卦：胸怀世界，放眼四海

一个人在成功的道路上能走多远，首先要看他站得够不够高，看得是不是远。只有看得长远，他才能对自己以后要做的事情心里有底，才知道自己行进的方向，以及需要为此采取什么样的行动。眼光长远的人往往不容易被眼前的得失所迷惑。有很多成功人士的例子都说明了这一点。他们有的面临着金钱的诱惑，有的经历了困境的阻挠，但他们往往能够执着于自己的梦想，从而摆脱眼前利益的诱惑，冲破困境的束缚。因为他们能够很清楚地看到未来的图景，所以他们能意志坚定，矢志不移。

战国时期，有两位好朋友，同受业于当时的名师鬼谷子的门下。他们就是我国历史上有名的说客苏秦和张仪。

苏秦出道较早，成功也来得顺利，而张仪初出道时较为普通，郁郁不得志，不知前途如何。看到苏秦已成大事，便想投身门下，找到一条晋升的捷径。于是，他来到苏秦的门下，期望求取晋见的机会。一连几天，苏秦也没有来见他。之后，苏秦的属下安排他住下来，好不容易才碰上这位发达了的老友。可惜，苏秦没有热情地款待他，吃饭的时候，不但没有同坐，还安置他在最末的位子，吃着仆役们才吃的粗饭。接着苏秦又用话语去羞辱他，说："以阁下的才干，怎么会潦倒到如此地步呢？我实在没有法子帮你，你还是靠自己的运气罢！祝你好运。"

远道而来的张仪，满以为见到老朋友之后，一定会得到热情的招待和帮忙的，没想到反而招来无名的羞辱，于是愤怒地离开了苏秦的住处，希望凭着自己的才能，与苏秦一争高下。

当张仪走了以后，苏秦又暗中派人沿途用金钱接济他，支持他进行游说秦国的工作。苏秦的门人们很奇怪，纷纷问苏秦是怎么回事，苏秦说："张仪的才干，在我之上，我怕他为了贪图一时的眼前小利，过分安于现实而丧失了斗志。所以，我侮辱了他一番，以便激起他上进的心。"

张仪是幸运的，有他的好朋友在激励他、帮助他。并不是所有的人都有这样的朋友的，所以，不断提醒自己、激励自己，让自己的目光始终盯着远方，让自己沉浸在实现远大目标的行动之中，这才是最为重要的。

眼光长远的人往往能走在时代的前沿。他能看见别人所不能看见的东西，掌握事物发展的未来趋势，因而能先行一步。在我们这个竞争日趋激烈、创业变得很艰难的时代里，这是成功不可或缺的元素。短视者只能迎接失败，

《易经》
64个人生智慧

即使他们曾经拥有过很优越的条件。他们往往被眼前的利益所迷惑，在透支享受今天的同时，忘记或忽略了给明天播种，最后只能被明天抛弃。

这就像下棋一样，技高者能看出五步七步甚至十几步棋，低能者只能看出两三步。高手顾大局，谋大势，不以一子一地为重，以最终赢棋为目标；低手则寸土必争，结果在辛苦中屡犯错误，以失败告终。

人生就像是马拉松比赛，谁先到达终点，谁就是胜者，谁就是英雄。没听说过有什么人可以在不断采摘路边野花的同时获得冠军。而且，过程是为目标服务的，再美妙的过程如果得到的是苦果，也不会有太大的意义。

所以，要养成始终目视前方的习惯，不要被眼前的小利所迷惑。这才是人生成功的要点。

智慧 57
巽卦：掌握自己的命运，成就自己的未来

【原文】

巽：小亨。利有攸往，利见大人。

象曰：随风，巽。君子以申命行事。

【解析】

巽卦：稍见亨通。利于出行，利于会见王公贵族。

《象辞》说：本卦为巽卦相迭而成，巽为风，因而长风相随，吹拂不断，是巽卦的卦象。君子观此卦象，取法于长吹不断的风，从而不断地申明教义，反复地颁行政令，灌输纲常大义。

巽卦象征顺从。柔小者亨通顺利，宜于有所举动，利于大德大才之人出世。初六进进退退，犹豫不前，利于勇武之人占问。九二顺从大过而卑居床下，若能效法祝史、巫师勤勉忙碌的样子，则十分吉祥，不会有什么灾祸。九三一而再，再而三地顺从他人，行事必然艰难。六四困厄将会消亡。打猎时捕获三种禽兽。九五占问可获吉祥，困厄自行消失，无所不利。起初即使不顺利，最终却能畅行无阻。时间当以庚日的前三日和庚日的后三日为宜，这七日行事，必获吉祥。上九顺从过分而卑居床下，结果丧失了钱财之助和利斧之防；占问则有凶险。

对自己寄予厚望

自己的命运应该掌握在自己手中。《巽卦》的卦象上说"君子以申命行事"就是这个道理。只有我们同命运抗争，才能战胜所谓的命运说，创出一片属于自己的天空。

在这世上，每个人都是独一无二的，所以你该相信自己，相信天生我材必有用。

你所做的事，别人不一定做得来；而且，你之所以为你，必定有些相当特殊的地方——我们姑且称之为特质吧——而这些特质又是别人无法模仿的。

《易经》
64个人生智慧

要是你不相信的话，不妨想想：有谁的基因会和你完全相同？有谁的个性会和你一毫不差？

基于这种种重要的理由，我们相信：你存在这世上的目的，是别人无法取代的。

只要你认准了路，确立好人生的目标，然后向着目标，心无旁骛地前进，相信你一定会到达成功的彼岸。

当然，不要幻想生活总是那么圆满，也不要幻想在生活四季中享受所有的春天，每个人的一生都注定要跋涉沟沟坎坎，品尝苦涩与无奈，经历挫折与失意。

生活中的不幸，要认为是人生不可避免的，而这些不幸早晚都会过去的，时间会冲淡痛苦的感觉。把"这没有什么了不起的"这句话在心中重复几次。绝不能因为不幸的打击，就变得憔悴万分，而应不再痛苦，振作起来，干你自己应该干的事情。

不过，有时候别人（或者整个大环境）会怀疑我们的价值，所谓"三人言而成虎"，久而久之，连我们都会对自己的重要性感到怀疑。请你千万千万不要让这类事情发生在你身上，否则你会一辈子都无法抬起头来。

记住，你有权利去相信自己！所以，请放心大胆地去做吧！并且始终坚定不移地相信：我一定行！

20世纪心理学上最伟大的发现就是，一个人可以通过自我肯定，来塑造一个真实的自己。

记住：你生来就是一名冠军！你是天生的赢家！

要充分肯定自己。你认为自己是怎样的人，就会有怎样的表现，这两者是一致的。你觉得自己是个有价值的人，结果你就会变成有价值的人，做有价值的事。

乔爱斯博士是一位很有名的作家、专栏作家与心理学家。他说："一个人的自我观念是人格的核心。它会影响人的行为，例如学习、成长与变化的能力、选择朋友、配偶与职业等等。坚强的积极的自我形象，是成功的最坚实的基础。"

他还说："虽然命运也跟我开了太多的玩笑，比如父亲遭遇车祸受伤，比如高考失误让我有坠入谷底的痛楚……但玩笑之后，我懂得珍惜青春与生

智慧 57
巽卦：掌握自己的命运，成就自己的未来

命，学会笑对人生中的不幸和苦难。因此有个曾供职于《东方》文化周刊的编辑说我是个'强者'，'强者'我不敢当，但我还算是个足够坚强的人。"无论多少压力冲向自己，都时时告诫自己："不能够停止飞翔，在飞行的过程中，我要渐渐学会用喙给自己梳羽毛，用舌为自己舔伤口。"

你如果希望自己变成更有自信的人，你就可以经常想：我是最棒的！我是最好的！当你脑海中重复想象自己最有自信的时候，你可能会看到画面，听到声音。没多久，你就会发现，自己变得真的很有自信，你的行为也都会配合着你的思想去行动。你的思想改变，行为就会改变。

态度决定一切

有两个秀才一起去赶考，路上他们遇到了一支出殡的队伍。看到那一口黑乎乎的棺材，一个秀才心里立即"咯噔"一下，凉了半截，心想：完了，活见鬼，赶考的日子居然碰到这个倒霉的棺材。于是，心情一落千丈，走进考场，那个"黑乎乎的棺材"一直挥之不去，结果，文思枯竭，果然名落孙山。

另一个秀才也同时看到了，一开始心里也"咯噔"了一下，但转念一想：棺材，棺材，噢！那不是有"官"又有"财"吗？好，好兆头，看来今天我要鸿运当头了，一定高中。于是心里十分兴奋，情绪高涨，走进考场，文思如泉涌，果然一举高中。

回到家里，两人都对家人说："棺材"真的好灵。

叔本华说过："事物的本身并不影响人，人们只受对事物看法的影响。"的确，对事物的看法，没有绝对的对错之分，但有积极与消极之分，而且每个人都必定要为自己的看法承担最后的结果。消极思维者，对事物永远都会找到消极的解释，并且总能为自己找到抱怨的借口，最终得到了消极的结果。而积极的人，常常能够在困难重重的情况下，找到打开命运枷锁的钥匙，得到灿烂和光明。

世界上从来没有绝对完美的人和事。每个人和每件事都有优缺点，关键是我们选择怎样的角度来看问题，是以积极的方式还是消极的方式来处理问题！

《易经》
64个人生智慧

智慧 58
兑卦：和颜悦色待人，亲和亲切处事

【原文】

兑：亨，利，贞。

象曰：丽泽，兑。君子以朋友讲习。

【解析】

兑卦：亨通。吉利的贞卜。

《象辞》说：本卦为两兑相叠，兑为泽，两泽相连，两水交流是兑卦的卦象。君子观此卦象，从而广交朋友，讲习探索，推广见闻。

兑卦象征欣悦。亨通顺利，利于占问。初九和颜悦色待人接物，十分吉祥。九二心怀诚信并面带喜色，十分吉祥，困厄将自行消亡。六三前来献媚以求欣悦，必有凶险。九四计议之中和忱欢洽，但事情却未办妥，消除献媚求悦之患则可获喜庆。九五施诚取信于损伤正道者，则有危险。上六引诱他人与自己一同欢悦。

把别人放在心上

《兑卦》中的"兑"是喜悦、愉悦的意思。其初九上说"和兑，吉"，认为和颜悦色地待人接物必然会带来吉祥。与人交往最直接的方式就是通过语言来完成的，故而，《兑卦》的卦象上说"君子以朋友讲习"，这里的"讲习"指的就是一种言说。

每个人都觉得自己很重要！或者说，每个人都希望被别人认为很重要。如果对方感觉到他在你心目中很重要，他一定会对你产生好感——没有人会讨厌一个喜欢自己、尊重自己的人。

有些人自视甚高，他们觉得自己很重要，却忘了别人也需要这种感觉。他们在不经意间流露出对别人的轻视，于是受到大家的疏远。只有使别人产生重要的感觉，你才会受到他们的欢迎。

如何使对方产生重要的感觉呢？礼貌上的尊重是毫无疑问的，关键是你

智慧 58
兑卦：和颜悦色待人，亲和亲切处事

要把他放在心上，同时还可以采用一些让人产生好感的方法，比如：

1. 关心对方关心的事。他关心自己的利益，关心自己的健康，关心自己的家人……你只要对他的利益、他的健康、他的家人等表现出足够的关心，他就会把你当成自己人。

2. 欣赏对方欣赏的事。他欣赏自己的成就，欣赏自己的能力，欣赏自己的风度……你只要对他的成就、他的能力、他的风度等表现你真诚的欣赏，他一定会欣赏你，把你当成难得的知音。

3. 请教对方擅长的事。自己不懂的问题、不清楚的事情，不妨向对方求教，既可增长见识，又能得到对方好感，何乐而不为？

"你以怎样的态度对待别人，别人也会以怎样的态度对待你。"这是成功学家拿破仑·希尔的一句名言。

你轻视一个人，你就不会把他放在心上，对他的一切都漠不关心。你重视一个人；你就会关心他的感受，关心他所处的状况。当他感受到你的轻视或重视后，也会报以同样的态度。当你想改善和巩固跟某个人的关系时，把他放在心上，无疑是一条正确的道路。

美国前国务卿奥尔布赖特十多年前是 BON 电影公司的公关部经理。她面临着巨大的职业挑战，同时又必须面对许多现实的东西，像人际关系的处理、家庭生活的和谐等，但她巧妙地使这些烦琐的事情顺畅起来。

比如，她的下属总会在某一个繁忙的下午突然收到一张上面写着诸如"你辛苦啦""你干得非常出色"之类的小卡片，或一张精致典雅的卡片。而在她丈夫生日的那一天，她总会努力举办一个家庭小舞会，而且是一个人事先布置好，就这样，在繁忙工作的间隙，她并没有花太多的时间，却给他人送去了一份又一份快乐。

对这一做法，她饶有兴趣地解释说："大家的节奏都那么快，大部分人都忘了一些最基本的问候，都认为这些是无足轻重的小细节。其实正是这些细小的方面使人与人之间的情感变得不那么紧张，那我就想：为什么我不能做得更好些呢？"

她又说："一份小小的问候就能体现出一个人的真挚和诚意，使他人感到温暖。人与人之间渴望沟通和交流，而这些细小的方面是最能体现出你的那一份心意的。这是对我个人形象、风度的一个最佳传播，当她们看到那张卡片的时候，就一定会想起我，而且在她们心中隐含着对我的那一份谢意，

《易经》
64个人生智慧

会使她们更认为我是一个完美无缺的人，她们总会想到我好的地方，不会注意我的缺陷。"

显然，奥尔布赖特的这一番言论有许多值得我们借鉴的地方，人与人的关系不一定非要在大事中才能体现出来，在日常生活的琐碎事之中更能体现你的友善。

既懂得工作的重要，也深信生活的乐趣，随时把心中最真诚的愉悦带给大家，这正是处理人际关系的要诀。

维也纳著名心理学家亚佛·亚德勒，写过一本叫作《人生对你的意识》的书。在那本书中，他说："不对别人感兴趣的人，他一生中的困难最多，对别人的伤害也最大。所有人类的失败，都出自这种人。"

亚德勒这句话真是意味深长。

生活中很多很多的问题，就是因为一方不把另一方放在心上或者双方互相不把对方放在心上引起的，种种仇视和敌意，也因此而生，并带来数不清的麻烦。如果每个人都对别人多一份关注，多一份重视，这个世界将变得更加温馨和谐。

雪中送炭最动人心

你想获得别人的好感，成为一个到处受欢迎的人，有一个简单的办法：让他人从双方的交往中受益。此外，还有一个更有效的办法：雪中送炭。

俗话说："不惜钱者有人爱，不惜力者有人敬。"让他人受益，能让人喜欢，但是，雪中送炭却能给人留下更深的印象，能让你获得忠诚和情义。

鲁肃和周瑜是两个著名的历史人物，他俩在同朝为官之前，还有一段鲜为人知的故事：

三国争霸之前，周瑜并不得意。他曾在军阀袁术部下当了一个小小的居巢长，也就相当于一个小县的县令罢了。

这时候地方上闹饥荒，年成不好，粮食问题日渐严峻起来。居巢的百姓没有粮食吃，活活饿死了不少人，军队也饿得失去了战斗力。周瑜作为父母官，看到这悲惨情形，急得心慌意乱，却不知如何是好。

有人献计，说附近有个乐善好施的财主鲁肃，他家素来富裕，想必囤积了不少粮食，不如去向他借。

周瑜带上人马登门拜访鲁肃，寒暄过后，周瑜就直接说："不瞒老兄，

智慧 58
兑卦：和颜悦色待人，亲和亲切处事

小弟此次造访，是想借点粮食。"

鲁肃一看周瑜仪表不凡，定是大器之才，有心结交，哈哈大笑说："此乃区区小事，我答应就是。"

鲁肃亲自带周瑜去查看粮仓，这时鲁家存有两仓粮食，各三千斤，鲁肃痛快地说："也别提什么借不借的，我把其中一仓送与你好了。"

周瑜及其手下一听他如此慷慨大方，都愣住了。要知道，在饥馑之年，粮食就是生命啊！周瑜被鲁肃的言行深深感动了，两人就此交上了朋友。

后来周瑜当上了将军，他不忘鲁肃的恩德，将他推荐给孙权，鲁肃终于得到了干大事业的机会。

濒临饿死时送一只萝卜和富贵时送一座金山，就内心感受来说，完全不一样。前者是急需之物，能够解决生死大事，无疑更让人感之于心。

"汽车界的经营奇才"亚柯卡曾说："所谓经营，无非是一种人际关系的网络而已。"

其实，不管是经营事业，还是经营人生，都不过是经营一种人际关系的网络。你把人际关系搞得好，到处有人相助，自然成功。大凡成功人士，都善于放"人情债"，到处播撒人情的种子，这是他们人际关系畅通、事业有成的一个重要因素。

乌井信治郎是日本桑得利公司的董事长，深受部下爱戴，员工都称呼他"父亲"，因为他对部下的关怀确实有如慈父般温暖。员工有困难，乌井总是尽心尽力地关怀帮助，真像父亲对待自己的儿女一样。

有一次，新职员作田的父亲不幸去世。他不想让同事知道他家有丧事，以免麻烦人家。但在出殡当天，乌井率领桑得利的全体员工到殡仪馆帮忙。他还像死者的亲属一样，站在签到处，对前来祭拜的人一一磕头答礼。

丧礼结束后，乌井对作田说："没有车子，你和伯母如何回家呢？"说完，立刻跑去叫了一辆计程车，亲自送作田和他的母亲回家。

后来，作田当上主管后，常对部下提起此事，并说："从那时起，我就下定决心，为了老板，即使牺牲性命也在所不惜！"

世界上任何重要的事情，都是人的事情，只要把人打理好了，则无事不可成，你种下人情，将收获成倍的人情。而雪中送炭显然是一颗人情的良种，必将使你收获人情的硕果。

《易经》
64个人生智慧

智慧 59
涣卦：同心同德，凝心聚力

【原文】

涣：亨，王假有庙。利涉大川，利贞。

象曰：风行水上，涣。先王以享于帝，立庙。

【解析】

涣卦：亨通，因为君王亲临宗庙，禳灾祈福。利于涉水过江河。这是吉利的贞卜。

《象辞》说：上卦为巽为风，下卦为坎为水。风行水上，是涣卦的卦象。先王观此卦象，从而享祭天帝，建立宗庙，推行尊天孝祖的"德教"。

涣卦象征大水流散。亨通顺利。举行祭祀大典，君王亲自到宗庙祭祀祖先，利于涉越大川巨流，有利于占问。初六乘强壮之马去拯济患难，十分吉祥。九二大水流散，急忙奔向几案，以祭告神灵乞求佑助，困厄自会消亡。六三大水冲及自身，并不会遭遇困厄。六四大水冲散了众人，大吉大利。大水冲上山陵，水势汹涌，那情形不是平常所能想到的。九五像发汗一般出而不复地发布君王的诏命，并疏散君王聚积的财富以济助天下万民，必无灾祸。上九大水流散，能使忧患消除，惊惧排解，必无灾祸。

人情是最经济的投资

《涣卦》象征大水流散。同时，也象征我们的事业遭受了困境。在这个时候，我们不难分出谁是自己真正的朋友——有些朋友仅能做到锦上添花、共谋享福；而有些朋友却总是雪中送炭，陪我们吃苦。

钱钟书先生曾经有一段时间，困居上海孤岛写《围城》，这段时间里他生活很窘迫。当时是他的夫人杨绛操持家务，正所谓"卷袖围裙为口忙"。那时他还不是非常有名，他的学术文稿没人买，于是他开始写小说，创作小说的动机里就多少掺进了挣钱养家的成分。

他一天500字的精工细作，以这样的写作速度是无法混饭吃的。就在这

智慧 59
涣卦：同心同德，凝心聚力

个时候，他的朋友黄佐临导演决定拍摄上演杨绛的四幕喜剧《称心如意》和五幕喜剧《弄假成真》，并及时支付了酬金，这就像一场及时雨，使得钱家渡过了难关。时隔多年后，黄佐临导演的女儿黄蜀芹之所以独得钱钟书信任，得到钱先生的许可拍摄电视连续剧《围城》，实际上是因为她拿着老爸的一封亲笔信的缘故。

钱钟书是一个有情有义之人，别人为他做了事帮助过他，他一辈子都不会忘记。

要想人爱己，己须先爱人。如果你时时刻刻存有乐善好施、成人之美的心思，就能为自己多储存一些人情的债权。这就如同养成"储蓄"的好习惯，这不仅仅能够让你自己得到一些好处，甚至会让你的子孙后代得到一些好处，正所谓"前世修来的福分"。黄佐临导演在当时可能没有想得那么远，那么功利化，但多年后的事实却给了他作为好施之人一个不小的回报。

究竟怎样去结得人情，并无金科玉律可循。

对于一个身处窘迫境地的穷人，你的一枚铜板的帮助可能就会使他握着这枚铜板忍受极度的饥饿和困苦，或许还能奋发图强干一番事业，开创出属于自己富有的天下。

对于一个放荡不羁的浪子，你的一次促膝交心的帮助可能会使他建立做人的尊严和自信，或许能够在悬崖前勒马，随后奔驰于希望的原野，最终成为一名威武的勇士。

就算在平和的日子里，对一个正直的行为送去一个可信的眼神或者伸出自己的双手都会是极大的支持，这一眼神无形中可能就是正义的强大动力。对一种新颖的见解能够报以一阵热烈的赞同的掌声，这一掌声无意中可能就是对革新思想的巨大支持。

就是对一个陌生人很轻易的一次帮助，可能也会使那个陌生人突然感悟到善良的难得和真情的可贵。说不定他再次看到有人遭到难处时，他会很快从自己曾经被人帮助的回忆中汲取勇气并伸出自己仁慈的双手。

"诚敬"二字最动人心

刘备"三顾茅庐"，对诸葛亮何等敬重，而诸葛亮"鞠躬尽瘁，死而后已"，也报答了刘备的知遇之恩。那些优秀人才是不会只为几个钱为别人卖命的，你想让别人竭诚效力，必须对他们予以足够的尊重。

《易经》
64个人生智慧

菲力斯东是美国燧石橡胶公司的创始人。公司刚成立时，设备十分简陋，只有屈指可数的几个工人，而且研制工作进展得很不顺利。

一天，在一家酒店里，菲力斯东遇到了一个落魄的发明家罗唐纳。此人曾取得新式橡胶轮胎的发明专利权，并拿着设计图样和专利证书去找正在开发新产品的橡胶巨子史道夫。罗唐纳满以为能高价卖出自己的专利或得到史道夫合作生产的认可，没想到，他得到的只是一个侮辱。史道夫轻蔑地看了一下他的图样，便一下抛在地上，说他是个骗子，随便寻来一些小孩子都可以弄的玩意儿来骗他的钱。罗唐纳气得眼泪都出来了。为了证明自己不是骗子，他拿出了专利证书。史道夫不屑一顾地瞥了一眼专利证书，揉搓几下又塞进罗唐纳的口袋里，说这是吓唬土包子的，审查专利的都是些外行。

罗唐纳受此大辱，内心很受打击，发誓今后再也不搞发明，终日以酒浇愁，穷困潦倒。

菲力斯东听说罗唐纳有一个发明专利，顿时兴起合作的念头，忙上前与他攀谈。谁知罗唐纳只是冷冷地瞥了他一眼，根本不理睬。因为罗唐纳所受的那次羞辱被人们当成笑谈，使他的性格变得更孤僻，对任何人都不敢信任。

菲力斯东不愿放过这个机会，第二天专程到罗唐纳家拜访，却被拒之门外。

菲力斯东想，一个有才能的人在受到打击之后变得孤傲、冷漠，不是很自然的事吗？那么，自己一定要用诚意打消他的疑心。于是，他蹲在罗唐纳门外，耐心地等待罗唐纳回心转意。他不吃不喝，整整等了一天，又饿又累，几乎支持不住了。

到了下午六点多钟，罗唐纳终于出来了。菲力斯东大喜过望，猛地站起来，正要迎上前去，突然眼前一黑，险些栽倒在地。幸好罗唐纳急步赶到他面前，将他搀扶住。

罗唐纳终为他的诚意所感动，决定帮助他大干一场。后来，菲力斯东运用罗唐纳的发明，制成了蓄气量很大而且不易脱落的橡胶轮胎。产品上市后，受到广泛的欢迎。凭借这一基础，燧石橡胶轮胎公司迅速发展壮大，成为美国最大的轮胎公司之一。

在现实中，很多老板抱着"我有钱还怕请不到人"的心理，总认为是自己给别人提供了一个工作机会，认为员工理所当然应该竭诚报答自己，对员工的辛劳毫无感激之意。抱着这种雇用的心态，是得不到优秀人才的。只有抱着合作的心态，以心结心，以情感义，才能真正培养一支忠诚敬业的员工队伍。

智慧 60
节卦：洁身自爱，无欲则刚

【原文】

节：亨，苦节不可贞。

象曰：泽上有水，节。君子以制数度，议德行。

【解析】

节卦：亨通。如果以节制为苦，其凶吉则不可卜问。

《象辞》说：下卦为兑为泽，上卦为坎为水。泽中水满，因而须高筑堤防，这是节卦的卦象。君子观此卦象，从而建立政纲制度，确立伦理原则。

节卦象征节俭。举行祭祀大典，如果以节俭为苦事因而不肯节俭，则不可占问。初九足不出内院，没有灾祸。九二足不出前院，必有凶险。六三度日不知节俭，则会导致嗟叹伤情，不过并没有灾祸。六四安于节俭，亨通顺利。九五以节俭为乐事，可获吉祥，有所举动必将得到奖赏。上六以节俭为苦事而不肯节俭，占问必有凶险，但固厄却会自行消失。

不想占有就不会有坎坷

从前，一个想发财的人得到了一张藏宝图，上面标明了在密林深处的一连串宝藏。他立即准备好了一切旅行用具，特别是他还找出了四五个大袋子用来装宝物。一切就绪后，他进入了那片密林。他斩断了挡路的荆棘，蹚过了小溪，冒险冲过了沼泽地，终于找到了第一个宝藏，满屋的金币熠熠夺目。他急忙掏出袋子，把所有的金币装进了口袋。离开这一宝藏时，他看到了门上的一行字："知足常乐，适可而止。"

他笑了笑，心想，有谁会丢下这闪光的金币呢？于是，他没留下一枚金币，扛着大袋子来到了第二个宝藏，出现在眼前的是成堆的金条。他见状，兴奋得不得了，依旧把所有的金条放进了袋子，当他拿起最后一条时，上面刻着："放弃了下一个屋子中的宝物，你会得到更宝贵的东西。"

他看了这一行字后，更迫不及待地走进了第三个宝藏，里面有一块磐石

《易经》
64个人生智慧

般大小的钻石。他发红的眼睛中泛着亮光，贪婪的双手抬起了这块钻石，放入了袋子中。他发现，这块钻石下面有一扇小门，心想，下面一定有更多的东西。于是，他毫不迟疑地打开门，跳了下去，谁知，等着他的不是金银财宝，而是一片流沙。他在流沙中不停地挣扎着，可是越挣扎他陷得越深，最终与金币、金条和钻石一起长埋在了流沙下。

如果这个人能在看了警示后离开的话，能在跳下去之前多想一想，那么他就会平安地返回，成为一个真正的富翁了。放弃，从某种意义上来讲，给了自己一个生存的空间，给了自己一条走向成功的道路……

谁说喜欢一样东西就一定要得到它。有时候，有些人，为了得到他喜欢的东西，殚精竭虑，费尽心机，更有甚者可能会不择手段，以至走向极端。也许他得到了他喜欢的东西，但是在他追逐的过程中，失去的东西也无法计算，他付出的代价是其得到的东西所无法弥补的。其实喜欢一样东西，不一定要得到它。因为有时候为了强求一样东西而令自己的身心都疲惫不堪，是很不划算的。有些东西是"只可远观而不可近瞧的"，一旦你得到了它，日子一久你可能会发现其实它并不如原本想象中的那么好。如果你再发现你失去的和放弃的东西更珍贵的时候，我想你一定会懊恼不已。有这样的一句话："得不到的东西永远是最好的。"所以当你喜欢一样东西时，得到它未必是你最明智的选择。

不想占有就不会太坎坷，所以，无论是喜欢一样东西也好，喜欢一个位置也罢，与其让自己负累，不如放轻松地面对，即使有一天放弃或者离开，你也学会了平静。

达亦不足贵，穷亦不足悲

这是一个极具诱惑力的社会，这是一个欲望膨胀的年代，人们的心里总是塞满着欲望和奢求，追名逐利的现代人，总是奢求穿要高档名牌，吃要山珍海味，住要乡间别墅，行要宝马香车。一切都被欲望支配着。

法国杰出的启蒙哲学家卢梭曾对物欲太盛的人作过极为恰当的评价，他说："十岁时被点心、二十岁被恋人、三十岁被快乐、四十岁被野心、五十岁被贪婪所俘虏。人到什么时候才能只追求睿智呢？"的确，人心不能清净，是因为欲望太多，欲望的沟壑永远填不满，人心永不知足，没有家产想家产，有了家产想当官，当了小官想大官，当了大官想成仙……精神上永无宁静，

智慧 60
节卦：洁身自爱，无欲则刚

永无快乐。

伟大的作家托尔斯泰曾讲过这样一个故事：有一个人想得到一块土地，地主就对他说，清早，你从这里往外跑，跑一段就插个旗杆，只要你在太阳落山前赶回来，插上旗杆的地都归你。那人就不要命地跑，太阳偏西了还不知足。太阳落山前，他是跑回来了，但人已精疲力竭，摔个跟头就再没起来。于是有人挖了个坑，就地埋了他。牧师在给这个人做祈祷的时候说："一个人要多少土地呢？就这么大。"

人生的许多沮丧都是因为你得不到想要的东西。其实，我们辛辛苦苦地奔波劳碌，最终的结局不都是只剩下埋葬我们身体的那点土地吗？伊索说得好："许多人想得到更多的东西，却把现在所拥有的也失去了。"这可以说是对得不偿失最好的诠释了。

其实，人人都有欲望，都想过美满幸福的生活，都希望丰衣足食，这是人之常情。但是，如果把这种欲望变成不正当的欲求，变成无止境的贪婪，那我们就无形中成了欲望的奴隶了。在欲望的支配下，我们不得不为了权力、为了地位、为了金钱而削尖了脑袋向里钻。我们常常感到自己非常累，但是仍觉得不满足，因为在我们看来，很多人比自己生活得更富足，很多人的权力比自己大。所以我们别无出路，只能硬着头皮往前冲，在无奈中透支着体力、精力与生命。

扪心自问，这样的生活，能不累吗？被欲望沉沉地压着，能不精疲力竭吗？静下心来想一想，有什么目标真的非让我们实现不可，又有什么东西值得我们用宝贵的生命去换取？朋友，让我们斩除过多的欲望吧，将一切欲望减少再减少，从而让真实的欲求浮现。这样，你才会发现真实的、平淡的生活才是最快乐的。拥有这种超然的心境，你就能做起事来不慌不忙、不躁不乱、井然有序，面对外界的各种变化不惊不惧、不愠不怒、不暴不躁，面对物质引诱心不动、手不痒。没有小肚鸡肠带来的烦恼，没有功名利禄的拖累，活得轻松，过得自在。白天知足常乐，夜里睡觉安宁，走路感觉踏实，蓦然回首时没有遗憾。

古人云："达亦不足贵，穷亦不足悲。"当年陶渊明荷锄自种，嵇叔康树下苦修，两位虽为贫寒之士，但他们能于利不趋，于色不近，于失不馁，于得不骄。这样的生活，也不失为人生的一种极高境界！

《易经》
64个人生智慧

智慧 61
中孚卦：言必行，行必果

【原文】

中孚：豚鱼，吉。利涉大川，利贞。

象曰：泽上有风，中孚。君子以议狱缓死。

【解析】

中孚卦：豚鱼献祭，虽物薄但心诚，吉利。并利于涉水过河。这是吉利的贞卜。

《象辞》说：上卦为巽为风，下卦为兑为泽，泽上有风，风起波涌，这是中孚的卦象。君子观此卦象，有感于风化邦国，唯德教为先，因而审议讼狱，不轻置重典。

中孚卦象征内心诚信。用豚和鱼祭祀祖先，可获吉祥。利于涉越大川巨流，利于占问。初九安守诚信之德则可获吉祥；但是如果另有他求则不得安宁。九二鹤在树荫之下鸣叫，小鹤应声相和；我有美酒一杯，愿与你共享其乐。六三遭遇强劲的敌手，有时击鼓进攻，有时疲惫不前，有时悲愤饮泣，有时慷慨高歌。六四在既望之日走失一匹良马，但没有什么灾祸。九五胸怀诚信并系恋他人，没有灾祸。上九鸡鸣之声响彻天宇，占问则必有凶险。

失去诚信最可怕

古语有云："言必行，行必果。"只有言出必行，重承诺才能带来积极效应。《中孚卦》象征内心诚信。初九上说"虞吉，有它不燕"，说的正是"一诺千金"可获吉祥。

日本著名的企业家吉田忠雄在回顾自己的创业成功经验时说过，为人处世首先要讲求诚实，以诚待人才会赢得别人的信任，离开这一点，一切都成了无根之花，无本之木。

在他创业的初期，他曾经做过一家小电器商行的推销员。开始的时候，

智慧 61
中孚卦：言必行，行必果

他做得并不顺利，很长时间业务没有起色，但他没有灰心，而是坚持做下去。有一次，他推销出去了一种剃须刀，半个月内同二十几位顾客做成了生意，但是后来突然发现，他所推销的剃须刀比别家店里的同类型产品价格高，这使他深感不安。经过深思熟虑，他决定向这二十几家客户说明情况，并主动要求向各家客户退还价款上的差额。他的这种以诚待人的做法深深感动了客户，他们不但没收价款差额，反而主动要求向吉田忠雄订货，并在原有的基础上增添了许多新品种。这使吉田忠雄的业务数额急剧上升，很快得到了公司的奖励，这给他以后自己创办公司打下了良好的基础。

诚信，是一个非常重要的交际原则。没有人际交往就无所谓信用，只有在人与人的交往中才出现信用问题。人离不开交往，交往离不开信用。只有坚持诚信原则的人，才能赢得良好的声誉，他人也才愿意与其建立长期稳定的交往。

东周时期，晋国晋文公重耳即位之后，有些诸侯小国却不愿意臣服于他。原国虽然是小国，可是"因始封之君是周文王的儿子，怎么甘愿承认从国外逃亡归来的重耳成为他们的霸主呢？"于是不断挑起边衅，制造事端。晋文公为了平息动乱，为自己的霸业打好基础，决定讨伐原国。

战前，晋文公亲自部署作战方案，到士兵中作战前动员。他与士兵约定："根据我们的军事力量和原国的战斗实力，我们能够速战速决。以七天为限，降服原国。"但这次战争的结果却出乎预料。原国的将士们在强大的晋国面前，英勇顽强，沉着应战，尽管他们伤亡惨重，给养困难，但仍有拼死决战的势头。

七天期限已到，原国仍然十分顽强。晋文公为遵守诺言，便坚定地下达了撤离的命令。眼见原国已经接近绝路，军官们纷纷向晋文公进谏，请求再坚持一下，大家一致表示："只要再坚持三天，原国军队就会完全崩溃，只有投降臣服的路了。"

面对原国即将陷入绝境以及军官们纷纷请战的局面，晋文公坚定地说："君主应当言而有信，遵守诺言是国家得以昌盛的珍宝，也是军队能够立于不败之地的珍宝，为了降服原国而失掉如此贵重的东西，我们值得吗？我们合算吗？"

这一次，晋文公虽然没有征服原国，但他言出必践的事情却传遍了周边的国家。

《易经》
64个人生智慧

第二年，晋文公又一次发兵攻打原国。这次他与士兵约定并向外宣布："这一次，我们必须坚持到底，达到彻底征服原国的目的后再返回。"

原国人听到这个约定，知道晋文公不达目的是不会罢休的。于是战幕还没有拉开，就投降了。另外一个一直不肯臣服的卫国，也归顺了晋国。

"诚信者，天下之结也"，这是中国古人从帝王到百姓都信奉的处事立世之本。孔子说"民无信不立"，"与朋友交，言而有信"，就是强调人们必须把守信用作为人生的重要信条。

要想建立好声誉，获得别人的好感，你必须看重诺言的价值。一旦失信，你失去的可能不仅仅是你的人品，更可能是一笔巨大的财富。

别答应你无法兑现的事

守信或不守信，都是一种习惯。要纠正一种坏习惯比较难，要放弃一种好习惯却很容易，只需一次又一次迁就自己，好习惯就变成了坏习惯，就像抽烟上瘾一样。当你想坚持一种好习惯时，重要的不是别人能不能原谅你，而是你能不能原谅自己。

将守信理解为一种品德，较难坚持。将它理解为一种回报率很高的长期投资，则比较容易变成一种自觉的行动。当你获得了一个守信用的形象时，会获得越来越多人的信任，因而带来越来越多的机会。这就好似拥有了一座金矿。反之，缺此一条，别的方面再优秀，也难成大器。

要获得守信的形象并不容易。最要紧的一条是：别答应你无法兑现的事。古人云，轻诺必寡信。这不仅是一个主观上愿不愿意守信的问题，也是一个有无能力兑现的问题。一个人经常答应自己无力完成的事，当然会使别人一次又一次失望。

热心肠的人，很乐意帮助人，从来不好意思拒绝别人帮忙的请求。可是，当别人对他满怀期望时，他由于根本没有兑现的能力，结果既让人失望，又损害自己的名声。

有一个年轻人，在银行工作。他过去的老师想开一家公司，却缺少资金，便去问他能不能帮忙。他想："这是老师第一次找自己帮忙，怎么能拒绝呢？"当即一口答应。可是，他毕竟刚参加工作不久，还没取得说话的资历，老师的贷款请求又不完全合乎规章，所以，当老师租好门面，请好员工，等着资

智慧 61
中孚卦：言必行，行必果

金开业时，他这里却拿不出钱来，搞得很被动。

老师大怒，责备他说："你这不是捉弄我吗？你即使不想帮我，也不该害我！"

他能说什么呢？只好苦笑而已。

《道德经》说："夫不信者，有不信焉！"意思是说，别人不相信你，是因为你说话不讲信用。

有的人自己觉得蛮讲信用的，不知道别人为什么老是对他投来怀疑的目光。究其原因，问题很可能出在一些不经意的小事上。平时空口许下一个诺，以为不是大事，不放在心上。可是，生活中并没有多少大事，当你一次次在小事上失信，就给人形成一个不讲信用的牢固印象，被看成是一个不值得信赖的人。这时再想改变别人对你的成见，就很难很难了。

所以，一个讲信用的人，为了兑现自己的诺言，即使受损失也在所不惜。

多米诺皮是一家知名的大公司，它对客户有一个承诺：在30分钟之内将客户订购的货物送到任何指定地点。

一次，该公司的一辆运送几百公斤生面团的货车在半路上抛锚，眼看无法及时赶到目的地，司机只得电话通知管理层。公司总裁弗尔塞克得知这一情况后，当即决定，租一架飞机运送这几百公斤生面团，终于兑现了"30分钟之内"的承诺。在生活中，如果我们许下了诺言，因客观原因确实无法兑现，应该怎么办呢？当然只能诚心诚意地向对方道歉，以求得谅解。但是，请记住：人并不是一种完全理智的动物，心情往往随自己的利益得失而变，"谅解"二字，只是一个缓冲区。它能让人不记恨你，却不能让人喜欢你和信任你。所以，尽可能不要做需要别人谅解的事情。那么，还是只能回到本文的主题：别答应你无法兑现的事。

《易经》
64个人生智慧

智慧62
小过卦：坦然面对挫折与逆境

【原文】

小过：亨，利贞。可小事，不可大事。飞鸟遗之音。不宜上，宜下，大吉。

象曰：山上有雷，小过。君子以行过乎恭，丧过乎哀，用过乎俭。

【解析】

小过卦：亨通，这是吉利的贞卜。但是只适宜于小事，不适宜大事。飞鸟空中过，叫声耳边留，警惕人们，登高必遇险，下行则吉利。

《象辞》说：本卦下卦为艮为山，上卦为震为雷，山上有雷，是小过的卦象。君子观此卦象，畏惧天雷，不敢有过失。因而行事不敢过于恭谦，居丧不敢过度哀伤，用度不敢过于节俭，唯适中而已。

小过卦象征小有过越。亨通顺利，利于占问，可以做寻常小事，不可做军国大事；飞鸟过去以后，其鸣遗音不绝，此时不宜向上强飞，而宜于向下安栖。大吉大利。初六飞鸟带来凶险兆头。六二越过祖父，而与祖母相见；不到君王那里，而与臣仆接触，没有灾祸。九三不肯严加防范，就有遭人杀害的危险，必有凶险。九四没有过错，不要指责他，但要防止错误。前去冒险，则必须立即加以警告，无须卜问往后的吉凶。六五浓云密布却不降雨，云气从自己城邑的西郊升起，王公打猎射中了一只飞鸟，追到一个洞穴才在里边找到它。上六不加制止，因而犯下过失，好比飞鸟容易被射中、捕获，十分凶险——这就叫作灾祸。

坦然面对挫折与逆境

人一生洋洋几十年，总会遇到这样那样的挫折、逆境。从一生下来就顺风顺水几十年的人就如天外来客般稀罕。所以嘛，人遇到些挫折、逆境其实是正常的，一点儿也不需要怨天尤人，只要懂得面对就行了。平素我们见到那些成功的人，尤其是声名显赫的，一股崇敬羡慕之意就会油然而起。特别是这人年岁、背景、相貌和自己相仿时，简直就会有点儿妒忌了，他（她）

智慧 62
小过卦：坦然面对挫折与逆境

怎么就那么好运呢？可是，你有没有想过，其实人家背后也有许多辛酸，人家也并非一帆风顺，人家也在逆境中挣扎过呢。过来人大都并非顺利，而是因为他们勇于面对逆境，懂得面对逆境。

你可能会说，运气也很重要，所谓"谋事在人，成事在天"嘛。谋事者芸芸众生，成事者寥若晨星。但你有否想过，若你不谋的话，是压根儿没有"成"的。也就是说，首先你要面对，你要鼓起勇气去面对。不论遇到什么挫折，身处怎样的逆境，你都不能放弃。你来到这世上，长大成人，原本就很不容易。母亲怀胎十月，经历了地裂天崩的临盆。父亲呕心沥血，承担了朝思暮想的教养。再就是周围的一大帮亲友，无不对你施予殷切的关怀。他们都在期待你的成就。其实，你完全不必用事业有成来报答。你只要有自立于社会的骄傲，他们就有莫大的欣慰了。因为这一点，你就完全没有权利去放弃。

或者，退一万步说，你从一生下来就很不顺利了，并没有前面说的那些"施予"，可那又怎样呢？只不过将处逆境的时间提前了而已，只不过将你的起点更放低些而已。到了今天，你已经能够独立思考，不说明你已具备自立的能力了吗？尽管历经坎坷，历经曲折，但也正好说明你已经成长了，你的起点提高了。因此，不管未来怎样，你还有什么不能面对的呢？

面对，有时是需要很大的勇气的。尤其是当你遇到的是一般人不会有的逆境，并被别人难以想象的困难包围着的时候。有些人便在这样的境况中挺不住，寻了短见，或者消沉了，颓废了。旁人便只好无奈地惋惜。其实，消沉是懦弱。失去了面对的勇气，放弃了继续抗争的权利，放弃了多彩的人生，放弃了一切。一切都放弃了，你就再也不会有机会去获得，哪怕是一丁点儿的权利，自然也就无从谈论成功了。所以，当你遭遇挫折，面临困境时，你最需要的是面对的勇气。只要你敢于面对了，你就有了机会，捕捉常常是随之而来的成功机遇，追求多姿多彩的人生，品尝可以令你荣耀的新生活。

如果乐天一点，你不妨把遇到的厄运看作是一个机遇。这样的机遇在平常的日子，在顺境的时候是碰不到的。这么一"看作"，你不但有了勇气，可以轻松去面对厄运，而且平添了一份使命感，俨如"替天行道"了。因为常人不会有的经历，你大可以自信自己有一个常人不会有的美好将来。

人生本就多姿多彩，磨难不过是这其中的一些调色剂而已。如果你这么看了，你就会感谢上帝待你不薄。同样是过一辈子几十年，但你却比人家多

《易经》
64个人生智慧

了许多经历，尤其当这经历使你体味更多，让你获得常人不会有的感受，甚至是满足的时候。

勇于面对，然后是懂得面对，这并非容易之事。实际上，身处逆境需要懂得面对，而顺风顺水的时候，也要为争取领先或者保持领先而学会面对。总之，学会面对对一个人的一生是极为重要的。因为重要，你可以将你的一生都看成是不停的各式各样的面对。事实上，你要穷尽你的智慧和胆识去面对。学会面对，不懈地面对最终可把你带向你期望的成功，让你的人生闪耀出你自豪的光彩。

在挫折中选择开朗与快乐

有时候，当我们确实处于恶劣的客观环境中，无力无望改变现实，那如何使自己不溺于败局，而保持开朗和拥有力量呢？

请看下面的一个例子：

弗洛伊德认为人的性格在幼年时期就已经定型，而且会影响人的一生，日后改变的可能性微乎其微。林克却否定了他的这种说法。

林克身为犹太裔心理学家，二战期间被关进纳粹集中营，遭遇极其悲惨。他的父母、妻子和兄弟均死于纳粹的魔掌，唯一的亲人只剩下一个妹妹。他本人更是受到严刑拷打，朝不保夕。

有一天，他赤身独处于囚室，忽然之间顿悟，产生了一种全新的感受——日后命名为"人类终极的自由"。当时他只知道这种自由是纳粹德寇永远也无法剥夺的。从客观环境上来看，他完全受制于人，但自我意识却是独立的，超脱于肉体束缚之外。他可以自行决定外界的刺激对本身的影响程度。换句话说，在刺激与反应之间，他发现自己还有选择如何反应的自由与能力。

他在脑海里设想各式各样的情况。譬如，获释后将如何站在讲台上，把在这一段痛苦折磨中学得的宝贵教训，传授给自己的学生。凭着想象与记忆，他不断锻炼自己的意志，直到心灵的自由终于超越了纳粹的禁锢。他的这种超越也感染了其他的囚犯，甚至狱卒。他协助狱友在苦难中找到意义，寻回自尊。处在最恶劣的环境中，林克运用难得的自我意识天赋，发掘了人性中最可贵一面，那就是人有"选择的自由"。这种自由来自人类特有的四种天赋。除了自我意识，我们有"良知"，能明辨是非和善恶；还有"想象力"，

智慧 62
小过卦：坦然面对挫折与逆境

能超出现实之外；更有"独立意志"，能够不受外力影响，自行其是。

林克在狱中发现的人性准则，正是我们营造自治自立人生的首要准则——自由择志。自由择志的含义不仅在于采取行动，还代表人必须为自己的行为负责。个人行动取决于人本身，而不是外在环境。理智可以战胜情感，人有能力、也有责任创造有利的外部环境。

当我们对外部自由无能为力时，也不要放弃，要培养自我的心灵自由，将自我引向积极和美好的一面。始终在内心积聚力量，等待时机，最终为自己赢来好的外在环境。

生活总是这个样子，想美好的事情，你就会找到快乐，走向成功；想失意的事情，就会走向失望的深渊，无力面对生活，无力面对失败！

一定要记住，你有选择的力量。选择健康、快乐和幸福，你的潜意识就会接受，并使你成为这样的人；选择做一个健康、快乐、友善的人，整个世界就会跟着反应。

《易经》
64个人生智慧

智慧63
既济卦：踏实努力，勤奋进取

【原文】

既济：亨，小利贞，初吉终乱。

象曰：水在火上，既济。君子以思患而豫防之。

【解析】

既济卦：亨通。这是小见吉利的贞卜。起初吉利，最后将发生变故。

《象辞》说：上卦为坎为水，下卦为离为火。水上火下，水浇火熄，是既济卦的卦象。君子观此卦象，从而有备于无患之时，防患于未然之际。

既济卦象征事功已成。亨通顺利，利于占问小事。最初吉祥，最终危乱。初九拖拉着车轮前行，水打湿了车尾，但是并无灾祸。六二妇人丢失了首饰，不要去寻找，七日之内自会失而复得。九三殷高宗兴兵讨伐鬼方之国，历时三年才打败了它；事关重大，不可重用小人。六四华服行将变成破衣，应当终日戒备以防灾祸。九五东方邻国杀牛举行盛大祭祀，不如西方邻国只举行比较简朴的祭祀那样实受天福。上六水沾湿了车头，必有危险。

幸运之神永远不会光顾懒汉

《既济卦》中的"济"象征的是事情成动，而"既济"二字连在一起则是已经成功的意思。从卦象上来说《既济卦》认为有智慧的人应当意识到成功的事情中潜伏着隐患，所以即使是成功人士也要踏实努力、勤奋进取，不然幸运之神不会一再光顾你，而失败也将来临。

当人们谈论幸运的时候，往往会想到金融市场中的那些大亨们，在这里有着太多的一夜暴富的故事，也许"幸运究竟是怎样的"在这里可以做出最合理的解释。

1878年6月6日，一个名叫威廉·江恩的男孩子出生在美国得克萨斯州路芙根市的一个爱尔兰家庭。由于江恩的父母是爱尔兰籍移民，家里没有一丝的积蓄，加之当时美国经济不景气，江恩的母亲常常为一日三餐发愁。

智慧 63
既济卦：踏实努力，勤奋进取

少年时代的江恩只读了几年书便早早辍学了，他不得不像大人一样，为了生计奔波。江恩在火车上卖报纸、送电报、贩卖明信片、食品、小饰物等东西，赚取微薄的收入，以贴补家用。与其他报童们不同的是，江恩放报纸的大背包里时刻都装着书，空闲的时候，当别的报童们纷纷去听火车上卖唱的歌手们唱歌或跑到街上玩耍时，江恩便悄悄地躲到车站的角落里读书。

在读书的过程中，江恩意识到，自然法则是驱动这个世界的动力。

江恩的家乡盛产棉花，在对棉花过去十几年的价格波动做了分析总结后，1902 年，24 岁的江恩第一次入市买卖棉花期货，便小赚了一笔，之后他又做了几笔交易，几乎笔笔都赚。

棉花期货上的成功坚定了江恩投资资本市场的信心。不久，江恩到俄克拉荷马去当经纪人。当别的经纪人都将主要精力放在寻找客户以提高自己的佣金收入时，江恩却把美国证券市场有史以来的记录收集起来，一头扎进了数字堆里，在那些杂乱无章的数据中寻找着规律性的东西。

当时做经纪人的收入是很可观的，每到夜晚，江恩的许多同事便出入高级酒店、呼男唤女，而由于没有客户得不到佣金，江恩只能穿着寒酸的衣服躲在狭小的地下室里独自工作着。同事们笑他迂腐，笑他找不到客户，还暗地里给他起了个外号叫"路芙根的大笨蛋"。

江恩并不理会这些，依然我行我素。他用几年的时间去学习自然法则和金融市场的关系，不分日夜地在大英图书馆研究金融市场在过往一百年里的历史。

1908 年，江恩 30 岁，移居纽约，成立了自己的经纪业务。同年 8 月 8 日，江恩发展了他最重要的市场趋势预测法："控制时间因素"。

经过多次准确预测后，江恩声名大噪。

许多人对江恩一次次对证券市场的准确定位颇为不解，更有一些人坚持认为这个年轻人根本没有那么大的本事，他的成功只不过是传媒在事实的基础上大肆渲染的结果。

为证明自己报道的真实性，1909 年 10 月，记者对江恩进行了一次实地访问。在杂志社人员和几位公证人员的监督下，江恩在 10 月份的 25 个市场交易日中共进行 286 次买卖，结果，264 次获利，22 次损失，获利率竟高达 92.3%。这一结果一见诸报端，立即在美国金融界引起轩然大波，人们惊呼，

《易经》
64个人生智慧

这个年轻人简直太幸运了！

以后的几年里，江恩在华尔街共赚取了5000多万美元的利润，创造了美国金融市场白手起家的神话。不仅如此，他潜心研究得出的"波浪理论"还被译成十几种文字，作为世界金融领域从业人员必备的专业知识而被广为传播。

许多时候，人们总会用"幸运"来形容一个企业家或是某个人的崛起与成功，还有一些人会经常抱怨自己时运不济，对生活和事业中的"不公平"产生困惑与不满。事实上，幸运的得来靠的是一个人艰苦卓绝的努力与永不放弃的执着。

幸运不会去敲一个懒汉的门，这是一条毋庸置疑的真理。

勤奋需要有聪明伴随着

有两只蚂蚁想翻越一段墙，寻找墙那头的食物。

一只蚂蚁来到墙脚就毫不犹豫地向上爬去，可是当它爬到大半时，就由于劳累、疲倦而跌落下来。可是它不气馁，一次次跌下来，又迅速地调整一下自己，重新开始向上爬去。

另一只蚂蚁观察了一下，决定绕过墙去。很快地，这只蚂蚁绕过墙来到食物前，开始享用起来。

而第一只蚂蚁仍在不停地跌落下去又重新开始。

很多时候，选择比努力更重要。成长的速度除了取决于努力、坚持、勇敢以外，更需要去选择正确的方法。也许选择了一个正确的方法，成长的速度来得比想象的更快。

未来世界的竞争，比拼的是人与人之间的技能竞争，因此方法训练被提高到了一个极高的地位，每个企业和个人都努力在方法训练上下功夫。结果证明，其训练效果千差万别。

训练不是为了教会被训练者某一项技能，训练是训练被训练者学会自我训练，这种方法其实不是单纯的方法论，而是认识论。

只有当你学到并悟到这些时，你才开始快速成长。

聪明地工作，好事情就会来到你的身边，大部分人都专注于他们的欲望，无所作为地工作，以至于没有时间来思考少花时间和精力的方法。过于为生

智慧 63
既济卦：踏实努力，勤奋进取

计奔忙，是什么钱也赚不到的，是什么成就也不会有的。

"努力就能成功""努力就能得到名利与财富"，很多人都把这两句话当作真理，把"努力""勤奋"当作自己的座右铭，因而整天忙忙碌碌，常年忍受着劳累，但这样就一定能够成功吗？就一定会获得富裕生活所需要的一切吗？

无论是一个打工者，还是一个老板，无论是蓝领阶层，还是白领阶层，都在被一个美德所束缚着，那就是努力工作。

无数的人证明了这一点，单纯地努力工作并不能如预期的那样给自己带来快乐，一味的勤劳并不能为自己带来想象中的生活。

告诉你一个既可以多一些时间享受生活，又可以获得最佳业绩的好方法，那就是聪明地工作，而不是单纯地努力工作。聪明地工作意味着你要学会动脑，如果你一味地忙碌以至于没有时间来思考少花时间和精力的方法，过于为生计奔忙，那是什么钱也赚不到的。

自古房子出售都是先盖好房再出售，对此，霍英东反复问自己："先出售、后建筑不行吗？"正是由于霍英东这一顿悟，使他摆脱了束缚，迈上了由一介平民变为亿万富豪的传奇般的创业之路。霍英东是中国香港立倍建筑置业公司的创办人。在香港居民的眼中，他是个"奇特的发迹者"。"白手起家，短期发迹""无端发达""轻而易举""一举成功"等等，这些议论将霍英东的发迹蒙上了一层神秘的色彩。霍英东的发迹真的神秘吗？不，他主要是运用了"先出售、后建筑"的高招，而这一高招来自于他的思考。

在工作中，勤奋当然是必不可少，这是一种优秀的品质，但要想获得成功，最大化地体现你的人生价值，就要多思考，无论看到什么，都要多问为什么，把思考变成自己的习惯。

思考习惯一旦形成，就会产生巨大的力量，19世纪美国著名诗人及文艺批评家洛威尔曾经说过："真知灼见，首先来自多思善疑。"

《易经》
64个人生智慧

智慧 64
未济卦：人贵自知，辨物居方

【原文】
未济：亨，小狐汔济，濡其尾，无攸利。
象曰：火在水上，未济。君子以慎辨物居方。

【解析】
未济卦：亨通。小狐狸快要渡过河，却打湿了尾巴。看来此行无所利。

《象辞》说：上卦为离为火，下卦为坎为水。火在水上，水不能克火，是未济卦的卦象。君子观此卦象，有感于水火错位不能相克，从而以谨慎的态度辨别事物的性质，审视其方位。

未济卦象征事功未成。小狐狸渡河接近成功，却沾湿了尾巴，没什么好处。初六沾湿了尾巴，将有艰难之事发生。九二向后拖拉轮而不使猛进，占问可获吉祥。六三事功未成，急于求进，必有凶险。但利于涉越大川巨流。九四占问则获吉祥，困厄将会消亡。兴兵讨伐鬼方之国，三年获胜而受到大殷国的封赏。六五占问则获吉祥，不会遭遇困厄。君子的光辉在于忠诚信实，具有这种美德十分吉祥。上九心怀诚信而适度饮酒，并没有灾祸，但是酗酒而喝得酩酊大醉，虽然诚信却有失正道。

高明者高在有自知之明

《未济卦》卦象上说的："君子以慎辨物居方"，在这里"辨物居方"说的就是要了解外物与自身的情况，然后再合理地采取行动。人们常说的"人贵自知"便是这个道理。

自古以来，人们最大的"盲区"之一，就是不能正确估价自己。于是，眼高手低者有之，好高骛远者有之，刚愎自用者有之，自暴自弃者有之。故老子认为，认识别人的可以说得上机智，而认识自己的才算得上是高明。另一位哲人也曾告诫过人们，"人贵有自知之明"。

在《道德经》中，老子提出精神修养的问题，"一知人者智，自知者明"。

智慧 64
未济卦：人贵自知，辨物居方

老子说，善于识别人的人，可谓智慧；善于认识自己的人，可谓明通。老子告诉我们这样一个做人的道理：第一，人必须正确真正了解自己。有时人会对自己不甚了解，甚至产生错觉，此所谓"不识庐山真面目，只缘身在此山中"。第二，人必须正确估价自己。"自卑"固然不足取，但"自负"同样不足取。只有恰如其分地估价自己，在此基础上给自己在社会中"定位"，才是可取的，也是明智的。如果说一个普通的人，正确给自己"定位"会有助于自身发展的话，那么，作为一个欲成大事者，是否既能"知人"，更能"自知"，能否正确给自己"定位"，则会事关人生兴衰。

《战国策》是一部记载战国时期各国史事的资料书，上继春秋，下至战国末期，包括东周、西周、秦、齐、楚、越、魏、燕、宋、卫、中山等12国策。这部书中保存了当时游说之士从事政治活动的大量记载，《邹忌讽齐王纳谏》就是其中一篇。《邹忌讽齐王纳谏》讲述了这样一个故事：

战国时的齐人邹忌，身高八尺，体形容貌潇洒漂亮。在齐威王时任齐相，辅佐威王改革政治。

一天早晨，邹忌穿戴好衣帽，照着镜子，对他的妻子说："我跟城北的徐公相比，谁漂亮？"他的妻子说："您漂亮极了，徐公哪能跟您相比呢？"

城北的徐公是齐国有名的美男子。所以，邹忌不相信自己比他漂亮，就问他的妾："我跟徐公谁漂亮？"他的妾说："徐公哪里比得上您！"第二天，有位客人从外面来，邹忌与他促膝而坐，交谈中，邹忌问："我和徐公，谁漂亮？"那个客人说："徐公不如你漂亮。"

又过了一天，徐公来了。邹忌仔细地看他，发现自己不如他漂亮；再对着镜子瞅瞅自己，更是自愧不如。晚上，他躺下来反复琢磨这件事，终于领悟到："我的妻子说我漂亮，是偏爱我；我的妾说我漂亮，是害怕我；我的客人说漂亮，是有求于我。"

于是，邹忌上朝去见齐威王，说："我确实知道自己不如徐公漂亮。可是，我的妻子偏爱我，我的妾怕我，我的客人有求于我，所以都说我比徐公漂亮。现在，齐国的领土方圆千里，有120座城池，大王的后妃和左右近臣没有谁不偏爱大王，朝廷上的臣子没有谁不怕大王，全国没有谁不有求于大王。由此看来，大王受到的蒙蔽是非常深的。"

齐威王还算是个明白人。他仔细听了邹忌的一番话后，觉得很有道理。

《易经》
64个人生智慧

不是吗？自己身为一国之君，偏爱者、畏惧者、有求于自己者数不胜数。在这背后，我岂不就可能受蒙蔽吗？于是，齐威王下令道："各大臣、官吏和百姓能够当面指出寡人错误的，得上等奖赏；能够上书规劝寡人的，得中等奖赏；能够在市场和朝廷上批评议论而传到寡人耳朵的，得下等奖赏。"命令刚下达的时候，臣子们上朝规劝，门庭若市；几个月后，就只有断断续续上朝规劝的了；一年后，有人虽然想提意见，但实在没有什么好说的了。燕国、赵国、韩国和魏国听到这种情况后，都来齐国朝拜。这就是人们说的在朝廷征服了敌国。

人贵有自知之明，无论你的成就有多高，都一定要清楚天外有天，人外有人。

切勿自以为比别人聪明

聪明究竟是什么？当你考察别人是否聪明时，千万别以为自己比别人多长一颗脑袋是最聪明的做法。如果总自以为是，这是一种极其糟糕的习惯！

有很多人想靠聪明来显示一下自己的优势，殊不知，此为拙劣之举。请不要自作聪明，以为自己比别人总多一点智慧，自以为是的人永远都会伤害别人的自尊心。谦虚一点，听听别人的意见，肯定会让对方感到满意，这样，你就有机会影响对方了。

有时候，我们在交际中虽然考虑到了很多技巧，但是操作起来仍是不尽如人意，反而弄巧成拙，与谈话者陷入一种僵持不下的敌对场面，使气氛格外紧张。在这种氛围下谈话是使人感到伤脑筋的，谈话的双方都觉得自己与对方似乎有很深的隔阂（其实根本不存在的，只是心理上的感觉罢了），不能进行深入的沟通，感到别扭、尴尬、不舒服，甚至恼怒。这是双方交际的失败，然而这种场面却屡屡在生活中出现。

究其原因，双方都对对方不满意。但是双方都不让步，不愿迎合对方，从一开始就进入了敌对状态，剑拔弩张，哪里还有余地沟通，分明是仇人相见，分外眼红了。

因此，如果我们在谈话的一开始就注意到这一点，让这次谈话有一个好的开端，让其在缓和愉快的气氛中展开，在融洽的气氛中结束，这对双方来说，都达到了沟通的目的，且增进了友谊。

智慧 64
未济卦：人贵自知，辨物居方

特别是在我们知道这次谈话是无可避免地要与对方讨论一场的情况下，更应懂得这一迎合对手、使对方满意的技巧，它将使你和对方在愉快的心情中达成一致的协议。

所以，在一开始交谈的时候，我们就应该让对方说"是"。当然，这比较困难，但一想到以后的争执，就易办得多了。首先，你在谈话前应该考虑好要说的东西。这些话所包含的内容应该是为对方所肯定的，而且也是你自己肯定的。例如，此次谈话是为了对你们的合同达成一致。你就先对对方说："此次合作的目的，我们都是想让合作的项目成功，是不是？"对方肯定会说："是的。"然后再说："此次讨论的目的，双方都是想达成一致的协议，是不是？"对方肯定会再说："是的。"有了这种铺垫，双方便缓和了敌对情绪。这样一来，对方会觉得你和他们之间相同的地方是很多的，而且利益是息息相关的，沟通的可能就变成了现实。

如果我们一开始谈话就提出一些意见相左的问题，或者提出双方都极敏感的话题，那只会激起对手心中的逆反情绪，而无其他任何好处。这样做，对手的第一个反应就是对你说出"我不同意你的看法"之类的话。据生理学家研究，当一个人说"不"的时候，他全身的神经、肌肉系统都会处于紧张状态，随时准备采取抵制态度来反对别人的意见。而一个人说"是的""对的"的时候，这些系统却是处于松弛状态的，这时对方感到你的意见与他的意见不谋而合，自然心情舒畅了。把对方激入紧张状态中无异于无形中已给自己树立了一个敌人，而且"不"这个答案是一个最难克服的障碍。一个人一旦说出了"不"字，就无异于走上了一条相反的道路，他就得为维护这个"不"字，也就是维护自己的自尊而付出代价。他需要很费力地为这个"不"字寻找根据以驳倒对方。这时想要说服他已很困难了，而这困难正是由于你自己的疏忽而造成的。

最好的成大事的办法就是一开始就将对方导入与你一致的方向——肯定的方向，而不要让他持否定的观点。这样至少能够让他暂时忘掉争执，并且很乐意地接受你的意见。等他想起与你争论时，也许早已被你所"同化"。所以，一个有技巧的人会让对方在开始时就觉得他的话很有道理，而表示出肯定的意思。这样他心情松弛，放松防备，连连同意你的看法，在不知不觉中就接受了你的建议，顺从了你的要求，最终你会达到目的。这其实是一种心理战术，让他不觉得你有"敌意"，心理防线不断向后拉，最后站到你这边来。